高等职业教育改革创新教材

"十二五"职业教育国家规划教材配套用书

U0590641

管理会计实务案例与实训

GUANLI KUAIJI SHIWU ANLI YU SHIXUN

（第三版）

新准则 新税率

主 编 刘金星

副主编 单翔凤 王 宁

新形态教材

中国教育出版传媒集团

高等教育出版社·北京

内容提要

本书是"十二五"职业教育国家规划教材《管理会计实务》(第三版)的配套用书。

本书主要内容包括：管理会计认知、成本性态分析、变动成本法认知、本量利分析、经营预测分析、短期经营决策分析、长期投资决策分析、全面预算、标准成本法认知、责任会计认知、作业成本计算与管理、绩效管理、战略管理会计认知。全书分析了大量融合管理会计典型业务的案例，利于学生更好地吸收知识并加以运用。为了利教便学，部分学习资源以二维码形式提供在相关内容旁，可扫描获取。此外，本书另配有教学课件、教案等教学资源，供教师教学使用。

本书既可作为高等职业教育财务会计类专业学生用书，也可作为社会相关人员培训用书。

图书在版编目(CIP)数据

管理会计实务案例与实训 / 刘金星主编. — 3 版
. — 北京 : 高等教育出版社，2024.2(2025.6 重印)
ISBN 978-7-04-061698-9

Ⅰ.①管… Ⅱ.①刘… Ⅲ.①管理会计-高等职业教育-教材 Ⅳ.①F234.3

中国国家版本馆 CIP 数据核字(2024)第 014975 号

| 策划编辑 | 毕颖娟 张文博 | **责任编辑** | 张文博 蒋 芬 | **封面设计** | 张文豪 | **责任印制** | 高忠富 |

出版发行	高等教育出版社	网　　址	http://www.hep.edu.cn
社　　址	北京市西城区德外大街 4 号		http://www.hep.com.cn
邮政编码	100120	网上订购	http://www.hepmall.com.cn
印　　刷	上海新艺印刷有限公司		http://www.hepmall.com
开　　本	787mm×1092mm　1/16		http://www.hepmall.cn
印　　张	12.75	版　　次	2014 年 6 月第 1 版
字　　数	301 千字		2024 年 2 月第 3 版
购书热线	010-58581118	印　　次	2025 年 6 月第 2 次印刷
咨询电话	400-810-0598	定　　价	30.00 元

本书如有缺页、倒页、脱页等质量问题，请到所购图书销售部门联系调换

第三版前言

本书是"十二五"职业教育规划教材《管理会计实务》(第三版)的配套用书。本书着重对基础理论与实务操作进行介绍,结合企业案例分析应用,精选实训内容。

全书共有十三个项目,每个项目包括【学习目的与要求】【重点、难点解析】【典型案例】【实训精选】四个部分。【实训精选】部分根据主教材的内容,设置单项选择题、多项选择题、判断题和计算分析题。对应知应会内容进行训练,内容覆盖了管理会计的各个方面,其中标出"▲"的题目为大赛真题。本书在阐述管理会计基本理论的同时,注重反映理论与方法的应用;借助案例分析,提高学生对理论的理解和实际操作能力;通过企业经济业务模拟,对学生着重进行管理会计知识的运用训练。

本书具有以下特点:

1. 业财融合,学做合一

按照"项目导向、任务驱动"教学模式的要求进行修订,补充和完善了学习目的与要求,体现了"边学边练、学做合一"的特色。

2. 典型案例,以案为鉴

增加了真实企业的管理案例,将抽象的管理理论融入现实企业的真实业务中,生成适宜教学的典型案例,深入浅出地展示教学内容,利于业务操作。

3. 理论够用,注重实用

根据高等职业教育的特点,按照职业岗位培养目标的要求,融"教、学、做"于一体进行编写,内容通俗易懂,由浅入深,循序渐进,利于学生理论知识的学习和实操技能的培养。

4. 校企合作,双元开发

在编写过程中,教师进入企业调研,企业专家担任副主编,为本书提供了大量素材和业务资料,保证了教材内容具有很强的职业性。

本书由山东经贸职业学院刘金星任主编,中阳房地产开发集团有限公司单翔凤和王宁任副主编。本书得到了山东经贸职业学院、潍坊科技学院、山东师范大学、厦门大学管理学院、华中科技大学经济学院等单位的大力支持,特此感谢。

在本书编写过程中,厦门大学管理学院会计系薛祖云教授审阅了书稿,提出了宝贵的修改意见,提高了本书的质量。

　　本书在编写过程中引用了国内外管理会计教材和相关的文献资料,在此向相关作者表示衷心的感谢。

　　由于作者水平有限,书中难免有疏漏之处,恳请广大读者批评指正。

刘金星

2024 年 1 月

目　录

项目一　管理会计认知

学习目的与要求

通过本项目实训,了解管理会计的形成与发展,熟悉管理会计与财务会计的关系以及管理会计的理论进展与职业化发展。学习本项目,应重点掌握以下内容:

(1) 管理会计的形成与发展。

(2) 管理会计概念。

(3) 管理会计的内容、特征、职能、工作程序与信息质量要求。

(4) 管理会计的理论进展与职业化发展。

重点、难点解析

一、管理会计的含义

管理会计是指在市场经济条件下,以强化企业内部经营管理、提高经济效益为最终目的,以现代企业经营活动及其价值表现为对象,通过对财务等信息的深加工和再利用,实现对经济过程的预测、决策、规划、控制、责任考核评价等职能的一个会计分支,是企业管理信息系统的重要组成部分。管理会计既是一种侧重于在现代企业内部经营管理中直接发挥作用的会计,又是企业管理的重要组成部分。

我们可以从广义和狭义两个方面来理解和把握管理会计的内涵和实质。

广义的管理会计,是由现代会计系统中区别于传统会计,直接体现预测、决策、规划、控制和责任考核评价等会计管理职能组成的。其目的是为管理当局提供所需信息,有利于制定政策、计划等,对企业拟采用的备选方案作出决策。

狭义的管理会计,又称微观管理会计,是指以强化企业内部经营管理、实现最佳经济效益为目的,以现代企业经营活动为对象,通过对财务等信息的深加工和再利用,实现对经济过程的预测、决策、规划、控制、责任考核评价等职能的一个会计分支。它侧重于在企业内部经营管理过程中直接发挥作用,因而也有人称其为内部经营管理会计。

通过上述管理会计的定义,我们可以看出,管理会计有以下三个方面的特征:

(1) 管理会计的理论基础是现代管理科学。从管理会计的形成和发展来看,管理科学为管理会计的形成和发展起到了推动作用。随着现代管理科学理论的发展,管理会计也会不断地向前发展。

（2）管理会计的职能作用是在有限的资源下尽可能地提高经济效益。经济效益的提高不应是以利润最大化为唯一目标,企业在重视利润的同时,应抓好企业的标准化管理、目标管理,落实好责任制度。

（3）管理会计是一个以提供经济管理信息为主的会计信息系统。管理会计所提供的信息不仅应对一个企业过去的活动进行反映与监督,而且应能对其现在及未来的经营活动进行预测、决策、规划,以及对其经营过程进行控制和考核评价。

二、管理会计与财务会计的关系

（一）管理会计与财务会计的联系

1. 起源相同

管理会计与财务会计都是在传统会计中形成、发展和分离出来的两大基本内容,两者源于同一母体,共同构成了现代企业会计系统的有机整体。两者相互依存、相互制约、相互补充。

2. 最终目标相同

财务会计为企业外部的投资人、债权人等如实了解企业的财务状况和经营成果提供咨询服务,而管理会计则为企业内部的管理者、决策者有效组织经营提供咨询服务。可见,两者的目标不是对立而是相通的,都是为企业的有关方面提供参谋与咨询的服务。管理会计与财务会计共同服务于企业经济管理,最终目标都是提高企业经济效益,实现企业价值最大化。

3. 基本信息相同

管理会计所需的许多资料来源于财务会计信息,其主要工作内容是对财务会计信息进行一系列特殊的深加工和再利用,因而受财务会计工作质量的约束;同时,管理会计信息有时也使用一些与财务会计并不相同的方法来记录、分析和预测企业的经营状况。

4. 服务对象交叉

虽然管理会计侧重于为企业内部经营管理提供服务,但管理会计信息有时也为企业外部利益集团提供服务;同样,财务会计虽然侧重于对外提供信息服务,但财务会计信息对企业内部决策的影响也是至关重要的。财务会计提供的许多重要财务成本指标,如资金、成本、利润等,企业的管理者特别是高层管理者是需要的;而管理会计提供的许多重要经济信息,企业外部的投资人、债权人是需要的。财务会计有时把一些原属于管理会计范畴的内部报表对外公开发表;而管理会计有时也把一些企业内部管理的资料数据(如实际成本与标准成本、实际利润与目标利润的对比数)作为财务报表的补充资料对外公开。

（二）管理会计与财务会计的区别

管理会计与财务会计的区别如表 1-1 所示。

表 1-1　　　　　　　　　管理会计与财务会计的区别

要点名称	管 理 会 计	财 务 会 计
核算对象	企业内部各层次的责任单位,侧重于内部管理服务,是"对内报告会计"	整个企业,侧重于对外服务,是"对外报告会计"

1

要点名称	管 理 会 计	财 务 会 计
核算程序	没有固定的核算程序	必须执行固定的会计核算程序
核算方法	只服从管理人员的需要,不受会计制度(或企业会计准则)的限制;可以采用会计的、统计的或现代数学的方法,灵活多样,大量运用数理统计方法	必须遵守国家规定的企业会计准则,主要采用会计的方法
核算内容	预计将要发生或应当发生的经济活动,规划未来,控制现在和评价过去,着重于规划未来	过去已经发生的经济活动,着重于反映过去,提供历史信息
核算要求	不要求绝对准确,只要计算近似值,能为决策所用	力求精准
核算时间	管理会计报告根据管理需要决定,不要求定期编制	财务会计报告必须定期编制
核算行为影响	注重管理行为的结果,关注管理过程,设法调动人的主观能动性	注重财务状况和经营成果,一般不注重管理人员行为的影响
信息使用者	内部使用者:企业各级管理者	外部使用者:股东、债权人、监管机构等
信息属性	现时性、预测性	历史性
信息精确度	要求及时性和相关性,计算结果不要求绝对精确	要求及时性、相关性、真实性,计算结果要求绝对精确
会计报告的类型与频率	内部报告:根据需要随时提供	对外财务报表:年度、半年度、季度、月度
会计报告目的	特定决策、控制等具体目的	一般目的
会计报告内容	反映企业内部机构、部门等详细的情况,与决策相关	反映企业整体的总括性情况
责任	管理会计报告不是正式报告,不具备法律责任	财务会计报告是正式报告,具有法律责任
约束性	不受会计准则约束	应符合会计准则要求
验证程序	无须审计	注册会计师审计

三、管理会计的基本内容

(1) 成本管理会计。

(2) 预测决策会计。

(3) 控制与评价会计。

四、管理会计的职能

(1) 分析职能。

(2) 预测职能。

1

（3）决策职能。

（4）计划职能。

（5）控制职能。

（6）成本计算职能。

（7）考核职能。

五、管理会计信息的质量特征

（1）准确性。

（2）相关性。

（3）可理解性。

（4）及时性。

（5）成本和效益原则。

六、管理会计的职业化发展

管理会计的职业化发展对管理会计的业务水平的提高和职业道德方面的规范有很大的促进作用。1969年，美国管理会计师协会成立了"管理会计实务委员会"，1995年改名为"管理会计委员会"，负责管理会计实践中的发展和信息交流等事务。该委员会的工作之一是就有关的会计问题向其他职业组织或政府机构发表见解，表明立场；工作之二是就管理会计的概念、术语、技术方法和实务，向协会成员和企业管理提供指南和指导。管理会计委员会关于管理会计技术和实践等方面的见解，是通过文告的方式发表的。管理会计委员会的工作促进了管理会计技术水平的提高，推动了管理会计概念、术语、方法和道德规范的公认和标准化进程。

管理会计委员会于1997年4月30日发表了"管理会计公告——目标"，其中的"管理会计和财务管理道德规范标准"从四个方面对管理会计师的品质提出了要求，这四个方面为：胜任（Competence）、严守秘密（Confidentiality）、诚信（Integrity）、客观（Objectivity）。

除美国以外，其他发达国家的管理会计也在向职业化和专业化发展。1980年4月，美国、澳大利亚和欧洲的10个国家的世界会计人员联合会在法国巴黎举行了一次国际性会议，第一次探讨如何推广和应用管理会计，这表明管理会计的发展和应用得到了世界性的关注和认可。英国、加拿大、澳大利亚和日本等国都有类似美国管理会计的资格考试和职业组织。

我国注册会计师资格考试和职业认可的制度已运行多年。事实上，在我国，无论是注册会计师资格考试还是其他会计师的资格考试，都已将管理会计纳入考试内容，管理会计方法在我国企业管理中的运用已非常广泛。推动管理会计师职业化在我国的发展，无疑对我国管理会计理论与方法的研究及其在企业管理中的实践、推广和应用有重大的促进作用。

当前，中国经济结构不断优化，数字经济等新兴产业蓬勃发展。数字经济带来的新产业、新业态、新模式，迫使企业加快转型升级和创新。管理会计是公司正确预测、决策和管理的重要手段和方法，是公司可持续发展的重要保障。经济的高质量发展要求企事业单位加大对管理会计使用的力度，把管理会计作为企事业单位健康发展的"保护伞"，提高会计服务质量。

1

　　财政部在 2014 年发布《关于全面推进管理会计体系建设的指导意见》。针对各界对管理会计关注与日俱增、行业需求日益加大的状况,财政部在《会计改革与发展"十三五"规划纲要》中明确提出,"到 2020 年培养 3 万名精于理财、善于管理和决策的管理会计人才"的总体目标。2017 年,会计从业资格证取消,财政部大力推广管理会计,全面培养高精专管理会计人才。

典 型 案 例

"波司登":顺势而为与逆势突围

　　近年来,纺织服装业持续低迷,被业界称遇上了"史上最难期"。在此形式下,作为传统服装行业的"领航者","波司登"亦是"船大难掉头"。对此,波司登国际控股有限公司总裁高德康则表示:"'船大'并不意味着'掉头难',对于'波司登'而言,反倒得益于自身多年来积累的渠道资源与品牌价值。"

　　早在 2012 年,面对行业出现的持续疲软及消费理念的提升蜕变,"波司登"就已意识到消费秩序正在一定程度上改变着服装品牌的走势,单一品牌的低水平竞争已不足以支撑服装企业的可持续发展。随后,"波司登"打破了以羽绒服为单一主营业务的模式,确立了"四季化、多品牌化、国际化"的战略定位,开启了品牌转型之路。

　　有业内专家认为,多品牌是服装企业未来的发展方向,多品牌让服装企业在渠道布置、生产采购、市场推广等不同领域也享有更大的影响力。品牌覆盖不同领域有助于企业在不同的潮流或经济周期内,获得更平稳、更均衡的持续发展。国际知名服装集团如优衣库等均通过多品牌战略规避单一生产的风险。"波司登"采取类似的多品牌战略,表现出其顺境不惰、逆境不馁的强者心态。

　　要求:试结合相关实际资料分析本案例中所应用的管理策略。

【分析】

管理策略一:合理优化市场布局。

　　常言道,变革无处不在。消费观念在改变,消费习惯也在改变,所以"波司登"也在不断进行转型与改变。

　　据了解,"波司登"近年来逐渐从偏粗放型的管理模式向精细化转变,从批发业务慢慢向零售业务进军,一改以往开店推销的拓展方式,集中精力加强自身的零售能力,开展品牌整合,根据定期市场评估分析,调整零售网络的合理布局,及时关停业绩不佳及重叠的门店。据悉,截至 2023 年 3 月 31 日,"波司登"自营零售网络占整个零售网络的比重,由 2014 年 3 月底的 32.8% 提高至 40.9%。

　　有业内专家表示,对于服装企业而言,直营的销售模式除了可以提高毛利率外,还能够接近市场,开发出适销对路的产品,"波司登"正是认识到了这一点,所以在逐步构建自营网络,来提高企业的运营效率。

　　管理策略二:打通线上线下渠道。

1

随着互联网的快速发展,互联网思维正悄然影响着传统领域的行业模式。而能否及时将两者有效结合,直接关系到企业能否抢占到市场先机。

"波司登"借助互联网思维开始逐步探索打通线上线下渠道,逐步实现了北京、上海等全国19个销售区域的线下货品共享,线上的订单可以就近发货和退换货,缩短了派送时间,有效提升了顾客的购物体验。同时微信端活动、利用会员资料推进实体店促销等线上线下平台互相拉动的形式越来越多地被采用。

同时,"波司登"男装第一个线上到线下(Online to Offline,O2O)智慧门店在江苏省常熟市方塔步行街升级开幕,正式开启了"波司登"男装O2O模式的新纪元。据悉,消费者进入"波司登"智慧门店,打开微信扫描吊牌上的二维码即可查询商品信息及相关的服饰搭配,直接享受秒杀、卡券、摇一摇等促销活动。消费者可以现场选中某款服装在店内付款,也可以通过微信下单,或者收藏相应款式,然后通过快递寄送到家。获取的优惠券可以直接在店内使用,也可以在微信平台使用,实现了O2O线上线下全过程的体验。

有业内专家表示,"波司登"深耕羽绒服领域多年,改变方向任重而道远,但能勇于走出自身熟悉的羽绒服领域去作多方尝试,说明"波司登"勇于破旧立新,能够为更长远的未来发展作谋划。最重要的是,在此过程中"波司登"不断进行自我调整,根据实际情况及时修正发展策略。这些市场实战经验,将推动"波司登"在品牌发展之路上走得更稳更快。

戴尔公司的经验

戴尔公司利用信息技术将计算机价值链上的供应商、生产商和顾客的流程垂直地联合起来。公司的创立者迈克尔·戴尔认为,这种做法会使戴尔公司获得更高的生产效率和更大的盈利能力。此外,他认为"实质性联合"的公司将会成为信息时代的组织模型。对市场而言,价值链上的所有组织可以组成一个整体。

戴尔公司将供应商的送货与生产的计划协调起来。供应商生产的零部件只有在需要时才直接送到车间,而不是送到仓库,也不需要经过卸货、检查、储存、领用等环节。这就需要供应商和购买者的信息和计划能够持续地分享。比如,索尼公司为戴尔公司的计算机提供显示屏。但是,显示屏在发送给顾客之前并不送到戴尔公司,而是由快递将它们同需要发送的计算机一起包装,并发送给顾客。

戴尔公司重视提高产品的价值和降低顾客的成本,以伊士曼化工公司和波音公司为例,伊士曼化工公司的计算机需要专业化程度很高的软件,如果在收到计算机送货后再安装这种软件,那么每台计算机的花费将超过200美元。为了降低顾客的成本,戴尔公司在组装计算机时就为每台计算机安装了这种专业软件,其安装费用只有15~20美元。

波音公司有100 000台戴尔计算机,戴尔公司安排了30名员工长驻波音公司。"我们看起来更像是波音公司的计算机部门",戴尔说。他注意到戴尔公司已经密切地参与到波音公司的计算机需求计划和网络计划之中。

要求:本案例中哪些管理思想和管理方法在决策中得到了应用?

【分析】

通过本案例的分析可以看到,戴尔公司应用了以下管理思想和管理方法:

(1)价值链管理会计的思想。戴尔公司将自身经营活动分解为若干与战略相关的价值活动,包括纵向价值链、横向价值链和内部价值链,将企业的经营目标定为追求价值链利益最大化,而非单纯的企业自身利益最大化。这种"实质性联合"使价值链上的所有组织成为一个整体,也使戴尔公司能获得更高的生产效率和更强的盈利能力。

(2)零存货管理(适时制)的思想。零存货管理使戴尔公司在降低成本的同时提高产品质量,使戴尔公司在市场竞争中立于不败之地。

(3)进行产品价值分析,可以以最低的总成本可靠地实现产品的必要功能,提高产品效益。通过功能成本分析,戴尔公司有效地提高了产品价值,同时降低了顾客的成本。

佳能公司的成功之道

美国施乐公司曾经是复印机之王,施乐公司几乎成为复印机的代名词。之后,日本佳能公司通过更便宜、更轻巧的产品,拿下施乐公司的地盘,成为全球的领导品牌,市场占有率达 30%。在日本 NEC、东芝等大公司都亏损连连时,佳能公司的年营业收入及净收入却双双增长,分别达 239 亿美元与 14 亿美元。促成佳能公司成功的关键人物就是该公司的 CEO——御手洗。他把传统的日本企业经营理念与追求利润的美式管理风格有机地结合在一起,才有了佳能公司的优异成绩。

一、小型独立系统取代流水作业线

佳能公司业绩成长的一个重要的经验就是将原始的流水作业线改为一个个独立的超小型组装工作室,这一点也许就是世界许多企业目前所没有的。

御手洗从 1998 年开始这项改革,以"蜂巢式的单元小组"系统取代了传统的作业线。以组装复印机为例,公司不再采用冗长的作业线,而改为将每 6 名员工编成一个小组,在一个小工作室中合力制作一台复印机。在这种系统下,6 名员工的生产力等同于旧式生产线的 30 名员工。工人们也被鼓励自行提出解决问题的方案。例如,他们自己设计座位,以便在所有的操作时间里都能处于超高效率;他们还设计了斜袖,使得在拆卸零件时更为方便;一个工人还为感光鼓配上保护盖,然后将感光鼓装入复印机内,以避免灰尘和光线对其造成损害。改革的结果是双手和双臂之间能够实现更为协调的配合。这些都是针对小脑来改进工作效率的方法。佳能公司在日本 29 个工厂都采用了这样的操作系统,在海外的 15 个工厂也在逐渐转换中。这个改变帮助公司减少雇佣工人 1 万名,等同于 5 个工厂的人力,公司的生产力提高了 30%。

二、削减支出,增加利润

御手洗刚回到日本时,公司有 7 个事业部处于亏损状态,其他没有赔钱的事业部则各自分头攻占海外市场。他果断结束了表现不佳的事业部。此外,公司停止了生产包括液晶显示器在内的赔钱产品。在发展新产品时,主管被要求必须利用公司的现有资金投入,而不能从银行贷款。

另外,御手洗强调所有的事业部都是公司的一部分。过去,佳能公司有十几个主要的部门,各自独立运作,为了增加产品的销售量,各部门往往不计任何代价。如今,公司将部门整合为复印机、打印机、相机和光学仪器四大部门,减少了浪费,提高了效率。

要求:

1. 试分析佳能公司的改革为什么能够取得成效?

2. 运用管理会计学的知识谈谈你对本案例的理解和看法。

1

【分析】

1. 佳能公司采用细胞式生产方式来改变意识、改变公司的生产法则

细胞式生产方式(cell production),简单地说,就是自律分散性生产方式,它起源于 20 世纪 60 年代的日本。人们一般把细胞式生产方式分为:U 形生产线(流程分割生产)、单人生产货摊式巡回生产方式、无传送带生产方式、单人货摊式生产方式、一人巡回生产方式 5 种。其中最典型的方式是单人货摊式生产方式,该生产方式主要依靠手工进行组装,由少数精通多道工序的员工组装产品,是一种适应性很强的生产方式。

根据不同产品、不同环境和不同人员,细胞式生产方式在实际的生产线上的形态也有所不同。在细胞式生产方式中,每个操作者在独立的制造生产线上操作,众多"细胞"组成的生产线同时进行工作,但是每一个"细胞"的生产并非为所欲为、各行其是,而是有周密、严格的生产计划,让一个产品在各个"细胞"中分别进行组装,通过共同配合完成一个产品的生产。

充分借鉴细胞式生产方式的工作理念和工作方法,对现有流水线进行改造,以进一步提高生产效能。

(1) 组织好工序同期化。现实生产中,工序不平衡使得各个工序的作业时间无法相等或相近,甚至各工序用时差距甚远,这严重制约了整条生产线的生产效率。为此,做好工序同期化设计十分重要。可以考虑根据流水线的节拍要求,通过技术和工艺组织措施来调整流水线各工序的作业时间,使它们等于流水线的节拍或与流水线节拍成整数倍关系。

组织工序同期化首先要考虑缩短最长或较长工序的工时,可采取以下具体措施:① 生产线工位采用高效率设备或改装原设备,以提高生产效率;② 采用高效率的工艺设备,如快速安装夹具、模具,以减少装夹零件、测量尺寸的时间;③ 操作者改变加工方法,以减少加工作业的时间;④ 改进工作地布置与操作方法,以减少辅助作业的时间;⑤ 提高操作者的熟练程度和工作效率;⑥ 进行工序的分解和合并,力求从工艺上使每一个工作地的工作量相等或相近。

(2) 采用多工序作业和辅助无动力工作台生产。一是采用多工序作业。可以借鉴细胞式生产方式的理念,大胆摒弃流水线生产模式建立起来的岗位、工序越分越细的方法,通过大规模培训多面手,使每一位操作者都能熟练地掌握多个工序的操作技能,尽可能地由一个或少数几个精通多工序的操作者负责多个生产工序。当某操作者在生产中因作业速度慢或工序不平衡而导致大量工件堆积时,该工位的前一工序或后一工序的操作者必须为其提供帮助,以保证生产线流程保持顺畅。二是采用辅助无动力工作台生产。将原有的生产长线转换成短线或分割成几条生产线,原来在线上生产的工位则转到线下生产,由操作者各自操作,然后将生产出的半成品根据工艺需要数送往装配线进行断线安装,这样,总生产效率会得到很大提高。

(3) 大力推进意识改革和完善绩效考核制度。流水线生产方式与细胞式生产方式的理论生产效率没有太大差别,但实际运用为什么会有天壤之别呢?关键在于操作者思想意识不同,即发挥个人主观能动性的程度不同,包括以下两个方面。

① 树立积极健康的企业文化,提高员工凝聚力。企业应努力引导员工,使企业形成良好的企业文化,积极倡导已确立的企业精神,以良好的企业文化建设来激励员工;确定

组织长远的目标,使员工紧紧围绕目标开展各项工作;建立一整套企业规章制度,以规范员工的行为;处事客观,使组织内部形成民主的氛围;关心和体贴下属,使员工团结一致;干部以身作则,在组织中树立榜样,以榜样的力量感召员工;长期培养并形成一种共同拥有的积极向上的优秀价值观。

② 完善绩效考核制度。绩效考核制度对保证群体的目标与组织目标一致具有重要作用。组织目标的设定应科学合理,遵循 SMART 原则(S——具体;M——可衡量;A——可以实现;R——有回报;T——有时间限制),即按"经过努力可以达成"这一标准进行设立。目标设定要注意细化并进行分解,使每一位员工都有自己的年目标、月目标、周目标和日目标,目标不能如期完成时要及时反馈、分析原因、研究对策,同时根据事前已制定的考核方案进行奖励和处罚。绩效考核结果是员工晋升、任命、调任、加薪等人事决策的重要依据。

2. 佳能的管理会计方法应用

(1) 佳能公司实现了作业管理和价值管理的统一。佳能公司致力于对价值生产和交换过程的优化,强调加强作业管理,其目的在于提高生产和工作效率。作业管理必须强调有用作业和无用作业的区别,并致力于消除无用作业。为此,必须按生产经营的内在联系,设计作业环节和作业链,为作业管理和管理会计的实施奠定基础。可以说,佳能细胞式生产方式改变了公司的生产法则,进一步提高了生产效能。同时,在价值形成和价值增值过程中,佳能公司强调加强价值管理,其目的在于提高经济效益,实现价值的最大增值。为了降本求利、精简机构、优化生产流程,公司将部门合并缩编为复印机、打印机、相机和光学仪器四大部门,调整后减少了浪费,也提高了效率。

(2) 佳能公司降低成本、增加盈利的途径。产品成本的高低在一般情况下主要由该产品在设计、研制阶段的工作质量所决定,可以通过提高产品及其零部件的标准化、系统化、通用化来降低成本,可以利用专业分工与协助的优点,充分发挥本企业的优势,去掉那些无用的、不必要的零部件,或者采用最先进的科学技术,改革工艺和生产流程,设法减少贵重材料的使用数量,或另找便宜的代用材料等。这样一来,就可以把产品的功能与成本确定在最优方案上,从而保证产品投产后大大提高生产效率,降低生产成本,提高产品质量,并给企业带来较多的利润。

(3) 完善绩效考核制度、责任会计制度。绩效考核制度对保证群体的目标与组织目标一致具有重要的作用。组织目标的设定应科学合理,遵循 SMART 原则。责任会计制度将行为科学的理论与管理控制的理论结合起来,不仅进一步加强了对企业经营的全面控制(不仅是成本控制),而且将责任者的责、权、利结合起来,考核、评价责任者的工作业绩,从而极大地激发经营者的积极性和主动性。

实 训 精 选

一、单项选择题

1. 狭义的管理会计是指(　　)。

A. 微观管理会计　　　B. 宏观管理会计　　　C. 国际管理会计　　　D. 成本会计

1

2. 管理会计是以强化企业内部管理、（   ）为最终目的。

A. 降低成本 B. 降低保本点

C. 实现最佳经济效益 D. 增加销售量

3. 现代管理会计的核心内容是（   ）。

A. 预测决策会计 B. 规划控制会计 C. 本量利分析 D. 责任会计

4. 现代管理会计产生的关键标志是（   ）。

A. 全面预算的产生 B. 成本控制的产生

C. 本量利分析的产生 D. 预测决策会计的产生

5. 传统管理会计的最主要的职能是（   ）。

A. 预测 B. 决策 C. 考评 D. 控制

6. 传统管理会计是以（   ）为核心的。

A. 责任会计 B. 控制会计

C. 成本性态分析 D. 预测决策会计

7. "管理会计"这一术语最早是于（   ）提出的。

A. 1922 年 B. 1900 年 C. 1952 年 D. 1972 年

8. 第一次提出"管理会计"这一术语的会计学者是（   ）。

A. 麦金西 B. 奎因斯坦 C. 布利斯 D. 法约尔

9. 管理会计产生与发展的根本原因是（   ）。

A. 科学技术的发展 B. 商品经济的发展

C. 跨国公司的发展 D. 生产力的发展

10. 管理会计所需要的资料主要来源于（   ）。

A. 统计 B. 财务会计 C. 销售部门 D. 生产部门

11. 管理会计与财务会计在工作客体上有相似之处，是指（   ）。

A. 工作对象都是企业经营活动的价值运动

B. 研究对象都是企业的总成本

C. 目的都是提高企业的经济效益

D. 都是只有整个企业这一个核算层次

12. 管理会计的服务对象主要是（   ）。

A. 企业的投资人 B. 企业的债权人

C. 税务部门 D. 企业经营管理者

13. 在某种意义上被称为"内部会计"的是（   ）。

A. 财务会计 B. 成本会计 C. 管理会计 D. 责任会计

14. 管理会计的信息载体主要是（   ）。

A. 利润表 B. 资产负债表

C. 财务状况变动表 D. 内部报告

15. （   ）是以强化企业内部经营管理、实现最佳经济效益为目的，实现对经济过程的预测、决策、规划、控制、责任考核评价等职能的会计分支。

A. 狭义的管理会计 B. 广义的管理会计

C. 责任会计 D. 财务会计

16. 管理会计的内容是指与其职能相适应的内容,它不包括（　　）。

　　A. 责任会计　　　　　B. 预测决策会计　　　　C. 宏观管理会计　　　D. 管理会计

17. 在管理会计的几个组成部分中,（　　）既是现代管理会计的核心,又是现代管理会计形成的关键标志之一。

　　A. 责任会计　　　　　　　　　　　　　B. 预测决策会计

　　C. 规划控制会计　　　　　　　　　　　D. 国际管理会计

18. 20 世纪初,以（　　）为主要内容的"标准成本计算制度"和"预算控制",标志着管理会计的雏形已经形成。

　　A. 数量分析　　　　　B. 离散分析　　　　　C. 差异分析　　　　　D. 成本分析

19. 现代企业会计的两大分支,一是财务会计,二是（　　）。

　　A. 成本分析　　　　　B. 预算会计　　　　　C. 管理会计　　　　　D. 财务管理

20. 传统管理会计不同于现代管理会计,它的特征是以（　　）为核心。

　　A. 责任会计　　　　　B. 预测决策会计　　　　C. 控制会计　　　　　D. 规划会计

21. 在多数情况下,管理会计突出了以（　　）为中心的行为管理。

　　A. 投资　　　　　　　B. 利润　　　　　　　C. 人　　　　　　　　D. 企业

22. 管理会计所提供的信息是为了满足内部管理的特定要求而选择的,其中涉及的未来的信息不要求具备（　　）。

　　A. 精确性　　　　　　B. 相关性　　　　　　C. 及时性　　　　　　D. 统一性

二、多项选择题

1. 广义的管理会计包括（　　　　）。

　　A. 企业管理会计　　　B. 宏观管理会计　　　C. 国际管理会计　　　D. 成本会计

　　E. 政府会计

2. 管理会计的职能包括（　　　　）。

　　A. 预测　　　　　　　B. 决策　　　　　　　C. 规划　　　　　　　D. 控制

　　E. 考评

3. 现代管理会计的内容包括（　　　　）。

　　A. 预测决策会计　　　B. 规划控制会计　　　C. 责任会计　　　　　D. 考核会计

　　E. 政府会计

4. 传统管理会计的主要内容包括（　　　　）。

　　A. 预测　　　　　　　B. 决策　　　　　　　C. 预算　　　　　　　D. 控制

　　E. 规划

5. 以下各项中,属于管理会计与财务会计的联系的有（　　　　）。

　　A. 两者相互依存、相互制约　　　　　　B. 两者的工作客体有相似之处

　　C. 两者的最终奋斗目标一致　　　　　　D. 两者都需要完善和发展

　　E. 两者都预测未来

6. 管理会计的特点有（　　　　）。

　　A. 侧重为企业内部经营管理者服务　　　B. 主要预测和规划未来

　　C. 不受"公认会计原则"制约　　　　　　D. 没有严格固定的工作程序

1

E. 着眼于过去

7. 从广义的方面理解,管理会计包括（　　　　）。

A. 企业管理会计　　　　　　　　　　B. 财务会计

C. 宏观管理会计　　　　　　　　　　D. 国际管理会计

E. 内部经营管理

8. 管理会计的职能是管理会计实践本身客观存在的必然性决定的内在功能,它的基本职能包括（　　　　）。

A. 预测经济前景　　　　　　　　　　B. 参与经济决策

C. 规划经营目标　　　　　　　　　　D. 控制经济过程

E. 考核评价经营业绩

9. 管理会计的内容是与其职能相适应的,它包括（　　　　）。

A. 预测决策会计　　　　　　　　　　B. 规划控制会计

C. 责任会计　　　　　　　　　　　　D. 国际管理会计

E. 宏观管理会计

10. 管理会计的主体包括多个层次,它可以以（　　　　）作为其工作的主体。

A. 投资中心　　　B. 利润中心　　　C. 成本中心　　　D. 费用中心

E. 整个企业

11. 管理会计要求,凡是涉及未来的信息要满足（　　　　）。

A. 精确性　　　B. 相关性　　　C. 及时性　　　D. 统一性

E. 规范性

12. 无论是广义的管理会计,还是狭义的管理会计,都关系到（　　　　）等会计管理职能。

A. 预测　　　　B. 决策　　　　C. 预算　　　　D. 控制

E. 责任考核评价

三、判断题

1. 现代企业会计的两个分支是财务会计和管理会计。　　　　　　　　　　（　　）

2. 管理会计的主要职能是反映和监督。　　　　　　　　　　　　　　　　（　　）

3. 管理会计萌生于 19 世纪末 20 世纪初。　　　　　　　　　　　　　　　（　　）

4. 传统管理会计的主要内容是预算和控制。　　　　　　　　　　　　　　（　　）

5. 20 世纪 30 年代至现代属于现代管理会计阶段。　　　　　　　　　　　（　　）

6. 管理会计的资料主要来源于财务会计,它的主要工作内容是对财务会计信息进行深加工和再利用。　　　　　　　　　　　　　　　　　　　　　　　　　　　（　　）

7. 管理会计主要为企业和外界服务,因而又可称为"外部会计"。　　　　　（　　）

8. 管理会计的工作主体分为多个层次,但主要以企业内部责任单位为主体。（　　）

9. 财务会计的作用时效横跨过去、现在和未来,但主要是面向未来。　　　（　　）

10. 财务会计和管理会计都必须遵守企业会计准则。　　　　　　　　　　　（　　）

11. 管理会计是一种侧重于在现代企业内部经营管理中直接发挥作用的会计,又是企业管理的主要组成部分,因此称为内部经营管理会计。　　　　　　　　　　　（　　）

12. 会计机构隶属于企业的服务部门,构成现代企业会计两大分支的管理会计和财务会计应当合并在一起。（　　）

13. 管理会计工作既为企业总体服务,本身又是整个企业管理系统的有机组成部分,因而处在价值管理中的核心地位。（　　）

14. 控制会计处于现代管理会计的核心地位,又是现代管理会计形成的标志之一。（　　）

15. 20世纪初,产生了以差异分析为主要内容的"标准成本计算控制制度"和"预算控制",标志着管理会计的雏形已经形成。（　　）

16. 在传统管理会计阶段,管理会计的内容主要包括预算和控制,其中管理会计的职能集中体现在预算方面。（　　）

17. 管理会计主要以企业内部责任单位为主体,因此这是"以物为中心"的管理。（　　）

18. 管理会计突破了"公认的会计原则"的要求,它可以不受权责发生制原则和历史成本原则的限制。（　　）

19. 管理会计的作用时效横跨过去、现在和未来三个时态,其中面向未来的作用时效是摆在第一位的。（　　）

20. 与财务会计不同,管理会计的信息载体多为没有统一格式的内部报告,对这些报告的种类也没有统一的规定。（　　）

项目一　参考答案

项目二 成本性态分析

学习目的与要求

通过本项目实训,了解成本性态分析方法及应用。学习本项目,应重点掌握以下内容:

(1) 成本的概念,深入理解成本分类方法,固定成本和变动成本的概念、特征及分类。

(2) 成本性态和相关范围的概念及其意义。

(3) 成本性态分析与成本按性态分类的异同。

(4) 灵活运用多种方法对混合成本进行分解及这些方法的特点与适用范围,特别是高低点法和回归直线法的应用技巧。

重点、难点解析

一、成本的分类

现代管理会计中的成本是指企业在生产经营过程中对象化的、以货币表现的、为达到一定目的而应当或可能发生的各种经济资源的价值牺牲或代价。这是一个广义的成本概念,指为取得一定资产或为提供一定劳务而发生的各种耗费,既包括产品生产成本,也包括期间费用,既核算过去实际已经发生的耗费,也核算将来应当或可能发生的耗费。

按照企业管理的不同需求,可以选择不同的标准将成本划分为不同的类型。

(一) 成本按经济职能分类

成本按经济职能可以分为制造成本和非制造成本两类。

制造成本又称生产成本,是指企业在生产经营过程中为制造产品而发生的成本,包括直接材料、直接人工和制造费用。

非制造成本又称非生产成本或期间成本,是指除生产成本以外的成本。

(二) 成本按其实际发生的时态分类

成本按其实际发生的时态可以分为历史成本和未来成本两类。

历史成本是指以前时期已经发生或本期刚刚发生的成本,也就是财务会计中的实际成本。

未来成本是指预先测算的成本,又称预计成本。

(三) 成本按其相关性分类

成本的相关性是指成本的发生与特定决策方案是否有关的性质。成本按其相关性可以分为相关成本和无关成本两类。

(四) 成本按其可控性分类

成本按其可控性可以分为可控成本和不可控成本两类。

可控成本是指在特定时间和范围内,由特定部门的主管人员直接确定和掌握的有关成本费用。如办公费等,即为企业的可控成本。

不可控成本通常是指某一特定部门的主管人员无法直接掌握,或不受某一特定部门的业务活动直接影响的成本费用。如挑选整理费,对销售部门来讲即为不可控成本。

(五) 成本按其性态分类

成本性态亦称成本习性,是指一定条件下成本总额与特定业务量之间的依存关系。成本性态是存在于成本总额与业务量之间的规律性联系。从成本性态来认识和分析成本,可以从定性和定量两个方面把握成本的各组成部分与业务量之间的变化规律。

成本按其性态可以分为固定成本、变动成本和混合成本三类。

1. 固定成本

(1) 概念。固定成本是指在一定时期和一定业务量范围内,成本总额随业务量的变动保持固定不变的成本。

(2) 特征。

① 固定成本总额随业务量的变动保持固定不变性。

② 单位固定成本随业务量的变动呈反方向变动性。

(3) 分类。固定成本按是否受管理当局短期决策行为的影响,可以进一步细分为约束性固定成本和酌量性固定成本两类。

① 约束性固定成本,是指在日常经营活动中,企业管理部门短期决策行为很难控制并改变其数额的固定成本。这类成本反映的是形成和维持企业最起码生产经营能力的成本,也是企业经营业务必须负担的最低成本,又称经营能力成本,如厂房和机器设备的折旧费、不动产税、管理人员的薪资、保险费等。企业经营能力一旦形成,这类成本的数额一经确定,在短期内是不能随意加以改变的,因而具有很强的约束性。

② 酌量性固定成本,是指在日常经营活动中,企业管理部门短期决策行为可以控制并改变其数额的固定成本。这类成本的发生额直接取决于管理部门根据企业的经营状况所作出的判断,又称选择性固定成本。但是,这并不意味着酌量性固定成本可有可无、可以拒绝,它仍是企业的一种存在成本,如新产品的开发费、职工培训费、广告费等。这类成本的发生可以因领导的决策而作适当的调整,发生额的多少与增强企业的竞争力、扩大企业规模直接相关,但同企业的业务量并无直接联系。

(4) 相关范围。前面在给固定成本下定义时曾冠以"在一定时期和一定业务量范围内"这样一个约束,这就是说固定成本的固定性不是绝对的,而是有条件的,在一定相关范围内具有固定不变性。这里的相关范围表现为一定的期间范围和一定的空间范围。

2. 变动成本

(1) 概念。变动成本是指在一定时期和一定业务量范围内,成本总额随业务量的变动成正比例变动的成本。

（2）特征。

① 变动成本总额随业务量的变动成正比例变动性。

② 单位变动成本随业务量的变动保持不变性。

（3）相关范围。与固定成本一样，变动成本的变动性也有其相关范围。变动成本总额只有在一定时期和一定业务量范围内才会随着业务量的变动成正比例变动。只有在相关范围内，不管时间多久，也不管业务量增减变动幅度多大，变动成本总额的正比例变动性都将存在，但是一旦超过了相关范围，这种特征就很难存在。因此，讨论变动成本总额与业务量之间的依存关系，就必须在一定的相关范围内进行。

3. 混合成本

混合成本是指同时具有固定成本和变动成本两种不同性质的成本。

根据与业务量之间的关系，混合成本又可以分成以下四种类型：

（1）半固定成本。半固定成本又称为阶梯式成本，这类成本的特点是在一定业务量范围内，其成本总额不会随着业务量的变动而变动，类似固定成本；而当业务量超出了这个范围，其发生额就会突然跳跃上升到一个新的水平，并在新的业务量增长的一定范围内保持不变，直到出现另一个新的跳跃为止。

（2）半变动成本。半变动成本又称标准式混合成本，这类成本的特点是通常有一个基数，这个基数是固定不变的，体现着固定成本性态；而在这个基数之上，成本就会随着业务量的增加而成正比例变动，呈现出变动成本性态。这种由一部分固定成本和另一部分变动成本所组成的总成本称为半变动成本。

（3）延期变动成本。延期变动成本，是指在一定的业务量范围内，成本总额保持固定不变，但一旦业务量超出了一定范围，其超额部分的成本就相当于变动成本。

（4）曲线变动成本。曲线变动成本通常有一个初始量，一般保持不变，相当于固定成本。在这个初始量的基础上，成本总额会随着业务量的增加呈非线性的增加，在坐标图上表现为一条曲线。按照曲线斜率的变动速度不同，曲线变动成本又可分为递减型曲线变动成本和递增型曲线变动成本。

二、成本性态分析方法

成本性态分析，是指在成本按性态分类的基础上，按照一定的程序和方法，最终将全部成本划分成固定成本和变动成本两大类，并建立相应的成本性态模型的过程。

成本性态分析是管理会计中一项最基本的工作。企业通过成本性态分析有助于掌握成本的各个组成部分与业务量之间的依存关系和变动规律，为应用变动成本法，开展本量利分析，实行短期决策、预测分析、全面预算、标准成本法的操作和落实责任会计奠定基础。

在管理会计实践中，成本性态分析方法通常包括直接观察法、技术测定法和资料分析法。

（一）直接观察法

直接观察法是最简单的方法，是指根据会计账簿中各成本项目的性质，观察其比较接近于固定成本还是变动成本，从而直接加以确认归属的方法。这种方法在很大程度上属于定性分析,需要逐一对成本明细项目加以鉴定。

直接观察法简便易行,凡具有一定会计知识和业务能力的人都能掌握,适用于管理会计基础工作开展得较好的企业。

(二) 技术测定法

技术测定法又称工程技术法,是指利用经济工程项目财务评价技术方法所测定的企业正常生产过程中投入与产出的关系,分析确定在实际业务量基础上其固定成本和变动成本水平,并揭示其变动规律的一种方法。采用这种方法,在企业建设投产前必须进行项目的可行性研究。

技术测定法分析结果的准确性较高,也有较强的说服力,一般适用于技术工艺已经定型的新企业及其主要成本项目的性态分析,但对于技术工艺已发生较大变革或生产能力有重大变动的老企业来说就不适用。另外,技术测定法不可能对企业所有的间接成本确定出准确、可信的标准,因此,还需要结合其他方法进行成本性态分析。同时,此方法应用起来也比较复杂,花费的时间和投入的精力较多。

(三) 资料分析法

资料分析法是根据企业过去若干时期的成本与业务量资料,运用数学方法进行数据处理,从而完成成本性态分析任务的一种定量分析方法。运用这种方法的前提条件是企业的相关资料齐全,成本数据与业务量的资料同期配套,并且具有不间断的连续性。资料分析法在混合成本分解中应用十分广泛,包括高低点法、散布图法、直线回归分析法。

1. 高低点法

高低点法是通过对一定期间成本与业务量的历史资料进行分析,从中选出业务量的最高点和最低点及其相应的成本,然后据以分解出混合成本中固定部分和变动部分各占多少的一种成本性态分析方法。

高低点法的具体分析步骤是:

(1)选择高低点坐标。在已知的历史资料中,找出业务量的最高点及对应的成本,找出业务量的最低点及对应的成本,从而确定最高点坐标(x_1, y_1)和最低点坐标(x_2, y_2)。

(2)计算单位变动成本b的值。其计算公式为:

$$b = \frac{业务量最高时总成本-业务量最低时总成本}{最高点业务量-最低点业务量} = \frac{y_1 - y_2}{x_1 - x_2}$$

(3)计算固定成本a的值。其计算公式为:

$$a = 业务量最高时总成本 - b \times 最高点业务量 = y_1 - bx_1$$

或

$$a = 业务量最低时总成本 - b \times 最低点业务量 = y_2 - bx_2$$

(4)根据a与b的计算结果,得出成本性态模型:

$$y = a + bx$$

高低点法的优点是比较简单,易于理解;其缺点是由于它所运用的数据来自历史资料中的最高、最低两点,所建立的成本性态模型可能不具有代表性,容易导致较大的计算误

2

差,因此这种方法只适用于成本变动趋势比较平稳的企业。

2. 散布图法

散布图法又称布点图法,是指根据若干时期的历史资料,将其业务量和成本数据逐一标注在坐标图上,形成若干个散布点,再通过目测的方法尽可能画出一条接近所有坐标点的直线,并据以推算出固定成本总额和单位变动成本的一种成本性态分析方法。

散布图法的具体分析步骤是:

(1) 标出散布点。

(2) 画线:目测一条能够反映成本变动趋势的直线,直线与纵轴的交点为固定成本。在图中读出该直线的截距。

(3) 在直线上任取一点,测出坐标,计算 b 值。

(4) 代入 a、b 值,得出成本性态模型。

散布图法由于将全部成本数据均作为描述成本性态的依据,因此其图像可反映成本的变动趋势,比较形象直观、易于理解,其准确程度比高低点法高。但因为画成本直线完全靠目测,不同的人会有不同的画法,容易出现人为误差,得出不同的固定成本和单位变动成本,所以计算结果也具有一定的不准确性。

3. 直线回归分析法

直线回归分析法采用最小二乘法进行参数估计,根据若干历史时期的成本和业务量的资料,计算固定成本和单位变动成本的一种成本性态分析方法。

直线回归分析法的基本步骤是:

(1) 根据历史资料列表,求 n、$\sum x$、$\sum y$、$\sum xy$、$\sum x^2$、$\sum y^2$ 的值。

(2) 计算相关系数 r,并据此判断 y 与 x 之间是否存在必要的线性关系。

$$r = \frac{n\sum xy - \sum x \sum y}{\sqrt{\left[n\sum x^2 - \left(\sum x\right)^2\right] \cdot \left[n\sum y^2 - \left(\sum y\right)^2\right]}}$$

当 $r=-1$ 时,说明 x 与 y 之间完全负相关;当 $r=0$ 时,说明 x 与 y 之间不存在线性关系;当 $r=+1$ 时,说明 x 与 y 之间完全正相关;当 $r \to +1$ 时,说明 x 与 y 之间具有极强的正相关性。

直线回归分析法的应用要求业务量与成本之间基本保持线性关系,即 $r=+1$ 或 $r \to +1$。

(3) 计算 a、b 的值:

$$a = \frac{\sum y - b\sum x}{n}$$

$$b = \frac{n\sum xy - \sum x \sum y}{n\sum x^2 - \left(\sum x\right)^2}$$

(4) 建立成本性态模型:

$$y = a + bx$$

2

直线回归分析法由于运用了最小二乘法的原理，因此计算结果比前两种方法更科学，相对而言计算最精确。但这种方法计算量较大，公式更复杂，适合采用计算机管理的企业。

三、成本性态分析的应用

在对某一企业的历史成本进行分析，按照成本与业务量之间的关系，把全部成本分为固定成本和变动成本后，实际上同时达到了两个目的：一是确定了企业一定期间内总成本的基本构成，即总成本＝固定成本＋变动成本；二是确定了成本与业务量之间的依存关系，即可将其应用于企业内部管理，其基本内容渗透在现代管理会计理论、方法体系的各个方面，可应用于企业内部管理的所有领域，能帮助企业管理者对生产经营活动进行规划和控制。

成本性态分析原理在企业内部管理中主要应用于财务预测、经营决策和内部控制三个方面。

典 型 案 例

爱立信如何面对亏损

2001 年 1 月 26 日，爱立信公司宣布退出手机生产。根据《华尔街日报》的分析，爱立信公司之所以选择退出，是因为有飞利浦芯片厂火灾造成的损失、市场营销不力和产品设计等方面的问题。其中，在飞利浦芯片厂火灾之后，没有迅速作出反应，是爱立信落人之后的主要原因。

一、以退为进策略

目前手机生产已进入了"模块化时代"，具备了转包的技术条件。"我们把资金、资源放在爱立信自己最擅长的方面，如研发、设计等。在手机的一个价值链，即研发—设计—生产—供应—营销—销售—售后服务这 7 个环节中，我们把生产、供应两个环节外包给了有专长的公司。"爱立信（中国）公司解释说："我们把含金量最小的一部分，比如生产环节，外包出去，含金量最大的研发由我们控制在做。爱立信每年把销售额的 15% 投入研发，以保持技术的领先。"

爱立信整机外包就是为了降低成本，因为规模生产效益，按照爱立信的标准来做，与爱立信自己集成，质量是一模一样的。爱立信没有必要投入很多人力、物力在生产环节。爱立信消费产品部总裁认为："与 Flextronics 公司的战略合作伙伴的形成，将有助于我们的手机业务获得更好的规模经济效益及更大的灵活性，有利于继续保持在手机领域的领先地位。"

爱立信公司做此战略调整的主要原因是其手机生产一直经营不善，2000 年全年亏损金额高达 164 亿瑞典克朗。但是，爱立信公司所经营的电话交换系统业务却带来了丰厚的利润。2001 年，全公司的税前利润额达到了 287 亿瑞典克朗（约合 33.6 亿美元），比 1999 年激增近 75%。因此爱立信从手机生产上脱身，把解放出来的资源用于加强手机产品的研发、设立、营销、销售和售后服务等优势环节，做价值链上自己最强大的部分，使爱

2

立信的产品和售后服务更加完美,争取在将来的竞争中抢占有利位置。

如此看来,爱立信只是让出手机生产,其实并没有让出手机市场。相反,这将有助于爱立信的手机业务获得更好的规模经济效益及更大的灵活性,将为爱立信长期获利打下坚实的基础。

二、策略性外包是国际大趋势

所谓"外包",是指将产品的部分零件或整个产品交给其他供应商或生产商加工,而自己只负责研发与销售。外包这种经营方式很常见,在经营上也非常科学。电脑、手机等很多行业都在做,爱立信一直都在做外包,把机壳、电池等外包给不同的供应商。而这次不只是零件,而是手机的整机外包。国际著名的手机厂商,为了将产业供应链的每一个环节都发挥到最大效能,同时降低成本,纷纷将自己的一部分手机生产业务外包给亚洲的厂商,爱立信、摩托罗拉、西门子及阿尔卡特等此前都有外包,只有诺基亚没有外包项目。当爱立信手机出现连续巨额亏损后,其所经营的电话交换系统业务却带来了丰厚的利润。此时选择把精力、资金集中到更有可能成功的领域是明智的。从 2002 年起,爱立信每年节省约 20 亿美元的开支。

要求:

1. 谈谈你对爱立信扭亏措施的理解。

2. 运用管理会计学的知识谈谈你对爱立信外包策略的看法。

【分析】

1. 20 世纪 80 年代以来,越来越多的公司认识到那种"大而全""小而全"(从原材料到最终产品产品链尽可能地垂直一体化)的生产模式越来越不适应竞争的需要,出现了反垂直一体化的趋势。价值链理念的提出也是源于对公司的一种新的认识模式。高度垂直一体化的公司由于机构臃肿,不能对外界环境迅速作出反应,不能快速灵活地满足顾客复杂多变的产品服务需求,于是将部分非核心业务外包成为一种模式,而公司只保留自己擅长的核心业务。爱立信公司正是采取保留核心业务的战略,从而在竞争中获胜的。

爱立信公司不断进行价值创新,提高资金投资回报率。价值创新可以从两方面考虑,一是从价值链的角度,在商品生产的不同阶段,其所创造的价值是不一样的;二是由于劳动者具有多方面的劳动能力,而从事不同性质的劳动,其所创造的价值是不同的。爱立信公司从手机生产上脱身,把解放出来的资源用于加强手机产品的研发、设计、营销、销售和售后服务等优势环节,做价值链上自己最强大的部分,从事附加值更高的劳动,使产品和售后服务更加完美,在竞争中抢占了有利位置。

2. 从管理会计学角度看爱立信公司的外包策略,是通过价值驱动因素分析,构建一条具有独特性的、能够实现公司价值最大化,并持续创造价值的价值链。价值链的解构与整合的基本原则就是打造和培育企业核心能力。爱立信公司退出手机生产则表明从传统模式向新模式的转换。手机的价值链可以简单地分解成研发、生产、销售三个环节,由于技术扩散和竞争加剧,在生产环节的利润已非常微薄,手机的利润主要来自研发(新功能的开发)和销售。发展中国家或地区由于拥有劳动力的成本优势,手机的生产制造已逐步转移到这些国家或地区。可能更重要的一点是,在这些国家,其顾客价值(顾客从购买产品获得的效用)可能更大,因而其销量更大,从而带来的公司价值更大,如我国的手机生产和拥有量已居世界前列。在这种背景下,爱立信公司设在北美和欧洲等地的生产工厂已不具备竞争优势,从价值链角度看,手机制造这一环节已不可能为爱立信公司带来丰厚的利润,继续生产甚至可能产生负利润。同时,面对诺基亚、摩托罗拉公司等强手的竞争,爱立信公司必须在研发领域有所突破,才能在世界无线通信领域站住脚。也就是说,爱立信公司对手机的价值链进行了新一轮的分析与整合,将重点放在了手机的技术研究、设计、品牌推广和市场营销上,将生产和供应交由新加坡的公司负责,从而构建和拥有了具有独特性的、具有核心竞争力的价值链,极大地促进了公司的价值创造。

上海丽洁工厂的成本分解

上海丽洁工厂是一家大型化工企业。该厂在从生产型转向生产经营型的过程中,从厂长到车间领导和生产工人都非常关心生产业绩。过去,往往要到月底才能知道月度的生产情况,这显然不能及时掌握生产信息,特别是成本和利润两大指标。如果心中无数,便不能及时地在生产过程的各阶段进行控制和调整。该厂根据实际情况,决定采用本量利分析的方法来预测产品的成本和利润。

首先以主要生产环氧丙锭和乙醇产品的第五车间为试点。按成本与产量变动的依存关系,把工资费用、附加费、折旧费和大修理费等列作固定成本(约占总成本的10%),把原材料、辅助材料、燃料等生产费用的其他要素列作变动成本(约占总成本的65%),同时把水电费、蒸汽费、制造费用、管理费用(除折旧)列作半变动成本(约占总成本的25%),因为这些费用与产量无直接比例关系,但也不是固定不变的。

按照1—5月的资料,总成本、变动成本、固定成本、半变动成本和产量如表2-1所示。

表2-1　　总成本、变动成本、固定成本、半变动成本和产量资料

月份	总成本/万元	变动成本/万元	固定成本/万元	半变动成本/万元	产量/吨
1	58.633	36.363	5.94	16.33	430.48
2	57.764	36.454	5.97	15.34	428.49
3	55.744	36.454	5.98	13.43	411.20
4	63.319	40.189	6.21	16.92	474.33
5	61.656	40.016	6.54	15.19	462.17
合计	297.116	189.476	30.64	77.21	2 206.67

1—5月半变动成本组成如表2-2所示。

表2-2　　　　　1—5月半变动成本组成表

月份	修理/元	扣下脚/元	动力/元	水费/元	管理费用/元	制造费用/元	合计/万元
1	33 179.51	−15 926.75	85 560.82	19 837.16	35 680	4 995.28	16.33
2	26 286.10	−15 502.55	86 292.62	25 879.73	24 937	5 471.95	15.34
3	8 169.31	−2 682.75	80 600.71	16 221.10	26 599	5 394.63	13.43

续　表

月份	修理/元	扣下脚/元	动力/元	水费/元	管理费用/元	制造费用/元	合计/万元
4	12 540.31	−5 803.45	81 802.80	26 936.17	47 815	5 943.39	16.92
5	33 782.25	−26 372.50	83 869.45	24 962.00	30 234	5 423.88	15.19

　　某会计人员用高低点法对半变动成本进行求解,结果是:单位变动成本为 0.055 3 万元,固定成本为 −9.31 万元。固定成本是负数,显然是不对的。而用直线回归分析法对半变动成本进行求解,结果是:单位变动成本为 0.032 1 万元,固定成本为 1.28 万元。

　　经验算发现,1—5 月固定成本与预算计数 1.28 万元相差很大(1 月:1.675 万元;2月:1.585 万元;3 月:0.230 万元;4 月:1.694 万元;5 月:0.354 万元)。该会计人员感到很困惑,不知道问题在哪里。

　　要求:谈谈应该采用什么方法来划分变动成本和固定成本?

【分析】

　　上海丽洁工厂在对总成本进行分解时,把明显属于变动成本或固定成本的项目剔除后,其余作为半变动成本,用一定的方法进行分解,这样做存在以下几个问题:① 从半变动成本的结构来看,许多费用与产量间都不是线性的关系,如修理费用,4 月份产量最高,但费用较低;② 下脚料不能作为半变动成本处理;③ 把大部分近似变动成本和近似固定成本都已分别归入变动成本和固定成本,剩下的少数费用性质比较复杂,而且有些费用的发生没有规律,这部分费用一般难以用公式单独分解,否则,矛盾就比较突出,如本案例计算出来的结果就很不合理。

　　根据本案例的情况,可以有以下几种处理方案。

　　第一,全部费用除了已划分为变动成本、固定成本,剩下的这些半变动成本再按照性质直接划分为变动成本和固定成本。本案例中,修理、动力和水费可归入变动成本,管理费用和制造费用归属于固定成本,下脚料单独列示。这种方法虽然不太准确,但便于费用控制。

　　第二,总成本作为半变动成本,按高低法分解:单位变动成本为 0.12 万元,固定成本为 6.463 万元。计算各月变动成本和固定成本,如表 2-3 所示。

表 2-3　　　　　　　　各月变动成本和固定成本计算结果　　　　　　　单位:万元

月　份	变动成本	固定成本	合　计
1	51.658	6.975	58.633
2	51.419	6.342	57.761
3	49.344	6.397	55.741
4	56.920	6.399	63.319
5	55.465	6.191	61.656

　　从各月的计算结果来看,基本上是正确的。合计总成本中有一部分成本的各月发生数是不规律的,但比率较小,不影响总成本的正确性。

第三,如果要保持原来的分解方法,则要对半变动成本进一步进行分析,查明不规则变动的原因,剔除各种不正常因素,并将调整后的数字再进行分解。

实 训 精 选

一、单项选择题

▲1. 管理会计中对成本相关性的正确解释是(　　)。

A. 与决策方案有关的成本特性　　　　B. 与控制标准有关的成本特性

C. 与资产价值有关的成本特性　　　　D. 与归集对象有关的成本特性

▲2. 下列选项中,只能在发生当期予以补偿、不可能递延到下期的成本是(　　)。

A. 直接成本　　　　　　　　　　　　B. 间接成本

C. 产品成本　　　　　　　　　　　　D. 期间成本

▲3. 单位固定成本在相关范围内的变动规律为(　　)。

A. 随业务量的增加而减少　　　　　　B. 随业务量的减少而减少

C. 随业务量的增加而增加　　　　　　D. 不随业务量的变动而变动

4. 在各类固定成本中,能够在不改变企业生产经营能力的前提下降低其总额的是(　　)。

A. 约束性固定成本　　　　　　　　　B. 酌量性固定成本

C. 半固定成本　　　　　　　　　　　D. 单位固定成本

▲5. 单耗相对稳定的外购零部件成本为(　　)。

A. 约束性固定成本　　　　　　　　　B. 酌量性固定成本

C. 技术性变动成本　　　　　　　　　D. 酌量性变动成本

6. 为排除业务量因素的影响,在管理会计中反映变动成本水平的指标一般是(　　)。

A. 变动成本总额　　　　　　　　　　B. 单位变动成本

C. 变动成本总额与单位额　　　　　　D. 变动成本率

7. 标准式混合成本又可称为(　　)。

A. 半固定成本　　　　　　　　　　　B. 半变动成本

C. 延期变动成本　　　　　　　　　　D. 曲线式成本

▲8. 下列选项中,属于阶梯式混合成本的是(　　)。

A. 制造费用　　　　　　　　　　　　B. 生产工人计件工资

C. 机器设备维护保养费　　　　　　　D. 检验员工资

9. 在管理会计中,狭义的相关范围是(　　)。

A. 成本的变动范围　　　　　　　　　B. 业务量的变动范围

C. 时间的变动范围　　　　　　　　　D. 市场容量的变动范围

▲10. 就同一企业而言,同一成本项目在不同时期可能有不同的性态。这是因为成本在相关范围内具有(　　)。

A. 相对性　　　　　B. 暂时性　　　　　C. 可转化性　　　　　D. 变动性

11. 成本性态分析的对象与成本按性态分类的对象相同,都是(　　)。

2

A. 总成本　　　　　　B. 固定成本　　　　　C. 变动成本　　　　　D. 资金运动

12. 在应用高低点法进行成本性态分析时,选择高点坐标的依据是(　　　)。

A. 最高的业务量　　　　　　　　　　B. 最高的成本

C. 最高的业务量和最高的成本　　　　D. 最高的业务量或最高的成本

13. 在应用资料分析法进行成本性态分析时,必须首先确定 a,然后才能计算出 b 的方法是(　　　)。

A. 直接分析法　　　　　　　　　　B. 高低点法

C. 散布图法　　　　　　　　　　　D. 直线回归分析法

14. 当相关系数 r 等于 +1 时,表明成本与业务量之间的关系是(　　　)。

A. 基本正相关　　　B. 完全正相关　　　C. 完全无关　　　D. 基本无关

15. 在资料分析法的具体应用方法中,计算结果最为精确的方法是(　　　)。

A. 高低点法　　　　　　　　　　　B. 散布图法

C. 直线回归分析法　　　　　　　　D. 直接分析法

二、多项选择题

1. 下列选项中,属于固定成本的有(　　　)。

A. 定期支付的广告费　　　　　　　B. 计件工资

C. 企业管理人员工资　　　　　　　D. 按直线法计提的折旧费

E. 按产量法计提的折旧费

▲2. 下列选项中,属于固定成本的特点有(　　　)。

A. 总额的不变性　　　　　　　　　B. 总额的正比例变动性

C. 单位额的不变性　　　　　　　　D. 单位额的反比例变动性

E. 单位额的变动性

▲3. 在不改变企业经营方向的前提下,不宜降低其总额,而应通过提高产品产量,降低其单位额的成本项目是(　　　)。

A. 新产品开发费　　　　　　　　　B. 机器设备折旧费

C. 员工培训费　　　　　　　　　　D. 保险费

E. 管理人员薪金

4. 下列选项中,一般应纳入变动成本的有(　　　)。

A. 办公费　　　　　　　　　　　　B. 计件工资

C. 按生产数量法提取的折旧　　　　D. 直接材料

E. 车间租赁费

5. 固定成本按是否受管理当局短期决策行为的影响可以进一步分为(　　　)。

A. 约束性固定成本　　　　　　　　B. 半固定性成本

C. 半变动性成本　　　　　　　　　D. 酌量性固定成本

E. 固定性成本

▲6. 在相关范围内,变动成本应当具备的特征有(　　　)。

A. 总额的不变性　　　　　　　　　B. 总额的正比例变动性

C. 单位额的不变性　　　　　　　　D. 单位额的变动性

E. 单位额的反比例变动性

7. 下列选项中,属于混合成本类型的有(　　　　)。

A. 阶梯式混合成本　　　　　　　　　　B. 递增型混合成本

C. 递减型混合成本　　　　　　　　　　D. 标准式混合成本

E. 低坡式混合成本

8. 下列选项中,属于广义相关范围的有(　　　　)。

A. 成本范围　　　　　B. 收入范围　　　　　C. 费用范围

D. 业务量范围　　　　E. 期间范围

9. 由明显的变动和固定两部分成本组成的混合成本包括(　　　　)。

A. 半固定成本　　　　　　　　　　　　B. 标准式混合成本

C. 低坡式混合成本　　　　　　　　　　D. 曲线式混合成本

E. 阶梯式混合成本

10. 下列选项中,属于因相关范围的存在而使成本性态具有特点的有(　　　　)。

A. 相对性　　　　　B. 暂时性　　　　　C. 可转化性　　　　　D. 不变性

E. 正比例变动性

11. 下列选项中,能够揭示成本性态分析与成本按其性态分类关系的表述有(　　　　)。

A. 两者既有联系又有区别　　　　　　　B. 两者的性质不同

C. 两者的最终结果不同　　　　　　　　D. 两者的对象不同

E. 前者以后者为前提

12. 下列选项中,既可以用于同步分析程序又可以用于混合成本分解的方法包括
(　　　　)。

A. 高低点法　　　　　　　　　　　　　B. 散布图法

C. 直线回归分析法　　　　　　　　　　D. 直接分析法

E. 技术测定法

13. 下列选项中,属于成本性态分析程序的有(　　　　)。

A. 技术测定法　　　　　　　　　　　　B. 同步分析

C. 直接分析法　　　　　　　　　　　　D. 分步分析

E. 直线回归分析法

14. 成本性态分析中的资料分析法包括(　　　　)。

A. 高低点法　　　　B. 散布图法　　　　C. 技术测定法　　　　D. 直接分析法

E. 直线回归分析法

15. 利用资料分析法建立成本模型时,计算步骤正确的有(　　　　)。

A. 先求 b 后求 a　　　　　　　　　　B. 先确定 a 后求 b

C. a 和 b 可以同时求得　　　　　　　D. 先求 r,再求 a 和 b

E. 先求 x 和 y,再求 a 和 b

16. 下列企业中,不宜采用技术测定法进行成本性态分析的有(　　　　)。

A. 新建企业　　　　　　　　　　　　　B. 进行过技术改造的老企业

C. 没有历史资料的企业　　　　　　　　D. 生产能力有重大变动的企业

E. 无法应用资料分析法和直接分析法的企业

17. 在应用直线回归分析法进行成本性态分析时,相关系数 r 应满足的条件有( )。

A. r 等于 -1　　　　　　　　　B. r 等于 0

C. r 等于 $+1$　　　　　　　　　D. r 趋近于 $+1$

E. r 为任意值

三、判断题

1. 定期支付的广告费属于酌量性固定成本。　　　　　　　　　　( )
2. 成本性态是成本总额与特定业务量之间的依存关系。　　　　　( )
3. 成本按经济用途分类,是财务会计按完全成本法进行成本核算的基础。　( )
4. 固定成本的水平通常以其总额来表示,而变动成本的水平则以其单位额来表示。　　　　　　　　　　　　　　　　　　　　　( )
5. 无论哪一种混合成本,实质上都可以区分为固定部分和变动部分。　( )
6. 通常我们所讲的降低固定成本总额就是指降低约束性固定成本。　( )
7. 成本性态分析的最终目的就是要把全部成本区分为固定成本、变动成本和混合成本三大类。　　　　　　　　　　　　　　　　　( )
8. 成本性态是恒定不变的。　　　　　　　　　　　　　　　　( )
9. 半变动成本即标准式混合成本。　　　　　　　　　　　　　( )
10. 成本性态分析是成本按其性态分类的前提。　　　　　　　　( )
11. 成本性态模型 $y=a+bx$ 中的 b,就是指单位变动成本。　　( )
12. 无论在什么情况下,都必须进行混合成本分解。　　　　　　( )
13. 成本性态分析的方法只适用于特定的分析程序。　　　　　　( )
14. 成本性态分析的直接分析法不适用于规模较大的企业。　　　( )
15. 在一般情况下,直接成本与变动成本具有相同的内容,间接成本与固定成本具有相同的内容。　　　　　　　　　　　　　　　( )
16. 高低点法的优点是计算精度高,缺点是计算过程过于复杂。　( )
17. 相关系数 r 的大小对能否采用直线回归分析法有重大影响。　( )

四、计算分析题

1. 已知:某企业主要经营 A 产品,该产品连续十期的产量及总成本资料如表 2-4 所示。

表 2-4　　　　　　A 产品连续十期的产量及总成本资料

期间指标	1	2	3	4	5	6	7	8	9	10
产量/件	25	28	29	30	27	26	28	29	31	26
总成本/元	71 000	82 000	83 520	84 500	77 750	74 480	81 560	83 230	84 560	75 850

要求:用高低点法对 A 产品进行成本性态分析。

2. 已知:某企业只生产一种产品,1—10 月该企业发生的制造费用如表 2-5 所示。

表 2-5　　　　　　　　　　　　　1—10 月企业制造费用资料

月份指标	1	2	3	4	5	6	7	8	9	10
产量/件	150	200	300	250	300	250	350	300	250	150
制造费用/元	16 000	20 000	27 000	25 000	26 000	24 000	28 000	25 000	23 000	16 000

要求：用高低点法对该企业的制造费用进行分解。

3. 已知：某企业的设备维修费属于混合成本,各月的实际资料如表 2-6 所示。

表 2-6　　　　　　　　某企业机器工作小时与设备维修费用表

月　　份	1	2	3	4	5	6	7	8	9	10	11	12
机器工作/小时	9	8	9	10	12	14	11	11	13	8	6	7
设备维修费/万元	3	2.5	2.9	3.1	3.4	4	3.2	3.3	3.5	2.6	2	2.2

要求：用直线回归分析法对该企业的设备维修费进行分解。

▲4. 设某企业月初没有在产品和产成品存货。当月某种产品共生产 50 件,销售 40 件,月末结存 10 件。该种产品的制造成本资料和企业的非制造成本资料如表 2-7 所示。假设每件产品售价为 500 元,销售费用中的变动性费用为每件 20 元。

要求：

(1) 分别采用变动成本法和完全成本法,计算当期税前利润。

(2) 解释两种方法得出的税前利润有差异的原因。

表 2-7　　　　　　　　　　某企业成本资料表　　　　　　　　单位：元

成　本　项　目	单位产品项目成本	项目总成本
直接材料	200	10 000
直接人工	60	3 000
变动性制造费用	20	1 000
固定性制造费用		2 000
管理费用		4 000
销售费用		3 000
合　　计		23 000

项目二　参考答案

项目三　变动成本法认知

学习目的与要求

通过本项目实训,进一步理解变动成本法的概念和知识点,熟练掌握变动成本法的计算及应用,为以后各项目的学习打下坚实的基础。学习本项目,应重点掌握以下内容:

(1)变动成本法的理论依据。

(2)变动成本法与完全成本法的区别。

(3)导致两种成本法出现营业利润差额的根本原因以及差额的变动规律。

(4)两种成本法的结合运用。

重点、难点解析

一、变动成本法的概念及理论依据

变动成本法是以成本性态分析为基础,将生产一定数量的产品所耗用的直接材料、直接人工和变动制造费用计入产品生产成本,而将固定制造费用作为期间成本,直接计入当期损益处理的一种成本计算方法。

其理论依据是:产品成本和期间成本是两个不同的概念,应明确区分。产品成本是在产品生产过程中发生的,随着产量而变动,根据这一原则,只有直接材料、直接人工和变动制造费用才应该计入产品成本。在相关范围内,固定制造费用的发生与各期的实际产量的多少没关系,它与非生产成本一样具有时效性,其效益随着时间的推移而逐渐消失,不能递延到下期,而应当在费用发生的当期,全额作为期间成本,从本期的销售收入中直接扣除。

二、变动成本法与完全成本法的区别

变动成本法与完全成本法的区别如表 3-1 所示。

表 3-1　　　　　　　　　变动成本法与完全成本法的区别对照表

标　志		变动成本法	完全成本法
应用的前提条件不同		以成本性态分析为前提	以成本按经济用途分类为前提
成本的构成内容不同	产品成本	变动生产成本 { 直接材料　直接人工　变动制造费用 }	生产成本 { 直接材料　直接人工　制造费用 }
	期间成本	变动非生产成本 { 变动销售费用　变动管理费用　变动财务费用 }　固定成本 { 固定制造费用　固定销售费用　固定管理费用　固定财务费用 }	非生产成本 { 销售费用　管理费用　财务费用 }
常用的销货成本的计算公式不同		销货成本=单位变动生产成本×本期销售量	销货成本=期初存货成本+本期发生的产品成本-期末存货成本
损益确定程序不同	公式不同	销售收入-变动成本=边际贡献　边际贡献-固定成本=营业利润	销售收入-销货成本=销售毛利　销售毛利-非生产成本=营业利润
	利润表格式不同	贡献式	传统式
所提供信息的用途不同		主要满足内部管理需要	主要满足对外提供报表的需要

三、两种成本法下分期营业利润差额的变动规律

(一)变动规律

(1)如果完全成本法下期末存货吸收的固定制造费用等于期初存货释放的固定制造费用,那么,按两种成本法计算的分期营业利润必然相等。

(2)如果完全成本法下期末存货吸收的固定制造费用大于期初存货释放的固定制造费用,那么,按完全成本法计算的分期营业利润大于按变动成本法计算的分期营业利润。

(3)如果完全成本法下期末存货吸收的固定制造费用小于期初存货释放的固定制造费用,那么,按完全成本法计算的分期营业利润小于按变动成本法计算的分期营业利润。

(二)利润差异的简算法

两种成本法下的营业利润差额存在一定的规律,在实务中有时不需要按两种成本法同时计算营业利润,而是用以下公式进行简化计算。

当期营业=完全成本法下期末存货吸收的固定制造费用-完全成本法下期初存货释放的固定制造费用

利润差额=完全成本法下期末存货的单位固定制造费用×期末存货量-完全成本法下期初存货的单位固定制造费用×期初存货量

四、两种成本法的优缺点

(一)完全成本法的优缺点

1.优点

(1)能够刺激企业加速发展的积极性。

(2) 有利于企业编制对外报表。

(3) 适应企业产品定价决策的需要。

2. 缺点

(1) 单位产品成本不能反映生产部门的真实业绩。

(2) 确定的分期损益难以适应企业内部管理的需要。

(3) 固定制造费用的分配具有主观随意性。

(4) 所提供的信息不能直接满足企业预决策的需要。

(二) 变动成本法的优缺点

1. 优点

(1) 简化成本核算。

(2) 符合"费用与收益相配比"这一公认的会计原则。

(3) 能提供有效的管理信息,为预测前景、参与决策和规划未来服务。

(4) 便于分清各部门的经济责任,有利于进行成本控制与业绩评价。

(5) 实现了利润与销售同方向变化,引导企业重视销售。

2. 缺点

(1) 不符合传统的成本概念。

(2) 不适应长期决策和定价决策的需要。

五、变动成本法的应用

在实践中应将变动成本法与完全成本法结合起来运用,即在日常核算时采用变动成本法,期末采用一定的方法将变动成本法求得的成本与利润的信息调整为完全成本法反映的信息资料,以满足企业外部信息使用者的需要。

典 型 案 例

北汽集团成本核算分析

北汽集团 2023 年投产一种小型联合收割机,当年投产当年收益,年生产能力为 12 000 台,该产品单位变动生产成本为 1 万元,固定制造费用总额为 7 200 万元,每年销售及管理费用为 1 000 万元,单位售价为 3 万元。2023 年产销量为 3 000 台,当年亏损 2 200 万元。

2024 年经董事会研究决定,让王刚担任总经理,条件是若扭亏为盈则按税前利润的 10% 提成。2024 年生产 10 000 台,销售 3 000 台,当年盈利 2 840 万元。王刚也顺其自然地拿走了 284 万元的提成。

要求:

1. 2 840 万元利润是如何得出的?

2. 你认为王刚是否应拿 284 万元的提成? 为什么?

3. 结合本案例讨论,在企业内部管理中用哪种成本法最适合。

【分析】

1. 2024 年 2 840 万元利润的计算过程(完全成本法):

销售收入:$3\,000×3=9\,000$(万元)

销售成本:$(1+7\,200/10\,000)×3\,000=5\,160$(万元)

销售毛利:$9\,000-5\,160=3\,840$(万元)

销售及管理费用:$1\,000$(万元)

营业利润:$3\,840-1\,000=2\,840$(万元)

2. 王刚不应该拿到 284 万元的提成。因为采用完全成本法,在单价和成本水平不变的情况下,2024 年当期发生的 7 200 万元的固定制造费用,只有 2 160($7\,200/10\,000×3\,000$)万元计入当期损益,剩余的 5 040 万元的固定制造费用由存货吸收并结转到第二年,从而使本年成本减少了 5 040 万元,利润也相应地增加到 2 840 万元。如果采用变动成本法来计算利润,由于这两年的销量相同,因而 2023 年、2024 年的年度利润也应该相同,即都为$-2\,200$万元。

3. 尽管 2023 年与 2024 年的销量、销售单价、单位变动生产成本和固定制造费用总额均无变化,但是由于两年的产量不同,在完全成本法下,两年的营业利润出现了差异,即 2024 年营业利润比 2023 年增加 5 040 万元。主要原因是 2023 年产销量相等,7 200 万元的固定制造费用全部计入当期损益,而 2024 年由于出现了 7 000 台的期末存货,吸收了当期 5 040 万元的固定制造费用,从而使利润增加了。这很容易引起人们的误解,使人们得出一个"产量越大,利润就越高"的错误结论,导致盲目生产,库存积压,这正是完全成本法最大的缺点。如果采用变动成本法,则产量的高低对营业利润没有影响,能够使人理解销量与利润的关系,并且能更真实地反映出企业的业绩。所以,相比于完全成本法在企业内部管理中更适合用变动成本法。

中天公司的招贤纳士

中天公司是一家生产汽车零部件的企业,随着市场占有率的不断提高和经营规模的不断扩大,公司决定招聘一批"懂管理、会经营"的专业人才,其中财务部需招聘一名财务主管。甲、乙两人前去应聘,公司让精通财务工作的副总经理梁丽担任主考官,在现场提出了两个问题。

假设企业拟投入一种新产品的生产,相关资料如表 3-2 所示。

表 3-2　　　　　　　　　　　　　相关资料

业务量/件	成本资料/元
本年投产完工量 15 000	直接材料 300 000
本年销售量 10 000	直接人工 300 000
期末存货量 5 000	制造费用(变动:75 000　固定:150 000)
销售单价 100(元/件)	销售及管理费用(变动:10 000　固定:20 000)

提问:① 编制该产品的利润表;② 如果想大幅度提高企业的利润,你作为财务部门的主管人员,应提供什么样的建议?

甲、乙两人分别给出了不同的答案。甲提供的报表是用完全成本法编制的,提出的建议是在现有的基础上再扩大生产,大幅度增加产量,从而降低产品成本,增加企业盈利。乙提供的报表是按变动成本法编制的,提出的建议是积极扩展市场,扩大产品销售,从而达到增加利润的目的。副总经理梁丽看了他们的报表和建议后,当即就确定了财务主管的人选。

要求:

1. 请根据以上案例资料分别编制出甲、乙两人关于该种产品的利润表。

2. 两个利润表的结果是否相同? 如有差异,请分析形成差异的原因。

3. 针对甲、乙两人提供的建议,你认为哪个更适合?

4. 根据你的分析,你认为公司录用了谁?

【分析】

1. 根据资料编制的利润表如表 3-3 所示。

表 3-3　　　　　　　　　　　利润表　　　　　　　　　　单位:元

甲(传统式)		乙(贡献式)	
销售收入	1 000 000	销售收入	1 000 000
销货成本		变动成本	
期初存货成本	0	变动生产成本	450 000
本期生产成本	825 000	变动销售及管理费用	10 000
期末存货成本	275 000	小计	460 000
小计	550 000	边际贡献	540 000
销售毛利	450 000	期间成本	
变动销售及管理费用	10 000	固定制造费用	150 000
固定销售及管理费用	20 000	固定销售及管理费用	20 000
营业利润	420 000	营业利润	370 000

注: 完全成本法下的单位产品成本=(300 000+300 000+75 000+150 000)/15 000=55(元)

变动成本法下的单位产品成本=(300 000+300 000+75 000)/15 000=45(元)

2. 这两个报表所反映的营业利润不同,其差异为 50 000(420 000-370 000)元。原因是这两种成本法对固定制造费用的处理方式不同。变动成本法下,固定制造费用 150 000元被作为期间成本,直接从当期收入中全额扣除。而完全成本法下,固定制造费用被作为产品成本的组成部分,随存货而流转,期末存货包含的 50 000(5 000×150 000/15 000)元固定制造费用转入下期,因而使当期销售成本减少了 50 000 元,当期利润则相应增加了50 000 元。

3. 我认为乙的建议更适合。甲、乙两人的建议给决策者提供的信息是在生产销售过程中重视生产,还是重视销售的问题。甲所提供的建议是在完全成本法的基础上让决策者重视生产,只要生产扩大了,单位产品成本就会降低,即使销售不增加,也能增加企业利润,这正是完全成本法一个最大的缺点,最终会导致产品积压,资金周转不灵;乙所提供的建议是在变动成本法的基础上让决策者重视销售,只要销售单价、成本水平等因素不变,利润与销售量就会同方向变动,产量的高低对利润没有直接影响,所以,变动成本法才能真正反映出企业的真实业绩。

4. 由以上分析可以看出,公司录用的应该是乙。

实 训 精 选

一、单项选择题

▲1. 变动成本法下产品成本中一定不包含的项目为( )。

A. 原材料　　　　　　　　　　　　B. 车间管理人员的工资

C. 生产工人的工资　　　　　　　　D. 按机器小时计提的专用设备折旧费

2. 采用完全成本法的优点是( )。

A. 鼓励企业提高产品生产的积极性　　B. 便于分清各部门的经济责任

C. 能反映出利润与销售同方向变动的规律　D. 简化了成本核算

3. 完全成本法和变动成本法营业利润的差异是由于对( )。

A. 推销及管理成本处理的不同　　　　B. 固定制造费用处理的不同

C. 变动制造费用处理的不同　　　　　D. 直接材料和人工处理的不同

▲4. 在成本水平不变的情况下,按完全成本法计算的单位产品成本( )。

A. 随产量的增加而增加　　　　　　B. 随产量的增加而下降

C. 不受产量变动的影响　　　　　　D. 与变动成本法计算的结果一致

5. 如果某期按变动成本法计算的营业利润为 6 000 元,该期产量为 2 000 件,销售量为 1 000 件,期初存货为 0,固定制造费用总额为 4 000 元,则按完全成本法计算的营业利润为( )元。

A. 0　　　　　B. 2 000　　　　　C. 6 000　　　　　D. 8 000

▲6. 由于对固定制造费用的处理不同,按变动成本法计算的期末存货价值比按完全成本法计算的期末存货价值( )。

A. 低　　　　　　　　　　　　　B. 高

C. 相等　　　　　　　　　　　　D. 以上说法均不正确

7. 在变动成本法下,当单价和成本水平不变时,营业利润额直接与( )相关。

A. 生产量　　　　B. 销售量　　　　C. 期初存货量　　　　D. 期末存货量

▲8. 采用变动成本法计算产品成本时,必须按业务量分解为变动成本和固定成本的费用是( )。

A. 制造费用　　　　B. 管理费用　　　　C. 销售费用　　　　D. 以上均包括

9. 如果完全成本法的期末存货成本比期初存货成本多 10 000 元,而变动成本法的期末存货成本比期初存货成本多 6 000 元,则可断定两种成本法的营业利润之差为( )元。

A. 10 000　　　　B. 6 000　　　　C. 4 000　　　　D. 16 000

▲10. 在变动成本法下,其利润表所提供的中间指标是( )。

A. 销售毛利　　　　B. 营业利润　　　　C. 期间成本　　　　D. 边际贡献

二、多项选择题

1. 变动成本法下产品成本中包含的项目有（　　　　）。
 A. 生产产品所耗原材料　　　　　　　　B. 生产工人计件工资
 C. 车间照明用电　　　　　　　　　　　D. 按直线法计提的折旧费

▲2. 变动成本法和完全成本法这两种成本计算法共同的期间成本有（　　　　）。
 A. 财务费用　　　　　　　　　　　　　B. 固定制造费用
 C. 产品销售费用　　　　　　　　　　　D. 管理费用

3. 贡献式利润表中"变动生产成本"是指（　　　　）。
 A. 本期销货成本　　　　　　　　　　　B. 本期生产成本
 C. 单位变动生产成本×本期销量　　　　D. 单位变动生产成本×本期产量

▲4. 不会引起变动成本法和完全成本法确定的营业利润产生差异额的有（　　　　）。
 A. 非生产成本　　　　　　　　　　　　B. 固定生产成本
 C. 销售收入　　　　　　　　　　　　　D. 变动生产成本

▲5. 变动成本法的优点主要包括（　　　　）。
 A. 简化成本核算　　　　　　　　　　　B. 便于成本控制
 C. 便于短期决策　　　　　　　　　　　D. 便于长期决策

6. 在变动成本法下，变动非生产成本包括（　　　　）。
 A. 变动制造费用　　　　　　　　　　　B. 变动管理费用
 C. 变动销售费用　　　　　　　　　　　D. 变动财务费用

▲7. 变动成本法与完全成本法在（　　　　）方面是不同的。
 A. 变动制造费用的构成　　　　　　　　B. 产品生产成本
 C. 计算利润的步骤　　　　　　　　　　D. 服务对象

8. 在完全成本法下，影响计入当期损益的固定制造费用数额的有（　　　　）。
 A. 当期发生的固定制造费用总额　　　　B. 当期营业收入总额
 C. 期末存货量　　　　　　　　　　　　D. 期初存货量

9. 下列有关变动成本法的论述中，正确的有（　　　　）。
 A. 单位产品成本不受产量的影响
 B. 提供的资料不适应长期决策的需要
 C. 提供的产品成本信息不符合对外报表的要求
 D. 所提供的信息能够反映成本、业务量和利润之间的依存关系

10. 完全成本法与变动成本法对（　　　　）费用的处理方法相同，只是在记入利润表的位置和补偿方式上不同，但实质是一样的。
 A. 销售　　　　　　B. 管理　　　　　　C. 财务　　　　　　D. 制造

三、判断题

1. 按变动成本法的解释，期间成本中只包括固定制造费用。（　　　）
2. 变动成本法既有利于短期决策，也有利于长期决策。（　　　）
3. 变动成本法完全取代完全成本法不符合现行会计制度的统一要求。（　　　）

3

4. 变动成本法和完全成本法在任何情况下计算出来的营业利润都是不同的。

（　　）

5. 如果期末存货量增加,按完全成本法计算的营业利润必然大于按变动成本法计算的营业利润。

（　　）

6. 在变动成本法下,变动非生产成本是在计算边际贡献之前扣除的,所以它不再成为期间成本,这与完全成本法的处理截然不同。

（　　）

7. 两种成本法出现不为零的利润差额,只有可能性,没有必然性。　　　　（　　）

8. 在期末存货不为零时,按变动成本法确定的期末存货成本必然小于按完全成本法确定的期末存货成本。

（　　）

9. 变动成本法下,产品成本只包括变动成本,而变动成本既包括变动生产成本,也包括变动非生产成本。

（　　）

10. 采用变动成本法计算产品生产成本时,制造费用作为期间成本计入当期损益。

（　　）

四、计算分析题

1. 中德公司只生产一种产品,假定各期的单价、成本水平和计价方法(先进先出法)均不变,固定生产成本为 64 000 元,单位变动生产成本为 10 元,有关资料如表 3-4 所示。

表 3-4　　　　　　　　　　相关资料

项　　目	单　　位	1 月	2 月
期初存货量	件	0	(A)
本期生产量	件	8 000	10 000
本期销售量	件	8 000	8 000
期末存货量	件	(B)	(C)
按变动成本法计算产品单位成本	元	(D)	(E)
按全部成本法计算产品单位成本	元	(F)	(G)
按变动成本法计算营业利润	元	18 000	(H)

要求:

(1) 将上表中 A、B、C、D、E、F、G、H 项目数据填上。

(2) 计算 2 月完全成本法下期末存货中的固定成本。

(3) 计算 2 月完全成本法与变动成本法的利润差异。

(4) 计算 2 月完全成本法下的营业利润。

2. 华达公司本年度只生产一种产品,其产销量、售价以及成本的有关资料如下:生产量为 4 000 件,销售量为 3 500 件,期初存货量为 0,销售单价为 50 元,直接材料成本为 20 000 元,直接人工成本为 36 000 元,单位变动制造费用为 6 元,固定制造费用为 28 000 元,单位变动销售及管理费用为 4 元,固定销售及管理费用为 20 000 元。

3

要求：

（1）分别采用变动成本法和完全成本法计算本年度期末存货成本。

（2）采用两种成本法编制本年度利润表。

3. 联宇公司产销一种甲产品，1 月和 2 月的有关资料如表 3-5 所示。

表 3-5　　　　　　　　　　　　　　相关资料　　　　　　　　　　　　单位：件

项　　目	1 月	2 月
期初存货量	0	200
本期生产量	1 000	800
本期销售量	800	900
期末存货量	200	100

该产品销售单价为 100 元，单位变动生产成本为 35 元，单位变动销售及管理费用为 5 元，每月固定制造费用为 20 000 元，每月固定销售及管理费用为 2 000 元，存货计价采用先进先出法。

要求：

（1）采用两种成本法计算每月单位产品成本和期间成本。

（2）采用两种成本法计算每月期末存货成本和销货成本。

（3）采用两种成本法计算每月营业利润。

（4）说明采用完全成本法计算营业利润的弊端。

4. 德兴公司只生产一种产品，近 3 年的相关资料如表 3-6 所示。

表 3-6　　　　　　　　　　　　　　相关资料　　　　　　　　　　　　单位：件

项　　目	第 1 年	第 2 年	第 3 年
期初存货量	0	0	4 000
本期生产量	10 000	10 000	10 000
本期销售量	10 000	6 000	12 000
期末存货量	0	4 000	2 000

该产品销售单价为 8 元，单位变动生产成本为 3 元，固定制造费用均按 2 元的基础分摊给产品，销售及管理费用为 15 000 元（均系固定），存货计价采用先进先出法。

要求：

（1）采用两种成本法编制各年利润表。

（2）分析两种成本法计算的营业利润发生差异的原因，并验证三条规律的正确性。

5. Komo 公司只生产模型飞机这一种产品。下面是去年成本和经营数据的摘要（货币单位为元，计量单位为件），如表 3-7 所示。

表 3 - 7　　　　　　　　　　　　　成本和经营数据表

项　目	金　额	项　目	金　额
产成品存货期初余额	0	直接人工	12
本年产量	15 000	变动制造费用	8
本年销售量	13 500	固定制造费用	60 000
产成品存货期末余额	1 500	销售和管理费用:	
单位售价	60	单位变动费用	5
单位变动成本:		固定费用	50 000
直接材料	20		

要求:

(1) 假设 Komo 公司采用完全成本法,计算单位存货成本,并采用传统的表格编制损益表。

(2) 假设 Komo 公司采用变动成本法,计算单位产品成本,并编制损益表,表示出边际贡献。

(3) 解释变动成本法和完全成本法之间净利润的差异。

(4) 假设 Komo 公司年初存在产品存货,如果该期间销售量大于产量,公司的净利润将有什么表现? 解释你的答案。

项目三　参考答案

项目四 本量利分析

学习目的与要求

通过本项目实训,了解本量利的分析因素,理解本量利的各种图示及利润的敏感性分析,学习本项目,应重点掌握以下内容:

(1) 本量利分析的含义和作用。

(2) 保本点的含义和计算公式。

(3) 边际贡献指标和安全边际指标的计算方法。

(4) 目标利润下的销售量和销售额的计算方法。

(5) 运用利润敏感分析方法分析企业经营管理中的问题。

重点、难点解析

一、本量利分析概述

(一) 本量利分析的含义

本量利分析是成本、业务量、利润关系分析的简称。进一步说,就是分析固定成本、变动成本、销售量、单价、销售额、利润等变量之间的内在规律性联系。

(二) 本量利分析的基本公式

$$利润 = 销售单价 \times 销售量 - 单位变动成本 \times 销售量 - 固定成本总额$$

此公式非常重要,本项目许多公式都是由此公式推导出来的。公式中有五个要素:销售单价、销售量、单位变动成本、固定成本、利润。一般已知四个要素求另外一个要素。

(三) 边际贡献及其相关指标

边际贡献及其相关指标的计算公式如下:

$$边际贡献总额 = 销售收入总额 - 变动成本总额$$

$$单位边际贡献 = 销售单价 - 单位变动成本$$

$$边际贡献率 = \frac{边际贡献总额}{销售收入总额} = \frac{单位边际贡献}{销售单价}$$

$$变动成本率 = \frac{变动成本总额}{销售收入总额} = \frac{单位变动成本}{销售单价}$$

二、保本分析

（一）保本点的含义及表现形式

保本点是指能使企业达到保本状态的业务量。

单一品种的保本点有两种表现形式：保本量（实物量）和保本额（价值量）。

（二）单一品种保本点的计算公式

单一品种保本点的计算公式如下：

$$保本量 = \frac{固定成本总额}{单位边际贡献}$$

$$保本额 = \frac{固定成本总额}{边际贡献率}$$

（三）企业经营安全程度的评价指标

企业经营安全程度的评价指标的计算公式如下：

$$安全边际量 = 实际或预计销售量 - 保本量$$

$$安全边际额 = 实际或预计销售额 - 保本额$$

$$安全边际率 = \frac{安全边际量}{实际或预计销售量} = \frac{安全边际额}{实际或预计销售额}$$

$$保本作业率 = \frac{保本点销售量}{正常销售量} = \frac{保本点销售额}{正常销售额}$$

三、本量利的因素分析

这种分析实际上就是已知单价、销售量、单位变动成本、固定成本、利润五个要素中的四个要素求另外一个要素。

（一）实现目标利润业务量的计算

已知单价、单位变动成本、固定成本和目标利润，求销售量及销售额。

回顾本量利分析的基本公式可知：

$$实现目标利润的销售量 = \frac{固定成本 + 目标利润}{单位边际贡献 \times (单价 - 单位变动成本)}$$

$$实现目标利润的销售额 = \frac{目标利润 + 固定成本}{边际贡献率}$$

目标利润一般是指缴纳所得税前的利润，而缴纳所得税后的目标利润称为目标净利润，两者的关系为：

$$目标利润 = \frac{目标净利润}{1 - 所得税税率}$$

如果给出的是目标净利润,应按下列公式计算:

$$保利销售量 = \frac{\left[固定成本总额 + \left(\dfrac{目标净利润}{1 - 所得税税率}\right)\right]}{单价 - 单位变动成本}$$

$$保利销售额 = \frac{\left[固定成本总额 + \left(\dfrac{目标净利润}{1 - 所得税税率}\right)\right]}{边际贡献率}$$

根据公式可以发现:

(1) 影响保本点有三个因素:固定成本、单价、单位变动成本。

(2) 影响实现目标利润业务量(保利点)有四个因素:固定成本、单价、单位变动成本、目标利润。

(3) 影响实现目标净利润业务量有五个因素:固定成本、单价、单位变动成本、目标利润、所得税税率。

(二) 有关因素变动对相关指标的影响

有关因素变动对相关指标的影响如表 4-1 所示。

表 4-1　　　　　　　　　　因素变动对相关指标的影响

指标因素	保本点	保利点	安全边际	利　润
单　价	反方向	反方向	同方向	同方向
单位变动成本	同方向	同方向	反方向	反方向
固定成本	同方向	同方向	反方向	反方向
销售量	不影响	不影响	同方向	同方向
目标利润	不影响	同方向	不影响	不影响

(三) 保本图

1. 基本保本图揭示的规律

保本点不变,销售量越大,实现的利润越大或亏损越少;如果销售量不变,保本点越低,实现的利润越多或亏损越少;在销售收入既定的情况下,保本点的高低取决于固定成本总额和变动成本的多少(图 4-1)。

2. 利量图

利量图是反映数量和利润间关系的保本图(图 4-2)。

3. 边际贡献式保本图

边际贡献式保本图是反映边际贡献与固定成本之间的关系的保本图(图 4-3)。

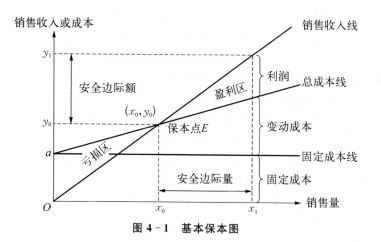

图 4-1 基本保本图

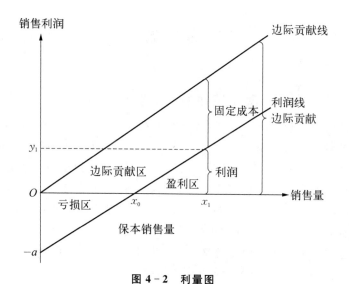

图 4-2 利量图

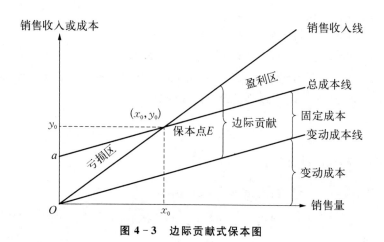

图 4-3 边际贡献式保本图

4

4

四、利润敏感性分析

利润敏感性分析主要是研究有关因素发生多大变化,会使盈利转为亏损,以及各因素变化对利润的影响程度。

(一) 有关因素发生多大变化,能使盈利转为亏损

(1) 单价的最小值,即利润为零时的单价。

(2) 单位变动成本的最大值,即利润为零时的单位变动成本。

(3) 固定成本最大值,即利润为零时的固定成本。

(4) 销售量最小值,即利润为零时的销售量,它就是保本点销售量。

(二) 各因素变化对利润的敏感程度

影响利润各因素的敏感程度从高到低排列如下:单价、单位变动成本、销售量、固定成本。

典 型 案 例

某小镇加油站本量利分析

某小镇加油站内附设一个杂货商店,该商店在本地社区的销售额每周可达 1 800 元。除此之外到加油站买汽油的顾客也会光顾此商店。加油站经理估计,平均每花费 100 元在汽油上的车主便会花费 30 元购买商店的商品,而且在汽油销售量波动时,这一比率仍维持不变。该商店在本地社区的销售与出售给车主的部分是相互独立的。现已知汽油的边际贡献率为 18%,商品的边际贡献率为 25%;假设,现行汽油销售价格为 6 元/升,每周预计汽油销售量为 1 600 升;场地每周的固定成本是 1 200 元;每周员工薪金固定为 800 元。加油站经理非常关心将来的销售额,因为近期某项公路发展计划可能会影响加油站的生意,而汽油销售是影响利润最为敏感的因素。

要求:

1. 计算现行每周利润。

2. 以升为单位,计算汽油销售的保本点。

3. 如果汽油销售量减至 800 升,会实现多少利润?

4. 由于公路发展,汽油销售量减至 800 升,但又想保持第 1 题计算得出的每周现行利润,假设成本不变,此时每升汽油的售价应为多少?

【分析】

1. 现行每周利润的计算如表 4-2 所示:

$$固定成本 = 1\,200 + 800 = 2\,000(元)$$

$$利润 = 2\,898 - 2\,000 = 898(元)$$

表 4 - 2   现行每周利润计算结果

项　　目	收入/元	边际贡献率/%	边际贡献额/元
汽油销售	9 600	18	1 728
商品销售:			
关联	2 880	25	720
本地社区	1 800	25	450
合　计	14 280		2 898

2. 汽油销售保本点的计算。在计算汽油销售保本点时,可剔除本地社区商品销售的影响,即以固定成本总额减除本社区商品销售的边际贡献后的差额作为汽油销售引起固定成本支出部分。因此,汽油销售保本点的计算如下:

$$每升汽油平均边际贡献 = (1\ 728 + 720)/1\ 600 = 1.53(元/升)$$

$$保本点销售量 = (2\ 000 - 450)/1.53 = 1\ 013.1(升)$$

3. 当汽油销售量减至 800 升时,其利润计算如表 4 - 3 所示。

表 4 - 3   利润计算结果

项　　目	收入/元	边际贡献率/%	边际贡献额/元
汽油销售	4 800	18	864
商品销售:			
关联	1 440	25	360
本地社区	1 800	25	450
合　计	8 000	—	1 674

$$固定成本 = 1\ 200 + 800 = 2\ 000(元)$$

$$利润 = 1\ 674 - 2\ 000 = -326(元)$$

4. 销售量减至 800 升时,要维持原有利润水平,汽油和关联销售所需边际贡献为:

$$1\ 728 + 720 = 2\ 448(美元)$$

由于汽油的边际贡献率为 18%,因此其变动成本为 4.92 元/升。当销售量为 800 升时,其变动成本总额为 3 936 元。

设调整后的汽油价格为 P 元/升,则关联销售为:

$$0.3 \times 800P = 240P$$

因为

$$800P - 3\ 936 + 0.25 \times 240P = 2\ 448$$

则:

$$P = 7.423\ 3$$

欲维持原有利润水平,调整后的汽油售价约为 7.42 元/升。

常印冰淇淋加工厂决策分析
——单品种本量利分析

常印是某乡镇企业的经营策划者,他一直渴望自己能够成为老板,因此,他随时都在寻找发展事业的大好时机。

常印的家就在镇政府所在地附近,该镇每逢公历的 2、5、8 日都有集市,方圆近百里的人都到这里赶集。常印发现,每逢集市,都有百里以外的企业到这里批发或零售雪糕、冰淇淋。大小商贩、个人要排很长的队才能买到,尤其是天气转热以后更是如此。有的人很早来排队,但到最后却是两手空空。他也时常看到乡村的儿童花高价却吃了劣质的冰淇淋。于是他想自己创办一个冰淇淋加工厂,让家乡的父老乡亲吃到廉价可口的冰淇淋。常印坚定了信心,开始进行市场调查。

(1)需求量资料:周边 5 个乡镇,每个乡镇约有人口 8 万人,总计约 40 万人。按现有生活水平和消费观念估算,即使在 11—12 月、1—4 月的淡季,每日也需要 40 000 支冰淇淋;在 5—10 月,每日则需要 80 000～90 000 支。经咨询,有关部门测算,若考虑乡间距离的远近和其他竞争市场的因素,该加工厂只要能保证冰淇淋的质量,而且价格合理,就能够占 60%～65% 的市场份额,即在淡季日需求量将达到 24 000～26 000 支,在旺季日需求量将达到 48 000～58 500 支。

(2)成本费用资料:为了减少风险,常印打算去某个冷饮厂租设备,全套设备年租金需要 45 000 元(可用房地产等实物作抵押,不必支付货币现金);库房和车间每月固定租金需 2 000 元;工人可到市场随时招聘,按现行劳务报酬计算,每生产 1 000 支冰淇淋应支付各类工人(包括熬料、打料、包装工人)计件工资 28 元;聘管理人员、采购人员各 1 名,月薪各为 1 500 元,技术人员 1 名,月薪为 2 000 元(工作包括设备维护和修理);每月固定支付卫生费和税金 1 000 元。在生产冰淇淋时,按市场价格计算所消耗各种费用如下(以每锅料为标准,每锅料能生产 1 000 支冰淇淋):

主要材料:188 元

其中,淀粉:100 元

奶粉:56 元

白砂糖:30 元

食用香精:2 元

其他:52 元

其中,水费:3 元(其中 1 元为冰淇淋所耗用)

电费:15 元

煤炭费:5 元

氨(制冷用):4 元

包装纸棍:25 元

(3)生产能力:从设备的运转能力看,日生产能力为 12 锅;考虑机器设备的维修、节假日和天气情况(阴雨天)等原因,预计全年可工作 300 天左右。

(4)定价:按现行同等质量冰淇淋的市场平均价格定价为 0.35 元/支。

(5)资金来源:依靠个人储蓄(不考虑利息费用)。

要求：

1. 试用本量利分析法分析常印冰淇淋厂是否应开业。

2. 如果开业，每年能获利（或亏损）多少？

3. 若要年获利18万元，能实现吗？如不能实现，可以采取哪些措施？可行吗？

【分析】

1. 单品种本量利分析

（1）成本资料：

单位变动成本：268元

其中，材料214元，生产工人工资28元，变动制造费用26元

固定成本：141 000元

其中，固定性制造费用129 000元[生产管理人员工资36 000（1 500×2×12）元，技术人员工资24 000（2 000×12）元，设备租金45 000元，车间仓库租金24 000（2 000×12）元]；其他固定性费用12 000（1 000×12）元。

单价：350（0.35×1 000）元

年销售量：日生产能力12 000（1 000×12）支＜需求量，所以每天利用最大生产能力仍然供不应求，年销售量相当于3 600（12×300）锅。

（2）保本点 $= \dfrac{\text{固定成本}}{\text{单价}-\text{单位变动成本}} = \dfrac{141\,000}{350-268} = 1\,720$ 锅＜3 600锅，所以该冰淇淋加工厂可以开业。

2. 预计利润＝（单价－单位变动成本）×销量－固定成本

$$= (350-268)\times 3\,600 - 141\,000$$

$$= 154\,200（元）$$

3. 根据上述条件，不能实现年获利180 000元的利润目标。若想实现，应从以下几个方面努力。

（1）降低单位变动成本。

$$\text{单位变动成本} = \text{单价} - \dfrac{\text{目标利润}+\text{固定成本}}{\text{销售量}}$$

$$= 350 - \dfrac{180\,000+141\,000}{3\,600} = 261（元）$$

如果其他条件不变，将单位变动成本降低到261元（降低成本7元），就目前物价和工作水平来看，可能会影响到产品质量，导致市场销量下降，甚至影响企业形象。该方法不太可行。

（2）降低固定成本。

$$\text{固定成本} = (\text{单价}-\text{单位变动成本})\times\text{销量} - \text{目标利润}$$

$$= (350-268)\times 3\,600 - 180\,000 = 115\,200（元）$$

如果其他条件不变，将固定成本降低到115 200元（降低成本25 800元），就目前企业状况来看，该方法不太可行。

（3）扩大销量。从上述调查和分析可以看出，企业产品供不应求，完全可以通过扩大销量来增加利润，但是设备生产能力不允许。

（4）提高单价。

$$单价 = 单位变动成本 + \frac{目标利润 + 固定成本}{销售量}$$

$$= 268 + \frac{180\,000 + 141\,000}{3\,600} = 357（元）$$

其他价格条件不变，将单价提高到 357 元。从目前市场同类产品的价格看，均低于 357 元，如果提价，将影响产品销量。所以该方法不太可行。

（5）扩大规模。从上述分析来看，扩大企业规模可以实现目标利润。租用设备、雇用人员，就市场需求量来看是可行的，但是资金状况、车间、仓库等承租情况还需要进一步调查。

实 训 精 选

一、单项选择题

▲1. 称为本量利分析的基础，也是本量利分析出发点的是（　　）。

A. 成本性态分析假设　　　　　　　　　　B. 相关范围及模型线性假设

C. 产销平衡假设　　　　　　　　　　　　D. 品种结构不变假设

▲2. 在本量利分析中，必须假定产品成本计算基础的是（　　）。

A. 完全成本法　　　B. 变动成本法　　　C. 吸收成本法　　　D. 制造成本法

3. 进行本量利分析，必须把企业全部成本区分为固定成本和（　　）。

A. 税金成本　　　B. 材料成本　　　C. 人工成本　　　D. 变动成本

▲4. 按照本量利分析的假设，收入函数和成本函数的自变量均为同一个（　　）。

A. 销售单价　　　　　　　　　　　　　　B. 单位变动成本

C. 固定成本　　　　　　　　　　　　　　D. 产销量

5. 计算边际贡献率，可以用单位边际贡献去除以（　　）。

A. 单位售价　　　B. 总成本　　　C. 销售收入　　　D. 变动成本

6. 下列指标中，可据以判定企业经营安全程度的指标是（　　）。

A. 保本量　　　B. 边际贡献　　　C. 保本作业率　　　D. 保本额

▲7. 当单价单独变动时，安全边际（　　）。

A. 不会随之变动　　　　　　　　　　　　B. 不一定随之变动

C. 将随之发生同方向变动　　　　　　　　D. 将随之发生反方向变动

▲8. 已知企业只生产一种产品，单位变动成本为 45 元，固定成本总额 60 000 元，产品单价为 120 元，为使安全边际率达到 60%，该企业当期至少应销售的产品为（　　）件。

A. 2 000　　　B. 1 333　　　C. 800　　　D. 1 280

9. 已知企业只生产一种产品，单价为 5 元，单位变动成本为 3 元，固定成本总额为

600 元,则保本销售量为(　　)件。

    A. 200　　　　　　　　B. 300　　　　　　　　C. 120　　　　　　　　D. 400

    10. 某企业只生产一种产品,单位变动成本为 36 元,固定成本总额为 4 000 元,产品单位销售价格为 56 元,要使安全边际率达到 50%,该企业的销售量应达到(　　)件。

    A. 400　　　　　　　　B. 222　　　　　　　　C. 143　　　　　　　　D. 500

    ▲11. 根据本量利分析原理,只提高安全边际而不会降低保本点的措施是(　　)。

    A. 提高单价　　　　　　　　　　　　B. 增加产量

    C. 降低单位变动成本　　　　　　　　D. 降低固定成本

    12. 某公司生产的产品,其保本量为 20 万件,单价为 2 元,边际贡献率为 40%,其固定成本为(　　)万元。

    A. 50　　　　　　　　B. 100　　　　　　　　C. 8　　　　　　　　D. 16

    ▲13. 已知某企业本年目标利润为 2 000 万元,产品单价为 600 元,变动成本率为 30%,固定成本总额为 600 万元,则企业的保利量为(　　)件。

    A. 61 905　　　　　　　　B. 14 286　　　　　　　　C. 50 000　　　　　　　　D. 54 000

    ▲14. 下列因素单独变动时,不对保利点产生影响的是(　　)。

    A. 成本　　　　　　　　B. 单价　　　　　　　　C. 销售量　　　　　　　　D. 目标利润

    15. 已知企业某产品的单价为 2 000 元,目标销售量为 3 500 件,固定成本总额为 100 000 元,目标利润为 600 000 元,则企业应将单位变动成本的水平控制在(　　)元/件。

    A. 1 500　　　　　　　　B. 1 667　　　　　　　　C. 1 000　　　　　　　　D. 1 800

    16. 在利润—业务量式分析图中,若横轴代表销售量,则利润线的斜率代表(　　)。

    A. 变动成本率　　　　　　　　　　　B. 单位边际贡献

    C. 单位变动成本　　　　　　　　　　D. 边际贡献率

    17. 在销售量不变的情况下,保本点越高,能实现的利润(　　)。

    A. 越多　　　　　　　　B. 越少　　　　　　　　C. 不变　　　　　　　　D. 越不确定

    18. 下列关系式正确的是(　　)。

    A. 边际贡献率+作业率=1　　　　　　B. 边际贡献率+变动成本率=1

    C. 边际贡献率+安全边际率=1　　　　D. 变动成本率+安全边际率=1

    19. 下列选项不受销售量变动影响的是(　　)。

    A. 营业利润　　　　　　　　　　　　B. 安全边际量

    C. 安全边际额　　　　　　　　　　　D. 单位边际贡献

    20. 在相关范围内,导致保本点升高的重要原因是(　　)。

    A. 产品单位销售价格提高　　　　　　B. 产品单位变动成本升高

    C. 产品产销数量增多　　　　　　　　D. 产品安全边际增大

    21. 保本点的销售量(实物单位)的计算公式是(　　)。

    A. 固定成本/边际贡献率　　　　　　B. 固定成本/单位产品边际贡献

    C. 固定成本/安全边际率　　　　　　D. 固定成本/安全边际

    22. 某企业只生产一种产品,该产品的边际贡献率是 65%,本期销售额是 200 000 元,营业利润是 100 000 元,则该产品的固定成本为(　　)元。

    A. 100 000　　　　　　　　B. 130 000　　　　　　　　C. 30 000　　　　　　　　D. 70 000

23. 如果产品的单价与单位变动成本上升的百分比相同,其他因素不变,则保本点销售量(　　)。

A. 不变　　　　　　　B. 上升　　　　　　　C. 下降　　　　　　　D. 不确定

二、多项选择题

1. 下列选项中,属于本量利分析内容的有(　　　　　)。

A. 单一产品下的保本分析　　　　　　　B. 盈利条件下单一品种的本量利分析

C. 单一品种下的本量利关系图　　　　　D. 多品种下的本量利分析

E. 目标利润的预测

2. 本量利分析的基本假设包括(　　　　)。

A. 相关范围假设　　　　　　　　　　　B. 线性假设

C. 产销平衡假设　　　　　　　　　　　D. 品种结构不变假设

E. 目标利润假设

3. 下列各项叙述中,正确的有(　　　　)。

A. 盈亏临界点不变,销售量越大,盈利越多

B. 销售量不变,盈亏临界点越低,盈利越多

C. 固定成本越多,盈亏临界点越低

D. 单位变动成本越高,盈亏临界点越高

E. 销量不变,盈亏临界点越低,亏损越多

4. 安全边际指标包括的内容有(　　　　)。

A. 安全边际量　　　B. 安全边际额　　　C. 安全边际率　　　D. 保本作业率

E. 边际贡献率

5. 保本点的表现形式包括(　　　　)。

A. 保本额　　　　　B. 保本量　　　　　C. 保本作业率　　　D. 变动成本率

E. 边际贡献率

6. 下列选项中,可据以判定企业是否处于保本状态的标志有(　　　　)。

A. 安全边际率为零　　　　　　　　　　B. 边际贡献等于固定成本

C. 收支相等　　　　　　　　　　　　　D. 保本作业率为零

E. 边际贡献率等于变动成本率

7. 下列与安全边际率有关的说法中,正确的有(　　　　)。

A. 安全边际率是安全边际与当年实际订货量的比值

B. 安全边际率与保本作业率的和为1

C. 安全边际率是安全边际与销售量的比率

D. 安全边际率越小,企业发生亏损的可能性越小

E. 安全边际率越大,企业发生亏损的可能性越小

▲8. 某公司产品单位变动成本为 8 元,单价为 12 元,固定成本为 2 000 元,销售量为 1 000 元,欲实现利润 3 000 元,该公司可采取的措施有(　　　　)。

A. 单价提高 1 元　　　　　　　　　　　B. 提高销量 125 件

C. 单位变动成本降低 1 元　　　　　　　D. 降低固定成本 500 元

E. 单价降低 1 元

9. 下列各式的计算结果等于边际贡献率的有(　　　　)。

A. 单位边际贡献/单价　　　　　　　　B. 1－变动成本率

C. 边际贡献/销售收入　　　　　　　　D. 固定成本/保本销售量

E. 固定成本/保本销售额

10. 边际贡献除了以总额的形式表现外,还包括的表现形式有(　　　　)。

A. 单位边际贡献　　　B. 税前利润　　　C. 营业收入　　　D. 边际贡献率

E. 净利润

11. 下列公式正确的有(　　　　)。

A. 单位边际贡献＝单价－单位变动成本

B. 边际贡献总额＝销售收入总额－变动成本总额

C. 边际贡献率＝单位边际贡献÷单价

D. 边际贡献率＝边际贡献总额÷销售收入总额

E. 边际贡献－固定成本＝净利润

12. 下列因素中,其水平提高会导致保利点升高的有(　　　　)。

A. 单位变动成本　　　B. 固定成本总额　　　C. 目标利润　　　D. 销售量

E. 单价

▲13. 下列指标中,会随单价同方向变动的有(　　　　)。

A. 保本点　　　　　　　　　　　　　　B. 保利点

C. 变动成本率　　　　　　　　　　　　D. 单位边际贡献

E. 边际贡献率

14. 在单一品种条件下,影响保利点的因素包括(　　　　)。

A. 现金净流量　　　　　　　　　　　　B. 单价

C. 固定成本总额　　　　　　　　　　　D. 单位变动成本

E. 目标利润

15. 在传统式本量利关系图上,保本点的位置是由下列线段决定的,即(　　　　)。

A. 总成本线　　　B. 固定成本线　　　C. 变动成本线　　　D. 销售收入线

E. 边际贡献线

16. 下列选项中,其变动可以改变保本点位置的有(　　　　)。

A. 单价　　　B. 单位变动成本　　　C. 销售量　　　D. 固定成本

E. 目标利润

17. 影响保净利量指标的因素有(　　　　)。

A. 固定成本　　　　　　　　　　　　　B. 目标利润

C. 单价　　　　　　　　　　　　　　　D. 单位变动成本

E. 所得税税率

18. 下列指标中,会随着单价变动反方向变动的有(　　　　)。

A. 保本点　　　　　　　　　　　　　　B. 保利点

C. 变动成本率　　　　　　　　　　　　D. 单位边际贡献

E. 安全边际率

19. 下列选项中,能同时影响保本点、保利点及保净利点的有(　　　　　)。

A. 所得税税率　　　　　　　　　　　　B. 目标利润

C. 单位边际贡献　　　　　　　　　　　D. 边际贡献率

E. 固定成本总额

▲20. 下列叙述中正确的有(　　　　　)。

A. 企业产销单一品种,盈亏临界点可用实物量表示,也可用金额表示

B. 企业同时生产多种产品,盈亏临界点只能用金额表示

C. 企业同时生产多种产品,盈亏临界点只能用实物量表示

D. 企业同时生产多种产品,盈亏临界点可用实物量表示,也可用金额表示

E. 以上均正确

21. 下列选项中,有可能成立的关系有(　　　　)。

A. 边际贡献率大于变动成本率　　　　　B. 边际贡献率小于变动成本率

C. 边际贡献率+变动成本率=1　　　　　D. 边际贡献率和变动成本率都大于零

E. 边际贡献率和变动成本率同时小于零

22. 某产品单价为 8 元,固定成本总额为 2 000 元,单位变动成本为 5 元,计划产销量 600 件,要实现 400 元的利润,可分别采取的措施有(　　　　)。

A. 减少固定成本 600 元　　　　　　　　B. 提高单价 1 元

C. 提高产销量 200 件　　　　　　　　　D. 降低单位变动成本 1 元

E. 提高单价 0.5 元

三、判断题

1. 在进行本量利分析时,不需要任何假设条件。　　　　　　　　　　　(　　)

2. 边际贡献首先用于补偿固定成本,之后若有余额,才能为企业提供利润。(　　)

3. 本量利分析应用的前提条件与成本性态分析的假设是相同的。　　　　(　　)

4. 企业的边际贡献应当等于企业的营业毛利。　　　　　　　　　　　　(　　)

5. 因为本量利分析的各种模型是建立在各种假定的前提条件下,所以它们都存在一定的局限性。　　　　　　　　　　　　　　　　　　　　　　　　　　　　(　　)

6. 所谓保本,是指企业的边际贡献等于固定成本。　　　　　　　　　　(　　)

7. 通常,边际贡献是指产品边际贡献,即销售收入减去生产制造过程中的变动成本和销售费用、管理费用中的变动部分之后的差额。　　　　　　　　　　　　(　　)

8. 保本作业率能够反映保本状态下,生产经营能力的利用程度。　　　　(　　)

9. 安全边际率和保本作业率是互补的,安全边际率高则保本作业率低,它们的和为 1。　　　　　　　　　　　　　　　　　　　　　　　　　　　　　　　(　　)

10. 超过保本点的安全边际所提供的边际贡献就是利润。　　　　　　　　(　　)

11. 安全边际和销售利润指标均可在保本点的基础上直接套公式计算出来。(　　)

12. 若单价与单位变动成本同方向同比例变动,则保本点业务量不变。　　(　　)

13. 在盈利条件下的本量利分析中,研究任何一个因素时,其他因素必是已知或固定不变的。　　　　　　　　　　　　　　　　　　　　　　　　　　　　　　(　　)

14. 销售利润率可通过边际贡献率乘以安全边际率求得。　　　　　　　　(　　)

15. 单价、单位变动成本及固定成本总额变动均会引起保本点、保利点同方向变动。

（　　）

16. 单价、单位变动成本和固定成本同时变化,则利润也必定发生变化。　（　　）

17. 保本图的横轴表示销售收入和成本,纵轴表示销售量。　（　　）

18. 在标准本量利关系图中,当销售量变化时,盈利三角区和亏损三角区都会变动。

（　　）

19. 在贡献式本量利关系图中,销售收入线与固定成本线之间的垂直距离是边际贡献。

（　　）

20. 传统式本量利关系图能反映成本与销售量(额)的关系,但无法反映边际贡献与其他因素的关系,而利润—业务量式分析图则不能显示销售量(额)变动对成本的影响。

（　　）

四、计算分析题

1. 某公司只产销一种产品,本年该产品单位变动成本为 6 元,变动成本总额为 84 000 元,获得营业利润 18 000 元,若该公司计划下一年度变动成本率仍维持本年度的 40%,其他条件不变。

要求:预测下年度的保本销售量及保本销售额。

2. 某企业保本点的月销售额为 50 000 元,在其他指标不变而固定成本增加 5 000 元时,为了实现保本需要增加销售额 8 000 元。

要求:

(1)计算原固定成本总额。

(2)计算边际贡献率。

(3)计算变动成本率。

3. 某公司当年的简明利润表如表 4-4 所示。

表 4-4　　　　　　　　　利润表　　　　　　　单位:元

项　目	金　额
销售收入	160 000
减:销售成本	120 000(其中:变动成本占 60%)
销售毛利	40 000
减:营业费用	50 000(其中:固定成本占 50%)
净利润	−10 000

经过分析,公司亏损的原因是对产品的广告宣传不够,次年如果能增加广告费 4 000 元,可使销量大幅度增加,就能扭亏为盈。

要求:

(1)计算该公司次年保本点销售额。

(2)如果该公司次年计划实现利润 14 000 元,则其销售额应为多少?

4. 某公司只生产一种产品,售价为每件 8 元,月初和月末产成品存货成本不变,总成本与销售额之间的函数关系为:月总成本＝180＋0.625×月销售额。

要求:

(1) 计算边际贡献率、盈亏临界点销售量、销售 100 件产品时的安全边际销售量和营业利润、目标利润为 150 元时的销售额。

(2) 如果单位变动成本提高 1 元,售价应定为多少,才能保持原来的边际贡献率?

5. 甲产品单位售价为 30 元,单位变动成本为 21 元,固定成本为 450 元。

要求:

(1) 计算保本点销售量。

(2) 若要实现目标利润 180 元,则销售量应为多少?

(3) 若销售净利润为销售额的 20%,计算销售量。

(4) 若产品单位变动成本每增加 2 元,固定成本减少 170 元,计算此时的保本点销售量。

(5) 据上述资料,若销售量为 200 件,计算单价应调整到多少才能实现利润 350 元(假定单位变动成本和固定成本不变)。

6. 已知某公司生产 A、B、C 三种产品,其固定成本总额为 19 800 元,三种产品的相关资料如表 4－5 所示。

表 4－5　　　　　　　　　　　三种产品的相关资料

品　种	销售单价/元	销售量/件	单位变动成本/元
A	2 000	60	1 600
B	500	30	300
C	1 000	65	700

要求:

(1) 采用加权平均法计算该厂的综合保本销售额及各产品的保本销售量。

(2) 计算该公司的营业利润。

7. 某公司生产和销售 A、B 两种产品,A 产品单价为 5 元,B 产品单价为 2.50 元,A 产品的边际贡献率为 40%,B 产品的边际贡献率为 30%,全月固定成本为 72 000 元。

要求:

(1) 设本月各产品的预计销售量 A 产品为 30 000 件,B 产品为 40 000 件,请计算以下指标:保本点销售额;A、B 两种产品的保本点销售量;用金额表示的安全边际;本月的预计利润。

(2) 设本月增加广告费 9 700 元,可使 A 产品的销售量增加到 40 000 件,而 B 产品的销售量下降到 32 000 件,请具体分析采取这一措施是否合算。

(3) 根据上述第(2)项的有关数据,重新计算保本点销售额。

8. Sno－Blo 公司生产若干款家用清扫机。它通过自己的特许经营店来销售产品,这些商品分布在美国的北部,并集中在西北部。Sno－Blo 公司与一家大型折扣连锁店

Retail Warehouse Unlimited(RWU)打交道,该公司一次性订单是购买 1 000 台 X301 款家用清扫机。

RWU 在中东部都有商店。它给 Sno‐Blo 公司开出的价格是单价 80 美元。在这个价格水平上,它想要 Sno‐Blo 公司将机器漆成特殊的颜色,并印上 RWU 的标志。对此,Sno‐Blo 的管理者预计每台机器成本会增加 10 美元。Sno‐Blo 公司的 X301 款的单价是 200 美元,RWU 销售家用清扫机目前的成本和生产信息如表 4‐6 所示:

表 4‐6　　　　　　　　X301 款家用清扫机目前的成本和生产信息

持有的产品存货数量	2 000 台
预计未来 3 个月的销量	3 000 台
未来 3 个月的生产能力	3 000 台
单位变动成本	50 美元
单位固定成本	60 美元

要求:

讨论 Sno‐Blo 公司同意销售的利弊。如果你是 Sno‐Blo 公司的经理,你会赞成还是反对销售? 解释你的答案。

项目四　参考答案

项目五　经营预测分析

学习目的与要求

通过本项目实训,了解预测和经营预测的概念,熟悉预测方法等,学习本项目应重点掌握以下内容:

(1) 预测分析的意义。

(2) 经营预测分析的方法和程序。

(3) 预测分析包含的内容。

(4) 销售预测、成本预测、利润预测和资金需要量预测所使用的方法及每种方法的具体运用。

重点、难点解析

一、经营预测分析概述

(一) 经营预测分析的概念

预测分析是指根据过去和现有的信息,运用一定的科学手段和方法,预计和推测事物发展的必然性或可能性的行为。

经营预测分析是指根据历史资料和现有的信息,运用一定的科学预测方法,对未来经济活动可能产生的经济效益和发展趋势作出科学的预计和推测的过程。经营预测分析是企业进行经营决策和编制预算计划的重要依据和前提,是提高企业经济效益的一个重要手段。经营预测分析对于提高企业的经营管理水平和经济效益,以及促进企业的未来发展,都起到积极的、重要的作用。

(二) 经营预测分析的方法

1. 定量分析法

定量分析法又称数量分析法。它是运用统计、现代数学方法,对所取得的过去和现在比较完整的信息资料进行科学地加工和处理,建立能够反映有关变量之间规律性联系的各种预测模型,充分揭示有关经济变量之间的规律性联系,来预测事物的发展趋势和水平的方法体系。

2. 定性分析法

定性分析法又称非数量分析法,是指依靠人的主观分析判断能力,借助有关专业人员的政策水平、知识技能、实践经验和综合分析能力,在调查研究的基础上,对预测对象的发展趋势作出判断和预测的方法。

(三)经营预测分析的步骤

(1)确定预测目标。

(2)收集相关信息资料。

(3)选择预测方法。

(4)计算预测值。

(5)判断预测结果。

(6)纠正预测结果。

(7)报告预测结论。

(四)经营预测分析的内容

经营预测分析包括销售预测、成本预测、利润预测和资金需要量预测。

二、销售预测

(一)销售预测的含义

销售预测是指根据市场调查得到的有关资料,通过对有关因素的分析研究,对特定产品在未来一定时期内的市场销售量水平及变化趋势进行分析,从而预计和测算本企业产品未来销售量的过程。

(二)销售预测的方法

销售预测的方法包括定量分析法和定性分析法。

1. 定量分析法

(1)趋势预测分析法:算术平均法、移动加权平均法和指数平滑法。

(2)因果预测分析法:直线回归分析法、相关分析法。

2. 定性分析法

(1)市场调查预测分析法。

(2)判断预测分析法。

三、成本预测

(一)成本预测的含义

成本预测就是根据企业目前经营状况和未来的发展目标,综合考虑预测期可能存在的各个影响因素,采用定量与定性分析方法,确定企业目标成本,对企业未来成本水平和变动趋势进行预测的一种管理活动。

(二)成本预测的方法

成本可分为可比产品成本和不可比产品成本两类。它们的预测方法分别如下:

(1)可比产品成本预测方法:高低点法和因素分析法。

(2)不可比产品成本预测方法:技术测定法、目标成本法、售价比例法和类比分析法。

四、利润预测

（一）利润预测的含义

利润预测是指按照企业经营目标的要求,利用数学等各种方法对影响利润变动的销售量、成本、价格等因素进行分析,预测企业未来时期的利润水平和变化趋势。

（二）利润预测的方法

利润预测的方法包括:本量利分析法、销售额增长率法、利润增长率法、经营杠杆系数法。

五、资金需要量预测

（一）资金需要量预测的含义

资金需要量预测是根据历史资料及销售等其他资料,对未来一定时间内的资金需要量所进行的科学预计和推测。

（二）资金需要量预测的方法

资金需要量预测的方法包括资金周转率预测法和销售百分比法。销售百分比法是重点。

典 型 案 例

M 公司销售预测设计

M 公司为使下一年度的销售计划制订得更为科学,组织了一次销售额预测,由经理主持,参与预测的有销售科、财务科、计划科、信息科的科长,他们的预测估计如表 5-1 所示。

表 5-1　　　　　　　　　M 公司年度销售额预测值估计表　　　　　　　单位:万元

预测人员	销售额估计值						预测期望值	权数
	最高销售额	概率	最可能销售额	概率	最低销售额	概率		
销售科长	4 000	0.3	3 600	0.6	3 200	0.1	3 680	6
财务科长	4 200	0.2	3 700	0.7	3 200	0.1	3 750	5
计划科长	3 900	0.1	3 500	0.7	3 000	0.2	3 440	5
信息科长	4 100	0.2	3 600	0.6	3 100	0.2	3 600	7

注:表 5-1 内"预测期望值"栏的数据是各种情形下的销售额估计值与概率乘积之和。例如,对销售科长而言,其预测期望值为 3 680(＝4 000×0.3＋3 600×0.6＋3 200×0.1)万元,其他各位预测者的预测期望值计算方法同上。

要求:估计 M 公司最终的年度销售额期望值。

【分析】

由于预测者对市场的了解程度、经验等不同,因而他们每个人的预测结果对最终预测结果的影响及作用有可能不同,可分别给予不同的权数表示差异,最后采用加权平均法计算结果。若各位预测者的重要性相等,则可用算术平均法。在此例中,调查预测人员从各方面因素考虑,给各人的权数分别为销售科长 6、财务科长 5、计划科长 5、信息科长 7,这种权数设计体现他们各自对市场信息的掌握情况。因此,M 公司最终的年度销售额期望值应为 3 619 万元。

多家公司的预测新韬略

纯粹的财务预测已不复存在,取而代之的是以企业驱动因素为基础的预测方式(简称动因预测)。该方式不仅仅是对财务预测做微调,而且财务主管们更是把目光投向企业最关键的 10～15 个驱动因素,如市场份额、竞争定价和产品周期等,根据上述驱动因素的变化,对企业的发展作出全面的预测。

如果设计恰当的话,动因预测能确定每多销售一件产品所带来的成本及收益,使这种预测方式与财务趋势分析有所不同,而且可以解释为什么预测数字可能与原先的计算有偏差。

慧聪集团的执行董事亚克森是首席执行官。他说:"我们要从物质性和易变性两个方面看预测。在快速成长的小企业中,预测更为关键,因为企业的迅猛发展可能会超出其能力的承受限度。比如说,订单源源不断而来,但企业的基础设施是否到位,能否支持其满足这种需求? 简而言之,预测是帮助企业控制易变性的工具。"

如果按老路子走,预测可能是一件让人绞尽脑汁的事情。据慧聪集团下属企业——咨询公司哈克特集团估计,一般预测需 21 天才能完成。也就是说,每次预测完成时,就延迟了将近 1 个月。此外,对 1 年后的事情进行预测,其准确性远低于对 1 周或 1 个月后事情的预测。

一、抓住中心

德士古公司通过将战略经营独立出来,改善了资本支出的分配方式。这对资金密集型企业异常关键。瓦塞说:"过去,一桶油价格下跌 3 美元时,我们只好通过所谓共同承担法,大量削减资本支出。我们往各部门打电话,询问他们可以削减多少资本支出。现在如果要削减支出,我们只需了解哪个项目可以削减支出、削减多少,根本不用考虑这个经营单位究竟在世界的哪个角落。"

爱德华公司是一家软件公司,在开发企业商用软件方面处于世界领先地位,目前正对其预测流程进行重大重组。该公司最关键的一个改进举措是将预算和预测流程与公司战略相联系。这一重组项目源于以下启示:财务部门 80% 的时间用于处理发票付款和记录账簿,只剩下 20% 的时间进行增值活动来进行一流的预测。

财务报表、预算及预测总监埃文斯说:"我们马上找到了一些改进机会,其一便是实行方便用户、可集成实际数据的预测模式。"爱德华公司实行的是 6 季度循环预测,重在考察关键的业务驱动因素。尽早了解预测结果,加快确定目标的过程,是实现企业目标的一个关键因素。

埃文斯说:"我们有 4 000 多名员工,队伍还在不断壮大。在这种环境下,公司要将目光紧盯在发展方向上是很困难的。6 季度循环预测的一大益处是,将决策支持者从时间中解放出来,使他们能够真正关心公司的发展方向。"

二、经验法则

跟所有的流程重组项目一样,推行新的预测方式也会碰到一些潜藏的陷阱,了解其关键的业务驱动因素及业绩表现对企业来说至为关键。

管理咨询公司的合伙人何陶说:"一个企业组织成长迅速时,很难意识到其生产能力不足以维持高速增长,往往只盯着高收益、高净利,因一叶障目而看不到整体,所以常常迷失方向。"

何陶建议企业重组预测流程时做两件事:一是对预测模式中的假定前提进行检验和了解,二是推行系统一体化计划时多一些谨慎。何陶观察后认为:"如今找个现成模式修正一下太容易了,但从根本上质疑模式中的假定前提可能就难多了。就系统一体化而言,你所冒的风险是,重蹈覆辙的速度更快,并且会将这些错误带入你的决策模式中。因此,除非已采取保障措施,否则你会把自己未曾意识到的问题复杂化。"

贵恩合伙公司是一家全球性顾问公司,其驻瑞典顾问格利高里认为,企业不应任凭自己让计算机生成的预测信息淹没。"你可不能受计算机信息的役使,使你对自己已掌握的信息充耳不闻,如竞争对手的行动等。否则,一旦发生不可预测的事情,就可能对你产生巨大的冲击,也许你都难以作出反应。"

不管你的企业经营何种业务,做预测的一条经验法则是,预测的详细程度应与要做预测的时间长短相适应。格利高里说:"我所看到的一大障碍是,人们努力作出最详尽的预测,他们也以这种方式预测 18 个月以后的情况。要作出预测的时间段越长,就越难作出详尽的预测。"

要求:通过本案例的分析,你认为公司进行前景预测时的最好做法是什么?

【分析】

公司进行前景预测时的做法应如下:

(1)建立预测流程。完成预算业绩目标的过程中潜藏着风险或机遇,预测流程可以提供早期警示。有效的预测能揭示企业经营中会遇到的各种具体问题。即使企业发展稍有偏离,有效预测也会提醒你立即采取行动,否则财务年度结束时会出现不小的漏洞。只有例外或预测结果与原计划偏差过大时,才能准备和提交修正预测。

企业也许在一定时间内只对部分产品项目作出预测。如果你所预测的产品项目80%毫无变化,就没有必要重新预测。

(2)将预测分析及其上报的要求集中到为实现预测对计划进行的策略调整上。不要一味强调预测的财务结果,应重在相关的变量。如果预测揭示出质量问题,应考虑采取什么措施并权衡各种选择。

(3)将预测系统与预算结果及实际结果结合起来。通常预测系统是自成一体的电子表格,需要将大量可能会出错的内容重新输入。个别分析人员可能已建立了预测系统,也许并不知道这些系统是否正确。

应确保在预测自动化处理过程中使用统一的工具。一致性和简单化是良好预测流程的标志。但是,如果各经营单位不采用统一的架构和系统,预测过程就会变得复杂。

(4)使用具有多种"假设"场景的建模工具,进行敏感度分析。坚持建模工具要使用多种"假设"场景。比如,想知道市场持续以 5%的速度增长时的预测结果,如果本年度其余月份增长速度减至 3%,则应能看出其中的不同。

(5)确保各层面的用户能够以电子方式获取和提交数据。这种最佳做法重在系统一体化。例如,地区销售人员要能在网上作出销售预测,并以电子方式呈交给上级。

实 训 精 选

一、单项选择题

▲1. 下列选项中,(　　)不属于非数量方法。

A. 经验分析法　　　　B. 直接调查法　　　　C. 因果预测分析法　　D. 集合意见法

2. 因果预测分析法主要有直线回归分析法和(　　)。

A. 经验分析法　　　　B. 集体思考法　　　　C. 直接调查法　　　　D. 相关分析法

▲3. 趋势预测分析法中,(　　)在计算过程中需要上期预测数的资料。

A. 简单平均法　　　　　　　　　　　B. 移动平均法

C. 指数平滑法　　　　　　　　　　　D. 直线回归分析法

4. 趋势平均法与指数平滑法的最大区别在于(　　)。

A. 趋势平均法的权数取值前后期相等,指数平滑法的权数取值是近期大、远期小

B. 趋势平均法的权数之和等于1,指数平滑法的权数之和等于 α

C. 趋势平均法的权数取值是近期大、远期小,指数平滑法的权数之和等于 α

D. 趋势平均法的权数取值在 0.3 与 0.7 之间,指数平滑法的权数取值是 $1-\alpha$

▲5. 销售百分比法比较适用于(　　)的预测。

A. 长期筹资量　　　　B. 近期筹资量　　　　C. 目标利润　　　　　D. 目标成本

6. 某企业计划期预计工业总产值为 500 万元,预测产值利润率为 10%,则计划期预测利润额为(　　)万元。

A. 500　　　　　　　B. 50　　　　　　　　C. 450　　　　　　　D. 5 000

▲7. 运用现代数学方法对历史数据进行科学的加工处理,并建立数学经济模型,揭示各有关变量之间的规律性联系,属于(　　)。

A. 定性分析法　　　　　　　　　　　B. 定量分析法

C. 本量利分析法　　　　　　　　　　D. 直线回归分析法

二、多项选择题

1. 下列各项目属于预测分析基本程序的有(　　　　)。

A. 确定预测目标　　　　　　　　　　B. 收集有关信息

C. 选择预测方法　　　　　　　　　　D. 得出预测结论

E. 评价预测方法

▲2. 预测的定量分析法包括(　　　　)。

A. 因果预测法　　　B. 算术平均法　　　C. 趋势平均法　　　D. 指数平滑法

E. 相关分析法

▲3. 通常可将(　　　　)作为成本预测中的目标成本。

A. 标准成本　　　　B. 计划成本　　　　C. 定额成本　　　　D. 历史成本

E. 责任成本

5

4.产品成本水平发展趋势的预测方法有（　　　　）。

A.回归分析法　　　B.高低点法　　　C.对数直线法　　　D.加权平均法

E.算术平均法

5.利润预测中常用的利润率指标有（　　　　）。

A.销售利润率　　　　　　　　B.销售成本利润率

C.产值利润率　　　　　　　　D.资金成本率

E.贴现率

▲6.关于预测分析，下列说法正确的有（　　　　）。

A.根据过去和现在预测未来　　B.根据已知推测未知

C.根据过去预测现在　　　　　D.根据现在推测过去

7.下列分析方法中，属于定性分析法的有（　　　　）。

A.本量利分析法　　B.经验分析法　　C.加权平均法　　D.直接调查法

8.下列分析方法中，属于定量分析法的有（　　　　）。

A.直线回归分析法　　　　　　B.本量利分析法

C.经验判断法　　　　　　　　D.加权平均法

9.根据过去所积累的经验进行分析判断，提出预测意见，该种分析方法属于（　　　　）。

A.定量分析法　　B.定性分析法　　C.集合意见法　　D.经验分析法

▲10.下列各种方法中，适用于利润预测的有（　　　　）。

A.本量利分析法　　　　　　　B.盈亏临界点分析法

C.销售百分比法　　　　　　　D.比率法

11.下列预测方法中，属于因果预测分析法的有（　　　　）。

A.本量利分析法　　　　　　　B.指数平滑法

C.直线回归分析法　　　　　　D.简单平均法

12.下列选项中，可以作为目标成本的有（　　　　）。

A.产品的某一先进的成本水平　　B.本企业历史上最好的成本水平

C.定额成本　　　　　　　　　D.标准成本

13.在采用销售百分比法进行资金需要量预测时，（　　　　）项目随销售量的变化而变化。

A.货币资金　　B.应付账款　　C.固定资产　　D.其他应收款

三、判断题

1.销售百分比法适用于长期筹资的预测。（　　）

2.经济预测是人们对未来经济活动可能产生的经济效益及其发展趋势，事先提出的一种科学预见。（　　）

3.预测分析项目，所选取的样本越大，预测结果越准确。（　　）

4.选择样本量时，应尽量加大样本量，越大越好。（　　）

5.预测分析的时间越短，预测结果越准确。（　　）

6.预测分析必须充分估计可能发生的误差。（　　）

7.预测分析选用的方法应先进行测试。（　　）

8. 在实际工作中,定量分析法与定性分析法需结合起来使用,相互取长补短。（　　）

9. 算术平均法考虑到近期的变动趋势,是销售预测中较常用的一种方法。（　　）

10. 简单平均法(算术平均法)适用于各种情况下的销售预测。（　　）

11. 目标成本可以是计划成本、定额成本或当前的实际成本。（　　）

12. 在采用趋势预测分析法预测成本时,预测根据的历史资料所选用的时期不应过长,也不应过短。（　　）

13. 采用高低点法预测成本时,适用于产品成本变动趋势比较稳定的情况,否则会造成较大的误差。（　　）

14. 长期投资、无形资产等项目随着销售收入的增加而相应增加。（　　）

15. 固定资产项目随着销售收入的增加而增加。（　　）

16. 长期负债及股东权益等项目,不随销售量的增加而增加。（　　）

17. 在缺乏充分的历史资料或有关变量之间缺乏明显的数量关系的情况下,应采用定性分析法进行预测。（　　）

18. 应用德尔菲法进行预测准备,提出预测要求时,应将所选定的专家召集在一起开会研究预测事宜。（　　）

19. 应用加权平均预测法进行预测,距离预测期越近,赋予的权数应越大,否则应越小。（　　）

20. 当不可比产品种类不多,产品技术资料较为完整时,宜采用售价比例法进行成本预测。（　　）

四、计算分析题

1. 中成企业经营甲产品,其经营资金为 2 000 000 元。该产品本年度单位售价为 100 元,获得利润 200 000 元。经市场预测,该产品本年度可产销 30 000 件,其售价必须下降 2%,资金利润率要求必须增加 5%,假设不考虑相关税费。

要求:预测下年度该产品的目标成本。

2. 中盛公司全年只产销一种产品,1—4 月该产品的实际销售量和总成本的资料如表 5-2 所示。

表 5-2　　中盛公司 1—4 月某产品的实际销售量和总成本资料

月　份	1 月	2 月	3 月	4 月
总成本/元	100 000	90 000	160 000	150 000
产销量/件	5 000	6 000	8 000	10 000

要求:

(1) 利用算术平均法预测 5 月份的销售量。

(2) 利用高低点法进行成本的分解。

(3) 利用指数平滑法预测 5 月份的销售量(平滑系数为 0.3,4 月销量预测数为 8 500 件)。

(4) 利用成本模型预测 5 月份的总成本(根据指数平滑法预测的销售量计算)。

3. 假定中盛公司 1—6 月的实际销售收入如表 5-3 所示。

表 5-3　　　　　　　　　　　中盛公司 1—6 月的实际销售收入资料

月　份	1	2	3	4	5	6
实际销售额/元	24 000	23 600	28 000	25 400	26 000	27 000

又假定 6 月份的预测销售收入为 27 900 元。

要求：分别采用以下方法预测 7 月份的销售额。

(1) 算术平均法。

(2) 加权平均法（$w_1 = 0.01$，$w_2 = 0.04$，$w_3 = 0.08$，$w_4 = 0.12$，$w_5 = 0.25$，$w_6 = 0.5$）。

(3) 指数平滑法（平滑系数 $\alpha = 0.6$）。

(4) 直线回归分析法。

4. 假定红星五金公司 A 产品近 5 年有关成本及产量情况如表 5-4 所示。

表 5-4　　　　　　　　红星五金公司 A 产品近 5 年有关成本及产量

项　目	第 1 年	第 2 年	第 3 年	第 4 年	第 5 年
产量/台	250	200	300	360	400
总成本/元	275 000	240 000	315 000	350 000	388 000
其中：固定成本/元	86 000	88 000	90 000	89 000	92 000
单位变动成本/元	756	760	750	725	740

若计划年度第 6 年的预计产量为 480 台。

要求：分别采用以下方法预测第 6 年 A 产品的总成本和单位成本。

(1) 高低点法。

(2) 加权平均法（$w_1 = 0.03$，$w_2 = 0.07$，$w_3 = 0.15$，$w_4 = 0.25$，$w_5 = 0.5$）。

(3) 直线回归分析法。

5. 天成公司本年的销售额为 100 万元，这已是该公司现有设备的最大生产能力。已知该公司本年税后净利占销售额的 4%，本年 12 月 31 日的资产负债表有关项目资料如表 5-5 所示。

表 5-5　　　　　　　　　　　　　天成公司资产负债表

12 月 31 日　　　　　　　　　　　　　　　　　单位：元

资　产		负债和所有者权益	
银行存款	40 000	应付票据及应付账款	140 000
应收票据及应收账款	120 000	未交税金	60 000
存　货	200 000	长期借款	200 000
固定资产	350 000	实收资本	500 000
无形资产	290 000	未分配利润	100 000
资产合计	1 000 000	负债和所有者权益合计	1 000 000

又假设下一年预计销售收入为 150 万元，股利发放率预计为 40%。计划年度折旧基

金提取数为 100 000 元,其中 60% 用于更新改造原有的设备,又假定下一年的零星资金需要量为 30 000 元。

要求:按销售百分比法预测计划年度(下一年)需要对外追加资金数。

6. 结合上述第五题的资料,天成公司销售单价敏感度为 13%,单位变动成本敏感度为 10%,产销量敏感度为 6%,固定成本敏感度为 3%,假定企业计划下期利润比基期利润增长 25%。

要求:根据上述资料测算为实现目标利润的增长率至少应使某一单项因素的变化率为多大。

7. 中盛公司生产 A、B、C 三种产品,本期有关销售价格、单位成本及下期产品预计销售量如表 5-6 所示。预测下期其他业务利润的资料为:其他业务收入为 20 000 元,其他业务成本为 14 000 元,其他业务税金为 4 000 元。

表 5-6　　　　　　　　中盛公司三种产品相关资料表

产　品	销售单价/元	单位产品		预计下期产品销售件数/件
		销售成本/元	销售税金/元	
A	100	50	20	5 000
B	240	170	40	2 000
C	80	50	12	8 000

要求:根据资料,预测下一会计期间的营业利润。

项目五　参考答案

项目六　短期经营决策分析

6

学习目的与要求

通过本项目实训,了解决策分析的分类、程序和基本内容,掌握短期经营决策分析的基本方法。学习本项目,应重点掌握以下内容:

(1) 短期经营决策中应考虑的相关概念。

(2) 短期经营决策分析的基本方法。

(3) 运用短期经营决策分析方法解决生产决策、定价决策和存货决策中的具体问题。

重点、难点解析

一、决策分析的意义

决策是指为了实现既定的目标,依据预测获得的信息进行科学判断,对未来实践作出决定的过程。它通常表现为对多个备选方案的选择。

管理会计中的决策分析,是指企业经营管理人员对企业生产经营中面临的各种经济问题,以取得最佳经济效益为目标,充分考虑各种备选方案后对最优方案所作出的决策。

二、决策的程序和分类

(一) 决策的程序

(1) 明确决策目标。

(2) 广泛收集资料。

(3) 拟定备选方案。

(4) 分析评价方案。

(5) 确定最优方案。

(6) 执行最优方案。

(7) 分析执行结果。

(二) 决策的分类

按决策的重要程度,可将决策分为战略决策和战术决策;按决策所依据的环境、条件的状况,可将决策分为确定型决策、风险型决策和不确定型决策;按决策所涉及的时间长短,可将决策分为短期决策和长期决策;按决策的内容,可将决策分为筹资决策、投资决策和经营决策。

三、特定的成本概念

（一）相关成本与无关成本

在进行决策之前,须将会计资料进行整理、筛选,以备决策之需。对于成本资料,首先应区分相关成本与无关成本。

相关成本是与未来决策有关联的成本,也就是在进行决策时必须认真考虑的各种形式的未来成本。如机会成本、付现成本、重置成本、差量成本、边际成本、可避免成本、可延缓成本、专属成本等,都属于相关成本。

无关成本是过去已发生或虽未发生但对未来决策没有影响的成本,也就是在决策时无须考虑的成本。如历史成本、沉没成本、不可避免成本、不可延缓成本、共同成本等,都属于无关成本。

（二）重置成本

重置成本是指目前从市场上购买同一项原有资产所需支付的成本,也称"现行成本"或"现实成本"。重置成本在决策,特别是定价决策时,是一项重要的相关成本。

（三）付现成本

付现成本是指因作出某项决策而要求立即或在未来需以现金支付的成本。企业在短期经营决策中,如果当前货币资金比较紧张,而资金筹措又比较困难或筹措成本较高,则对付现成本往往比总成本更为重视。

（四）差量成本与边际成本

差量成本也称差别成本,是指两个可供选择的备选方案的成本之间的差异。与差量成本相对应的概念是差量收入。差量收入是指两个不同方案预期收入之间的差额。两者相互结合,可有效应用于多种决策方案的评价。

边际成本从理论上讲,是指成本对产量无限小变化的变动部分。在实际工作中,产品产量无限小的变化只能小到一个单位(如一件产品),因为如果低于一个单位就没有实际意义了。因此,边际成本从实际应用的角度讲,就是产量增加或减少一个单位所引起的成本变动。

（五）机会成本与估算成本

机会成本原是经济学术语。它以经济资源的稀缺性和多种选择机会的存在为前提,是指在决策分析过程中,从各备选方案中选出某个最优方案而放弃次优方案所丧失的潜在利益。

估算成本又叫假计成本,它是机会成本的特殊形式,是需要经过假定推断才能确定的机会成本。

（六）可避免成本

可避免成本是指与特定备选方案相关的成本,其发生与否取决于其相关的备选方案是否被选定。即某个方案如果被选用,该项成本就会发生;否则,该项成本就不会发生。

（七）可延缓成本

可延缓成本是指在生产经营决策中对其暂缓开支，不会对企业未来的生产经营产生重大不利影响的那部分成本。

（八）专属成本

专属成本是指可以明确归属于某个方案或某种、某批产品或某个部门的成本。

四、生产决策分析

（1）生产经营决策的常用分析方法包括：贡献毛益分析法、差别损益分析法、相关成本分析法、成本平衡点分析法。

（2）生产决策分析及其应用。

五、定价决策分析

定价决策采用的主要方法有：成本加成定价法、保本保利定价法、利润最大化定价法、利润平衡点定价法。

（1）成本加成定价法，是指以单位产品成本为基础并依照一定的加成率进行加成来确定单位产品售价的方法，包括完全成本法下成本加成定价法和变动成本法下成本加成定价法。

（2）保本保利定价法，是指根据在一定销量下能够保证目标利润实现的定价方法。

（3）利润最大化定价法，是指在预测各种价格可能的销售量下，计算各备选方案的利润，选择利润最大的定价方法。

（4）利润平衡点定价法，也叫利润无差别点定价法，就是根据计算调价后利润是否增加来决定是否调价的定价方法。

六、存货决策分析

（一）经济进货批量

经济进货批量，是在保证生产经营需要的前提下，能使全年存货相关总成本最低的每批进货数量或每批投产数量。

（二）存货成本

存货成本是指企业耗费在存货上的各项费用，包括以下内容：

1. 购置成本

购置成本是指存货本身的价值，等于采购数量乘以采购单价。它在全年进货总量既定时，通常相对稳定（假设物价稳定且无数量折扣），所以为决策无关成本。

2. 进货成本

进货成本是指企业为组织进货而发生的费用，可分为两部分：一部分费用与进货次数无关，是为维持采购部门正常工作而发生的固定性进货成本，属决策的无关成本，如采购部门办公费、水电费、折旧费等基本开支；另一部分费用与进货次数呈正比例变动，是变动性进货成本，属于决策的相关成本，如采购人员的差旅费、运输费等。

3. 储存成本

储存成本是指为储存存货而发生的成本，可分为两部分：一部分是与存货储存数额多少没有直接关系的固定性储存成本，如仓库折旧、自设仓库保管人员的固定月工资等；

另一部分是随储存数额的增减呈正比例变动的变动性储存成本,如存货占用资金支付的利息、存货的保险费等。

4. 缺货成本

缺货成本是指由于存货储备不足,不能满足企业生产和销售需要而发生的损失,如停工待料造成的停工损失、失去销售机会的损失与企业信誉损失等。若企业允许缺货,缺货成本与存货数量是反相关关系,属于决策相关成本;如果企业不允许发生缺货,此时缺货成本为零,就无须考虑。

存货总成本的各项内容中,固定成本在确定经济进货批量的模式时属于不相关的费用。确定经济进货批量,要考虑的成本因素是变动性进货成本、变动性储存成本以及允许缺货的缺货成本。随进货批量、进货次数变动,存货总成本中的进货成本、储存成本、缺货成本此消彼长,相互矛盾。增加进货批量,进货次数减少,随之进货成本减少,储存成本增加,缺货成本减少;反之,减少每次进货量,进货次数就会相应增加,随之进货成本增加,储存成本减少,缺货成本增加。确定经济进货批量,就是要找到最适当的进货批量,使进货总成本在能满足正常生产经营需要的前提下达到最低水平。

(三) 简单模式下经济进货批量公式及其应用

存货相关总成本的计算公式为:

$$TC = \frac{D}{Q}F + \frac{Q}{2}C$$

当 $\frac{D}{Q}F = \frac{Q}{2}C$ 时,经济进货量为:

$$Q^* = \sqrt{\frac{2FD}{C}}$$

根据这个公式,还可求出与经济进货批量有关的其他指标,每年最佳进货次数为:

$$N^* = \frac{D}{Q^*} = \sqrt{\frac{CD}{2F}}$$

此时,经济进货批量存货相关总成本最低为:

$$TC_{min} = \sqrt{2FDC}$$

其中:

D 为某种存货全年需要量;Q 为订购批量;Q^* 为经济进货量;N^* 为最佳进货次数;D/Q 为订购批次;F 为每批订货成本;C 为单位存货年储存成本;TC 为存货相关总成本。

(四) 经济进货批量在生产中的应用

经济进货批量也可用于生产决策,如确定自制产品一次投产的最优批量。投产批量确定时,如果一次性的生产批量大一些,可减少投产次数,这样生产准备费用减少,但产品的储存成本增加;反之,如果一次性的生产批量小一些,就需要增加投产次数,这样生产储备费用增加,产品的储存成本减少。经济生产批量,即最优生产批量,就是指生产准备费用与储存成本之和为最低时的批量。经济生产批量的计算公式为(d 为订购成本,P 为订购价格):

$$Q^* = \sqrt{\frac{2DF}{C\left(1 - \dfrac{d}{P}\right)}}$$

此时,经济进货批量存货相关总成本为:

$$TC_{\min} = \sqrt{2DFC\left(1 - \frac{d}{P}\right)}$$

典 型 案 例

中通公司 A 材料最佳进货量分析

中通公司 A 材料的年需要量为 16 000 千克,每千克标准价 20 元。销售企业规定:客户每批购买量不足 1 000 千克的,按照标准价格计算;每批购买量 1 000 千克以上,2 000 千克以下的,价格优惠 2%;每批购买量 2 000 千克以上的,价格优惠 4%。已知每批进货费用 600 元,单位材料的年储存成本 30 元。

要求:计算 A 材料的最佳经济订货量。

【分析】

按经济订货量基本模型计算经济进货批量为:

$$Q = \sqrt{\frac{2 \times 16\,000 \times 600}{30}} = 800(千克)$$

每次进货 800 千克时的存货相关总成本为:

存货相关总成本 = 16 000×20+16 000/800×600+800/2×30 = 344 000(元)

每次进货 1 000 千克时的存货相关总成本为:

存货相关总成本 = 16 000×20×(1−2%)+16 000/1 000×600+1 000/2×30 = 338 200(元)

每次进货 2 000 千克时的存货相关总成本为:

存货相关总成本 = 16 000×20×(1−4%)+16 000/2 000×600+2 000/2×30 = 342 000(元)

通过上述计算可发现,每次进货 1 000 千克时的存货相关总成本 338 200 元为最低,因此这时的最佳经济订货量为 1 000 千克。

格兰仕定价三论

一、价格黑榄论

在我国南部地区有一种植物叫黑榄。根据植物学家介绍,黑榄之所以能从一株独苗成长为森林里的"空中花园",主要得益于它能充分吸收周边环境的养料,与时俱进,顺应"竞争为王"的丛林法则,不停地绞杀竞争对手,从而称霸丛林,占山为王。

回顾格兰仕的发展历程,我们不难发现,格兰仕走的就是一条"竞争为王"的丛林路线:鹅毛掸子—羽绒制品—微波炉—空调、小家电,将一个产品做大做强,然后再做下一个产品,犹如黑榄,在不同的成长期,生产不同的产品,相互依托,相互支撑,最后形成一个硕果累累的"家电花园"。

二、价格珠峰论

珠峰之所以没有萎缩,就是因为受到邻近高峰与深层地表的挤压,化挤压力为上升力。上升力再加上爆发的突变,造就了今天的珠峰。同样,从企业的成长来看,也有一个"珠峰原理":一个小企业要成长为大企业,也必须通过缓慢的、持续不断的自然增长,再加上爆发的突变,才能成为具有规模和影响的大企业。

得天独厚的地缘优势,造就了格兰仕不易被"克隆"的竞争力,但这些只是自然增长的先天条件,格兰仕要想获得"爆发性的突变",成为家电行业的"珠峰",还要借助地缘优势形成企业自身成熟规范的竞争力——培养出企业独有的特定组织结构和获利模式以及特别有竞争力的员工。

三、价格治水论

据介绍,都江堰水利工程由三大主体构成:一是鱼嘴,上游的岷江水流至这里开始分为内江和外江;二是飞沙堰,用于泄洪排水;三是宝瓶口,用于控制水量。这三大主题构成了都江堰水利工程的良性循环,既可以排洪灌溉,又可以发电养鱼,完全"道法自然",充分利用了自然的规律,造福子孙万代。

格兰仕持续不断的降价战略就是都江堰治水的"现代版"。如果将中国家电行业看作一条大江,将格兰仕看作都江堰,那么价格就是"鱼嘴",价格战就是"飞沙堰",规模就是"宝瓶口"。

格兰仕降价的一些情况如下:

1996年8月,格兰仕微波炉发动第一次降价,平均降幅达40%,推动了微波炉在国内的普及。当年实现产销65万台,国内市场占有率超过35%。

1997年10月,格兰仕微波炉第二次大幅降价,降幅在29%~40%之间,使其当年的国内市场占有率扩大到47.6%,产销量猛增到198万台。

1998年5月,格兰仕微波炉以"买一赠三"和抽奖等形式进行变相降价,并逐步将市场重心转移到海外。其时,微波炉年产量达到450万台,成为世界上最大的微波炉生产厂家之一。当年,国内市场占有率达到60%以上。

2000年6月,格兰仕微波炉第四次掀起大规模的价格大战,降幅仍高达40%,以"五朵金花"系列中的档机为主。

2000年10月,格兰仕微波炉第五次大降价,利刃直指高端市场,高档黑金刚系列微波炉降幅接近40%,高档机型需求率迅猛提高。全年国内市场占有率高达76%;国外市场占有率突破30%,晋升为中国家电出口的二强之一。

2001年4月,格兰仕推出300元以下微波炉,再次令淡季市场空前火爆。

2002年1月,格兰仕数码温控王系列微波炉降价30%,使"高档中价"的高档机价位直逼其他品牌中低档产品的价格,加上数码光波、太空金刚、白金刚等高新技术产品的上市及热销,格兰仕"封杀"了整个微波炉市场。

2002 年 2 月 26 日,格兰仕打响空调价格大战第一枪,对喷涂系列近 20 款畅销主力机降价,平均降幅约 30%,最高降幅约 35%。格兰仕表示,希望通过生产力水平的提升,在"高档中价"的基础上进一步推进国内市场上高档空调的"平民化"。

2002 年 3 月 7 日,格兰黑金刚系列中高档微波炉价格全面下调,最高降幅超过 30%,平均降幅约 25%。

要求:

1. 格兰仕的定价策略有何特点?

2. 企业在定价决策中应该注意些什么?

3. 谈谈你对格兰仕定价策略的体会。

【分析】

1. 格兰仕是知名的家电制造商,曾经使用"价格竞争",用无人可敌的价格战来打退竞争对手。1993 年格兰仕进入了微波炉行业,在 1996 年 8 月和 1997 年 10 月分别进行了两次大规模的降价活动,每次降幅都高达 40%,致使微波炉行业竞争格局发生了巨大变化。格兰仕靠打价格战赢得了市场,也在行业内被称为"价格屠夫"。格兰仕降低成本的最有效的手段是扩大规模,在家电产业中,产品成本会随生产规模的扩大而迅速降低,产品的规模效应非常明显。格兰仕起初正是依靠微波炉生产本身所产生的规模经济效益和严格的成本控制措施,而迅速成为国内市场上最大的微波炉生产销售企业,市场占有率位居第一。2000 年其实现销售收入 58 亿元,2001 年达到 68 亿元,国内市场占有率为 70% 左右,但也带来了企业投资回收速度放慢、企业在投入期经济效益较差等问题。

2. 价格是产品的货币表现,是附加在被交易产品上的价值。在历史上,多数情况下,价格是消费者作出选择的主要因素。在最近的十年里,尽管在消费者选择的行为中,价格因素已经变得不那么重要了,但价格仍然是决定企业市场份额和盈利率的重要因素。

企业面对定价决策的时候,问题主要有三个:第一,对第一次销售的产品如何定价;第二,怎样随时间和空间的转移,运用一定的策略来调整产品的价格,从而适应各种环境和市场的要求;第三,如何面对竞争者的价格调整,适时地作出正确的反应。

3. 格兰仕微波炉的定价策略和国内对微波炉的巨大需求造就了格兰仕的成功。但在目前的经济大环境中,微波炉利润相当微薄,作为格兰仕领头产品,微波炉规模效应几乎达到饱和点,基本上不能再以"薄利多销"来获得更大的利润,其他小家电的情况也类似。因此,格兰仕已无法再进行价格战,对于格兰仕空调品牌、技术和需求问题,低价策略并未取得成功。因此,企业应随时间和空间的转移,运用一定的策略来调整产品的价格,从而适应各种环境和机会的需求。

实 训 精 选

一、单项选择题

1. 经济进货量就是使进货成本和储存成本之(   )最低的进货量。

A. 积   B. 和   C. 差   D. 商

2. 某企业的甲种存货的平均日耗量为 5.56 千克,提前期为 8 天,安全储备量为 35.52 千克,则经济进货点为(　　)千克。

    A. 35.52　　　　　　B. 44.48　　　　　　C. 80　　　　　　D. 以上均错

3. 生产准备成本与储存成本的关系是(　　)。

    A. 同向变化　　　　B. 相互消长　　　　C. 没有关系　　　　D. 反向变化

4. 下列选项中,属于相关成本的有(　　)。

    A. 估算成本　　　　B. 沉没成本　　　　C. 联合成本　　　　D. 共同成本

5. 下列选项中,属于按决策的重要程度分类的是(　　)。

    A. 短期决策　　　　B. 生产决策　　　　C. 风险决策　　　　D. 战略决策

▲6. 某人有现金 10 000 元,他若购买企业债券,则年息为 10%;若购买金融债券,则年息为 11%。那么,他购买企业债券的机会成本是(　　)元。

    A. 1 000　　　　　　B. 1 100　　　　　　C. 200　　　　　　D. 800

▲7. 对现在或将来的任何决策都无影响的成本是(　　)。

    A. 沉没成本　　　　B. 边际成本　　　　C. 机会成本　　　　D. 差量成本

8. 企业在进行经营决策时,根据不同备选方案计算出来的成本差异,称为(　　)。

    A. 差量成本　　　　B. 沉没成本　　　　C. 机会成本　　　　D. 边际成本

▲9. 在短期经营决策中,企业不接受特殊价格追加进货的原因是买方出价低于(　　)。

    A. 正常价格　　　　　　　　　　　　B. 单位产品成本

    C. 单位变动成本　　　　　　　　　　D. 单位固定成本

10. 较小的企业或谋求扩大产品市场占有率的企业常采取(　　)的定价法。

    A. 低于竞争者　　　　　　　　　　　B. 高于竞争者

    C. 维持原价　　　　　　　　　　　　D. 据竞争者情况调查

▲11. 假设某厂有剩余生产能力 1 000 机器小时,有四种产品甲、乙、丙、丁,它们的单位贡献毛益分别为 4 元、6 元、8 元和 10 元,生产一件产品所需的机器小时分别为 4 小时、5 小时、6 小时和 7 小时,则该厂应增产的产品是(　　)。

    A. 甲产品　　　　　　B. 乙产品　　　　　　C. 丙产品　　　　　　D. 丁产品

12. 某厂需要零件甲,其外购单价为 11 元。若自行生产,单位变动成本为 6 元,且需要为此每年追加 10 000 元的固定成本。通过计算可知,当该零件的年需要量为(　　)件时,两种方案等效。

    A. 2 500　　　　　　B. 3 000　　　　　　C. 2 000　　　　　　D. 1 800

▲13. 短期经营决策是指不涉及新的固定资产投资,一般只涉及一年以内的有关经济活动的决策。下列选项中,不属于短期经营决策的是(　　)。

    A. 在生产多种产品品种的情况下,如何实现产品的最优组合

    B. 在自制零件需要投入一定专属固定成本的情况下,对自制和外购方案进行选优

    C. 寻找最佳的产品定价

    D. 对半成品进一步加工所需的新设备作出是否投资的决策

▲14. 在产销平衡的情况下,一个企业同时生产多种产品,其中一种贡献毛益为正的产品最终变为亏损产品,其根本原因是(　　)。

    A. 该产品总成本太高　　　　　　　　B. 该产品销量太小

C. 该产品存在严重积压　　　　　　　　D. 该产品分担的固定成本相对较高

15. 在零部件自制或外购的决策中,如果零部件的需用量尚不确定,应当采用的决策方法是(　　　)。

A. 相关损益分析法　　　　　　　　　　B. 差别损益分析法

C. 相关成本分析法　　　　　　　　　　D. 成本无差别点法

16. 某企业全年需要甲材料 50 000 千克,每次订货的变动性进货成本为 25 元,单位材料年均变动性储存成本为 10 元,则经济批量为(　　　)千克。

A. 400　　　　　　　B. 500　　　　　　　C. 600　　　　　　　D. 700

17. 某企业只生产一种产品,月计划销售 600 件,单位变动成本为 6 元,月固定成本为 1 000 元,欲实现利润 1 640 元,则单价应为(　　　)元。

A. 16.40　　　　　　B. 14.60　　　　　　C. 10.60　　　　　　D. 10.40

18. 某厂生产一种产品 A,进一步加工可生产另一种产品 B。A、B 两种产品在市场的单价分别为 50 元和 120 元。生产 B 产品每年需要追加固定成本 20 000 元,单位变动成本为 10 元。若每 5 单位的 A 产品可加工成 3 单位的 B 产品,则该公司应(　　　)。

A. 直接出售 A 产品,不应进一步加工

B. 进一步加工生产 B 产品

C. 当 B 产品的市场需求量超出 750 件时,就应将 A 产品进一步加工成 B 产品

D. 直接出售 A 产品或者进一步加工

19. 与进货批量成正比、与进货批次成反比的是(　　　)。

A. 储存成本　　　　　　　　　　　　　B. 相对成本

C. 进货成本　　　　　　　　　　　　　D. 生产准备成本

▲20. 在固定成本不变的情况下,当(　　　)时,应该采取外购的策略。

A. 自制单位变动成本＜外购价格　　　　B. 自制单位变动成本＝外购价格

C. 自制单位变动成本＞外购价格　　　　D. 自制单位产品成本＞外购价格

二、多项选择题

1. 下列形式的成本中,一般可以归属于相关成本的有(　　　　)。

A. 差量成本　　　　B. 机会成本　　　　C. 边际成本　　　　D. 付现成本

E. 共同成本

2. 企业需用的某种零件可采用自制(假设其单位变动成本比外购价低,但要增加固定成本)和外购方案,两种方案的成本平衡临界点为 2 000 件,则企业(　　　　)。

A. 需要量在 2 000 件以下应以自制为优

B. 需要量在 2 000 件以下应以外购为优

C. 需要量在 2 000 件以上应以自制为优

D. 需要量在 2 000 件以上应以外购为优

3. 定价决策采用的主要方法有(　　　　)。

A. 成本加成定价法　　　　　　　　　　B. 保本保利定价法

C. 利润最大化定价法　　　　　　　　　D. 利润平衡点定价法

E. 撇脂定价法

4. 在简单条件下,材料采购经济批量控制必须考虑的相关成本有(　　　　)。

A. 变动性进货成本 　　　　　　　　　　B. 变动性储存成本

C. 调整准备成本 　　　　　　　　　　　D. 材料采购成本

E. 储存成本

5. (　　　　)一般属于无关成本的范围。

A. 历史成本 　　　　B. 机会成本 　　　　C. 共同成本 　　　　D. 专属成本

E. 沉没成本

▲6. 下列选项中,关于机会成本,说法正确的有(　　　　)。

A. 如果接受进货,由于加工能力不足而挪用正常进货所放弃的有关收入,是接受进货方案的机会成本

B. 如果不接受进货,由于加工能力不足所放弃的有关收入,是不接受进货方案的机会成本

C. 不接受进货可将设备出租,接受进货就不能出租,则此租金是接受进货方案的机会成本

D. 接受进货需要租入设备的租金为接受进货方案的机会成本

E. 亏损产品如果停产,可以转产其他产品,转产的边际贡献是继续生产亏损产品方案的机会成本

7. 下列选项中,能正确表述进货变动成本特征的有(　　　　)。

A. 它与进货次数多少有关 　　　　　　　B. 它与进货次数多少无关

C. 它是无关成本 　　　　　　　　　　　D. 它是相关成本

E. 它随进货次数成比例变动

8. 下列选项中,属于生产经营决策的有(　　　　)。

A. 亏损产品的决策 　　　　　　　　　　B. 深加工的决策

C. 生产工艺技术方案的决策 　　　　　　D. 最优售价的决策

E. 调价的决策

▲9. 下列选项中,符合最优售价条件的有(　　　　)。

A. 边际收入等于边际成本时的价格 　　　B. 边际利润等于零时的价格

C. 收入最多时的价格 　　　　　　　　　D. 利润最大时的价格

E. 成本最低时的价格

10. 按照决策的内容,可将决策划分为(　　　　)。

A. 投资决策 　　　　B. 筹资决策 　　　　C. 经营决策 　　　　D. 战略决策

E. 战术决策

三、判断题

1. 简单地说,决策分析就是领导拍板作出决定的瞬间行为。　　　　　　　　(　　)

2. 在短期经营决策中,所有的固定成本或折旧费都属于沉没成本。　　　　　(　　)

3. 按照管理会计的理论,即使追加进货的价格低于正常进货的单位完全生产成本,也不能轻易作出拒绝接受该项进货的决定。　　　　　　　　　　　　　　　　　　(　　)

4. 由于外购零件而使得剩余生产能力出租获取的租金收入,应作为自制方案的机会

成本考虑。　　　　　　　　　　　　　　　　　　　　　　　　　　　　（　　）

5. 年准备成本与生产批数成反比,与生产批量成正比;储存成本与生产批数成正比,与生产批量成反比。　　　　　　　　　　　　　　　　　　　　　（　　）

6. 一般而言,生产工艺越先进,其单位成本越高,固定成本越低。　　（　　）

7. 尾数定价法适用于耐用消费品等中高档商品,而整数定价法则适用于中低档日用消费品。　　　　　　　　　　　　　　　　　　　　　　　　　　（　　）

8. 在品种决策中,经常以成本作为判断方案优劣的标准,有时也以贡献毛益额作为判断标准。　　　　　　　　　　　　　　　　　　　　　　　　　　（　　）

9. 变动成本加成法中的变动成本只含变动性制造费用,不包括变动性销售管理费用。　　　　　　　　　　　　　　　　　　　　　　　　　　　　　（　　）

10. 当一种零部件可以由多种设备加工时,一般而言,零部件应该交由相对成本较低的设备去加工。　　　　　　　　　　　　　　　　　　　　　　　　（　　）

四、计算分析题

1. 某公司生产甲、乙、丙三种产品,它们的收益情况如表 6-1 所示。

表 6-1　　　　　　　　　　　　某公司收益情况表金额

项　　目	甲产品	乙产品	丙产品
销售量/件	10	15	30
单价/元	500	400	300
单位变动成本/元	290	200	170
单位边际贡献/元	210	200	130
边际贡献总额/元	2 100	3 000	3 900
固定成本/元	2 600	1 500	2 400
利润/元	−500	1 500	1 500

要求:

(1) 作出甲产品应否停产的决策。

(2) 假设甲产品停产后,其生产设备可以出租,预计每年可获租金净收入 3 000 元,那么甲产品应否停产?

2. 某企业现有生产能力 40 000 机器小时,尚有 20% 的剩余生产能力,为充分利用生产能力,准备开发新产品,有甲、乙、丙三种新产品可供选择,资料如表 6-2 所示。

表 6-2　　　　　　　　　　　三种新产品可供选择资料

项　　目	甲产品	乙产品	丙产品
预计销售单价/元	100	60	30
预计单位变动成本/元	50	30	12
预计定额机器小时/时	40	20	10

要求：

(1) 根据以上资料作出开发哪种新产品的决策。

(2) 如果丙产品的年市场需要量是 600 件，为充分利用生产能力又将如何安排？

3. 某企业现有甲材料 60 000 千克，可利用它开发 A、B 两种产品。A 的预计单价为 200 元，单位变动成本为 160 元，消耗甲材料的单耗定额为 10 千克；B 的预计单价为 100 元，单位变动成本为 70 元，消耗甲材料的单耗定额为 6 千克。

要求：

(1) 作出应生产 A 产品还是 B 产品的决策。

(2) 若开发过程中需要装备不同的专用模具，需要分别追加专属成本 8 000 元和 70 000 元。应生产 A 产品还是 B 产品？

4. 某企业 B 产品，可以采用手工、机械化、自动化三种方式生产。各种生产方式的成本资料如表 6 - 3 所示。

表 6 - 3　　　　　　　　　　B 产品成本资料表　　　　　　　　　单位：元

生产方式	单位产品变动成本	年固定成本总额
手　工	60	800 000
机械化	40	2 400 000
自动化	30	4 100 000

要求：根据资料作出在何种情况下采用何种方式进行生产的成本决策。

5. 某企业常年组织生产甲半成品，其单位成本为 80 元，单价为 100 元，年产量为 1 000 件。甲半成品经过深加工可加工成单价为 200 元的乙产成品，每完成一件乙产成品另需追加变动性加工成本 80 元。假定甲与乙的投入产出比为 1∶1，企业已具备将全部甲半成品深加工为乙产成品的能力，且无法转移(本题暂不考虑年度内加工进度的问题)。

要求：用差别损益分析法作出是否将全部甲半成品深加工为乙产成品的决策。

6. 某公司生产甲产品一个月需要 A 零件 12 000 件，A 零件外购单价为 20 元，若自制，单位成本为 28 元，其中直接材料为 10 元，直接人工为 6 元，制造费用为 12 元。制造费用小时分配率为 6 元，生产这种零件的部门每个月正常的生产能力为 24 000 直接人工小时，月制造费用预算总额为 144 000 元，其中变动性制造费用为 24 000 元，固定性制造费用(专属)为 12 000 元，固定性制造费用(共同)为 108 000 元。

要求：

(1) 根据上述资料，确定 A 零件自制还是外购。

(2) 若外购，原用于自制该零件的生产设备可用来生产另一种产品，每年可提供的边际贡献为 180 000 元，确定 A 零件自制还是外购。

7. 某公司生产甲产品，正常单价为 85 元，生产能力为年产 40 000 件，目前生产能力剩余 10%。现有一客户要求订 3 000 件甲产品，每件只出价 50 元。该产品单位成本为 55 元，其中直接材料为 20 元，直接人工为 10 元，变动性制造费用为 10 元，固定性制造费用为 15 元。

要求：

（1）判断应否接受该订货。

（2）若追加该订货，有特殊要求，需增加专属成本 4 000 元，应否接受该订货？

8. 某企业年需用 A 半成品 6 000 件，每次进货费用为 90 元，每件买价为 10 元，单位年平均储存费用为买价的 30%。

要求：计算 A 半成品的经济进货批量、全年进货次数和最低相关总成本。

9. Green cut 公司正在考虑在产品线中增加一个有覆盖物的割草机。新的割草机可以将草切割得非常细，消除了草坪垃圾的粗筛、袋装和处理过程。新的产品可以满足城市和有环境意识的家庭的需要。Green cut 想利用目标成本法来确定新产品生产的成本。市场调查显示，相同特性的每件产品，零售商愿意支付 300 美元，售价为 500 美元。因此，公司预期新机器的单位批发价为 300 美元。Green cut 要求的销售毛利率为 26%。

一个由设计工程师、会计师、制造工程和财务专家组成的团队确定了生产有覆盖物的割草机的目标制造成本。为了满足这一成本，团队必须寻求保证不降低质量的同时降低成本的方法。团队中有人建议将一些部件外包，来代替自己生产。在研究了这个建议之后，团队得出结论：如果那些部件外包，将可以实现目标成本。

要求：

（1）计算新的割草机的目标成本，以及 Green cut 所要求的溢价。

（2）讨论与自制或外购决策相关的成本类型。

（3）讨论建议部件生产外包之前管理团队应该考虑的非财务问题。

项目六 参考答案

项目七 长期投资决策分析

学习目的与要求

通过本项目实训,了解长期投资的特点,建立起货币时间价值的观念,掌握投资风险和资金成本的含义及计算方法;理解现金流量的含义及内容,并能熟练地计算现金净流量;在掌握货币时间价值计算基本原理的基础上,重点掌握各投资决策指标的计算方法并能正确进行方案决策。学习本项目,应重点掌握以下内容:

(1) 长期投资的特点及投资决策方案的价值评价标准。
(2) 货币的时间价值、投资的风险价值、资金成本及现金流量的含义与计算。
(3) 长期投资决策分析有关评价指标的计算。
(4) 长期投资决策分析方法的具体应用。

重点、难点解析

一、长期投资的特点

(1) 投资数额大。
(2) 影响时间长。
(3) 承担风险大。

二、投资决策方案的价值评价标准

(1) 投资回收的期限标准。
(2) 投资的预期收益标准。
(3) 投资的风险标准。

三、货币时间价值

(一) 货币时间价值的含义

货币时间价值,也称为资本时间价值,是指同一货币量在投入社会经济运行中,随着时间的推移而形成的价值差额,即同一货币量在不同时点上的价值差额。其实质是处于社会总周转过程中的资金在使用中由劳动者创造的,因资金所有者让渡资金使用权而参与社会财富分配的一种形式。

(二) 货币时间价值的计算

1. 已知现值求终值——复利终值系数

$$F = P \cdot (1+i)^n$$

2. 已知终值求现值——复利现值系数

$$P = F \cdot (1+i)^{-n}$$

3. 已知年金求终值——年金终值系数

$$F = A \cdot \frac{(1+i)^n - 1}{i}$$

4. 已知终值求年金——偿债基金系数

$$A = F \cdot \frac{i}{(1+i)^n - 1}$$

5. 已知年金求现值——年金现值系数

$$A = F \cdot \frac{1-(1+i)^{-n}}{i}$$

6. 已知现值求年金——投资回收系数

$$A = P \cdot \frac{i}{1-(1+i)^{-n}}$$

7. 预付年金终值计算公式

$$F = A \cdot \left[\frac{(1+i)^{n+1} - 1}{i} - 1 \right]$$

8. 预付年金现值计算公式

$$P = A \cdot \left[\frac{1-(1+i)^{-(n-1)}}{i} + 1 \right]$$

9. 永续年金现值计算公式

$$P = \frac{A}{i}$$

四、投资风险价值

(一) 投资风险价值的含义

投资风险价值,就是投资者甘冒经营无利或亏损的风险而获取的额外报酬,也称为风险收益。它有正数(风险收益,即盈利)和负数(风险损失,即亏损)两种表现形式。

(二) 投资风险价值的计算

1. 计算投资收益的期望值

$$E(x_i) = \sum x_i \cdot p_i$$

2. 计算标准差和标准差系数

$$标准差(\sigma) = \sqrt{\sum (x_i - E(x_i)^2 \cdot p_i)}$$

$$标准差系数(V_\sigma) = \frac{\sigma}{E(X_i)}$$

3. 计算预期的风险报酬率和风险报酬额

$$预期风险报酬率(V_f) = F \cdot V_\sigma$$

$$预期风险报酬额 = E(x_i) \cdot \frac{V_f}{i + V_f}$$

其中：

$E(x_i)$ 为第 i 年的期望值；x_i 为第 i 年收益；p_i 为第 i 年概率；σ 为标准差；V_σ 为标准差系数；F 为风险价值系数；V_f 为预期风险报酬率。

五、资本成本

(一) 资本成本的含义

资本成本是指企业筹措和使用资金所需要支付的报酬，是企业为取得一定数量的资金在一定时间范围内的使用权所要付出的代价，包括筹措成本和使用成本。资本成本有绝对数和相对数两种表现形式，绝对数形式表现的是资本总成本，相对数形式表现的是资本成本率。资本成本率的计算公式为：

$$资本成本率 = \frac{使用成本}{筹资净额} = \frac{使用成本}{筹资总额 - 筹资成本} = \frac{资金占用费率}{筹资总额 \times (1 - 筹资费率)}$$

(二) 资本成本的计算

1. 个别资本成本的计算

(1) 债券的成本。

$$债券资本成本率\ K_d = \frac{债券每年利息支出总额 \times (1 - 所得税税率)}{发行债券总额 \times (1 - 筹资费率)} = \frac{I(1-T)}{Q(1-f)}$$

(2) 优先股的成本。

$$优先股成本率\ K_p = \frac{优先股每年支付的股利总额}{优先股股本总额 \times (1 - 筹资费率)} = \frac{D_p}{P_p(1-f)}$$

(3) 普通股的成本。

$$普通股成本率\ K_c = \frac{下期发放的普通股股利}{普通股股本总额 \cdot (1 - 筹资费率)} + 普通股股利预计每年增长率$$

$$= \frac{D_c}{P_c(1-f)} + G$$

7

(4) 留存收益的成本。

$$留存收益成本率\ K_n = \frac{下期发放的普通股股利}{普通股股本总额} + 股利预计增长率 = \frac{D_c}{P_c} + G$$

2. 加权平均资本成本的计算

$$加权平均资本成本\ K_w = \sum_{j=1}^{n} K_j W_j$$

六、现金流量的含义及其计算

(一) 现金流量的含义

在投资决策中,现金流量是指一个项目引起的现金支出和现金收入增加的数量。这里的"现金"是指广义的现金,不仅包括各种货币资金,而且包括项目需要投入的企业现有的非货币资源的变现价值。

(二) 现金净流量的计算

现金净流量的计算公式为:

$$现金净流量(NCF) = 现金流入量 - 现金流出量$$

七、长期投资决策分析的基本方法

(一) 静态评价方法

1. 投资回收期法

$$投资回收期 = \frac{原投资额}{每年的\ NCF}$$

2. 年平均投资报酬率法

$$年平均投资报酬率 = \frac{年平均净利}{原投资额}$$

净现值

(二) 动态评价方法

1. 净现值法

净现值(NPV) = 投资项目未来报酬的总现值 — 该项目投资总额的总现值

2. 现值指数法

$$现值指数 = \frac{未来报酬总现值}{投资额总现值}$$

3. 内含报酬率法

(1) 公式。

$$内含报酬率 = 利率下限 + \frac{利率下限的年金现值系数 - 净现值为零的年金现值系数}{利率下限的年金现值系数 - 利率上限的年金现值系数} \times (利率上限 - 利率下限)$$

含义：内含报酬率是指能够使未来现金流入量现值等于未来现金流出量现值的贴现率，或者说是使投资方案净现值为零的贴现率。当 $NPV>0$ 时，方案的投资报酬率＞预定的贴现率；当 $NPV<0$ 时，方案的投资报酬率＜预定的贴现率；当 $NPV=0$ 时，方案的投资报酬率＝预定的贴现率。

（2）计算方法。

① 若各年现金流入量相等，投资额在期初一次发生。首先，计算方案本身的年金现值系数；其次，查年金现值系数表，找出与该方案相同期限和与上述年金现值系数相邻近的两个年金现值系数及所对应的贴现率；最后，运用内插法求得内含报酬率。

② 若各年现金流入量不等，在这种情况下需要逐次测试。首先估计一个贴现率，计算净现值。如果净现值为正数，说明方案本身的报酬率超过估计的贴现率，应提高贴现率后进一步测试；如果净现值为负数，说明方案本身的报酬率低于估计的贴现率，应降低贴现率后进一步测试。

八、长期投资决策分析方法的应用

（一）单一独立投资项目的决策

在只有一个投资项目可供选择的条件下，主要根据净现值、内含报酬率来判断项目的可行性。如果净现值大于零，内含报酬率大于设定的贴现率，则项目是可行的；反之，应拒绝这一投资项目。投资回收期与年平均投资报酬率可作为辅助指标，其结果可供参考。例如，某项目投资回收期较长，则表明该项目是有一定风险的。

（二）多个互斥投资项目的决策

有时，在决定投资一个项目时，可能有许多方案可供选择，而最终入选的只能是一个方案，因此各方案之间是相互排斥的。在这种情况下，即使方案的净现值大于零，内含报酬率大于设定的贴现率，方案也不一定能中选。这是因为满足上述条件的方案可能不止一个，要根据各个方案的使用年限、投资额相等与否等信息，采用不同的方法作出选择。

（三）固定资产更新的决策

固定资产的经济寿命是由其使用的经济效益决定的，是指固定资产的年均成本最低的使用年限。

现有固定资产的现实实际价值（非现实账面价值）是决策的相关成本，其原始成本是沉没成本，与决策无关，不应考虑。

在对固定资产进行更新决策时，当旧的固定资产和可以取代它的新固定资产的寿命期不相等时，一般需要通过计算对比年均使用成本进行决策。根据年均使用成本计算相同比较期的可比使用成本现值，然后进行对比分析，作出决策。

典 型 案 例

昌盛公司设备更新计划

昌盛公司财务科的王诗蕴是刚从财经大学毕业的大学生。有一天，财务科长递给她一张由工程技术科转交过来的设备更新计划表,让她帮助分析一下该设备更新方案是否经济可行,有关数据资料如表7-1所示。

表7-1　　　　　　　　　昌盛公司设备更新计划表金额

项　　目	使用旧设备	采用新设备
原　　值/万元	2 200	2 400
预计使用年限/年	10	10
已经使用年限/年	4	0
最终残值/万元	200	300
变现价值/万元	600	2 400
年运行成本/万元	700	400

工程技术科给出的设备更新理由是:采用新设备比使用旧设备每年可节约运行成本300(700-400)万元,10年共计可节约3 000(300×10)万元,仅运行成本的节约额就超过了新设备的购买价2 400万元,因此要求尽快批准更新设备的申请。

王诗蕴觉得采用新设备可以降低每年的运行成本,但是需要投入的设备更新款也不少,即使将旧设备卖掉,仍需额外投入1 800(2 400-600)万元。并且旧设备在第6年将报废,但新设备在第7—10年仍可使用,后4年成本节约额无法准确确定。

王诗蕴知道在项目的使用期间,年现金净流量等于"该项投资每年所获净利+每年计提的折旧额",但该资料中只有年运营成本,没有年收入额,即没有适当的现金流入资料,也就无法计算任意一个方案的净现值和内含报酬率。要通过计算两个方案的总成本来判别方案的优劣,但新、旧设备的使用年限又不相同。

要求:王诗蕴感到有些困惑,请你帮她作出正确的分析决策(假设该企业要求的最低报酬率为15%)。

【分析】

由于资料中没有适当的现金流入资料,因此我们无法确定任意一个方案的现金净流量;同时由于两个方案的使用年限不同,我们也不能通过比较两个方案的总成本来判别方案的优劣。但我们可以通过比较两个方案获得1年的生产能力所付出的代价,即比较其1年的成本,据以判断方案的优劣,以年成本较低者为较优方案。

固定资产的平均年成本,是指该资产引起的现金流出的年平均值。如果不考虑货币的时间价值,它是未来使用年限内的现金流出总额与使用年限的比值;如果考虑货币的时间价值,它是未来使用年限内的现金流出总额的现值与年金现值系数的比值,即平均每年的现金流出。

(1)不考虑货币的时间价值。

$$采用旧设备年平均成本 = \frac{600 + 700 \times 6 - 200}{6} = \frac{4\,600}{6} = 767(万元)$$

$$购买新设备年平均成本 = \frac{2\,400 + 400 \times 10 - 300}{10} = \frac{6\,100}{10} = 610(万元)$$

（2）考虑货币的时间价值。

如果考虑货币的时间价值，则有两种计算方法：

① 计算现金流出的总现值，然后分摊到每一年。

$$采用旧设备年平均成本=\frac{600+700\times(P/A,15\%,6)-200\times(P/F,15\%,6)}{(P/A,15\%,6)}$$

$$=\frac{600+700\times3.784-200\times0.432}{3.784}$$

$$=836(万元)$$

$$购买新设备年平均成本=\frac{2\,400+400\times(P/A,15\%,10)-300\times(P/F,15\%,10)}{(P/A,15\%,10)}$$

$$=\frac{2\,400+400\times5.019-300\times0.247}{5.019}$$

$$=863(万元)$$

② 由于各年已经有相等的运行成本，因此只要将原始投资和残值摊销到每年，然后求和，就可得到每年的现金流出量。即：

$$年平均成本=投资成本+运行成本-残值摊销$$

$$采用旧设备年平均成本=\frac{600}{(P/A,15\%,6)}+700-\frac{200}{(F/A,15\%,6)}=836(万元)$$

$$购买新设备年平均成本=\frac{2\,400}{(P/A,15\%,10)}+400-\frac{300}{(F/A,15\%,10)}=863(万元)$$

通过上述计算可知，若考虑货币的时间价值，使用旧设备的年平均成本较低，比购置新设备节约27(863-836)万元。所以，不应进行设备更新。

琼南洋投资失败分析

琼南洋全称为海南南洋船务实业股份有限公司，成立于1992年12月16日，1994年上市，上市之初，公司规模较小，只有几艘小邮轮。1996年4月，原第一大股东海南省航运总公司将所持法人股转让给海南成功投资有限公司。新的董事会提出了以化工品航运为主的"大航运"的构想。在这种投资战略的引导下，琼南洋大量借贷，一口气买下了"建中"轮、"顺宝"轮和"新南洋一号"3艘二手船，耗资近2\,000万美元。琼南洋曾将"东海"号和"洋浦"号邮轮抵押给中国银行。1996年，为购置"新南洋一号"，又以这两艘邮轮捆绑抵押，大大增加了公司的债务成本。1997年上半年，国际航运业出现暂时的好转，公司主营业务收入和税后利润都出现了大幅反弹，公司管理层的乐观情绪高涨。1997年8月，公司与日本川铁商事株式会社签订了建造两艘8\,500吨化工品船的合同，单船造价高达19.33亿日元。1997年12月，公司又与日本福冈船厂签订了建造两艘11\,500吨化工品船的合同，单船造价高达23.69亿日元。1997年，琼南洋为了造新船，只好再将"东海""洋浦""新南洋一号""建中"和"顺宝"5艘船捆绑抵押，这样一来，琼南洋的债务成本又进一步急剧增加，加之国际航运业的严重萧条，到1998年，琼南洋的主

7

营业务收入较上年下降了 14 760 万元,税后利润下降了 19 335 万元,由盈利 3 694 万元变为亏损 15 641 万元,资产负债率达 75.51%。与此同时,日元强劲升值,尽管国际造船价已下跌 20%,但日元升值达 20%,琼南洋实际上要多支付 40%的成本。到 1999 年,琼南洋到了还贷高峰期,到期的债务本息高达 3.3 亿元。由于要还债,公司先后低价转让 4 艘新船,直接经济损失为 9.54 亿日元。买船导致的资金枯竭和巨大的还贷压力将琼南洋推向破产的边缘。2000 年,琼南洋所拥有的"东海""洋浦""南洋一号""南洋二号""南洋三号""南洋五号""海鹜"轮,接连被低价转让或拍卖,琼南洋陷入绝境。公司全年亏损 3 989 万元,每股亏损 0.16 元,每股净资产为 −0.93 元,资产负债率达 207.03%。2001 年公司全年亏损 4 329 万元,每股亏损 0.17 元,每股净资产为 −1.24 元,资产负债率达 165.49%。

要求:分析琼南洋失败的原因及其给我们的启示。

【分析】

由于琼南洋没有建立公司高效运作所必需的各种机制,包括投资决策机制、风险防范机制、市场调研机制,导致公司在不利的市场形势下,丧失了发展机遇,最后陷入困境。其失败的主要原因是公司投资战略定位错误。

琼南洋的失败给我们的重要启示是:作为公司的高层管理者,应该适时进行投资战略分析,要善于在复杂多变的环境中寻求公司长远、健康的发展路径,要居安思危,否则,最后的结局便是被市场抛弃。

实 训 精 选

一、单项选择题

1. 货币时间价值的复利计算原理是(   )。

A. 上一期的本金加利息相当于下一期的本金,下一期结束时的本利即为该期调整后的本金加上该期的利息

B. 本金只有在第一期计算,利息则是"利滚利"

C. 各期计算的本金和利息数均不变

D. 将各期的利息乘以 2,计算 2 倍利息,即为复利

2. 某公司在年初存入一笔资金(   )元,则 3 年后可一次取出本利共 1 000 000 元,假设年复利率为 6%。

A. 1 191 020　　　　B. 837 480　　　　C. 9 705 590　　　　D. 839 620

3. 某公司准备在 5 年后用 1 000 000 元购买一台生产设备,银行存款利率为 9%(每年计复利一次)。若该公司每年年末等额存入(   )元,则 5 年后即可获得这笔款项。

A. 388 956　　　　B. 167 092　　　　C. 598 471　　　　D. 257 093

4. 假设某企业连续 10 年于每年年末存入银行 10 000 元,年复利率为 8%,要计算第 10 年年末一次取出的本利额,可查表求系数(   )。

A. $(P/F,8\%,10)$　　B. $(P/A,8\%,10)$　　C. $(F/P,8\%,10)$　　D. $(F/A,8\%,10)$

5. 对一个企业来说,对一个投资方案进行决策,在进行现金流量测算时,(　　)。

A. 必须将各个方案的总的现金流入和总的现金流出列出

B. 必须将各个方案的现金净流量列出

C. 必须列出各个方案现金流量的大小、方向和时间

D. 只要列出各个方案未来现金流入量即可

6. 下面列出的是某投资项目某一年的现金净流量计算公式(暂不考虑所得税),不正确的是(　　)。

A. 革新产品后增加的营业净收益－革新产品发生的现金流出

B. 一个新建生产线当年的营业净收益＋当年计提的折旧－当年配套流动资金投资

C. 一台大型机器报废当年产生的营业净收益＋报废的残值收入＋该年计提的折旧

D. 0－某在建工程当年的投资额

7. 下列关于长期投资决策特点的叙述,错误的是(　　)。

A. 投资额大　　　　　　　　　B. 资金占用时间长

C. 一次投资、分次收回　　　　D. 风险较小

8. 假设某投资项目的现金净流量如表 7 - 2 所示:

表 7 - 2　　　　　投资项目现金净流量表　　　　单位:万元

年　　数	0	1	2	3	4	5	6
现金净流量	－80	－20	8	20	48	60	60

其投资回收期(不考虑货币的时间价值)为(　　)年。

A. 4.4　　　　　B. 5.2　　　　　C. 5.0　　　　　D. 4.0

9. 下列选项中,关于净现值的说法错误的是(　　)。

A. 某一投资方案的净现值大于零,说明它是可行的

B. 当两个原始投资额相同的方案进行比较时,净现值大的方案较优

C. 当两个原始投资额不同的方案进行比较时,净现值小的方案较优

D. 计算净现值需要有关现金流量和折现率的数据信息

10. 已知某项目现金流量分布,现在用逐次测试逼近法求其内部收益率。经过数次测试,得到结果,如表 7 - 3 所示:

表 7 - 3　　　　　逐次测试资料表　　　　单位:万元

设定的内部收益率	20%	18%	14%	16%
净现值	－11.31	－3.17	＋16.75	＋6.12

则该项目的内部收益率应为(　　)。

A. 17.36%　　　　B. 17.56%　　　　C. 16.68%　　　　D. 17.32%

11. 净现值法、现值指数法和内部收益率法均属动态评价指标,三者之间的关系是(　　)。

A. 对同一项目进行评价时,它们有时会得出相互矛盾的结论

B. 设某投资项目其净现值＞0,则现值指数＞1,内部收益率＞最低收益率

7

C. 内部收益率法要优于现值指数法,现值指数法要优于净现值法

D. 三者体现了货币时间价值观念

12. 净现值法中的"折现率"可以有多种含义,但不可能是(　　　)。

A. 资本成本 　　　　　　　　　　B. 企业要求达到的收益率

C. 内部收益率 　　　　　　　　　　D. 企业所处于行业的基准收益率

13. 对于一个股份公司来说,其新投资兴建一个项目有多种资金来源,分别是发行企业债券、银行借款和平价新股发行。这样其资本成本属于(　　　)。

A. 加权平均资本成本 　　　　　　B. 企业留存收益成本

C. 企业债券利息 　　　　　　　　D. 银行借款利息

14. 以下关于长期投资决策的说法正确的是(　　　)。

A. 增强资金的时间价值观念,就是要求在工程项目的实施过程中,努力缩短建设工期,尽快发挥投资项目的效益

B. 用新设备更新旧设备时,应将新、旧设备的购买价格进行比较,选择较优方案

C. 在对长期投资甲和乙进行选择时,运用净现值法和内部收益率法有时会得出矛盾的结论

D. 投资项目要求的收益率只取决于资本成本,与项目风险大小无关

二、多项选择题

1. 回收期法(　　　　)。

A. 计算简便,容易理解

B. 不能说明某项投资能获得多大的经济效益

C. 通常与其他方法结合使用

D. 不利于评价投资项目的风险

E. 可以考虑货币的时间价值

2. 货币的时间价值是(　　　　)。

A. 按放弃使用货币时间长短来计算的

B. 放弃使用货币的机会而换取的报酬

C. 资金使用者支付给资金所有者形成资本成本的一部分资金增值额

D. 资金的增值

E. 日常生活中客观存在的

3. 下列有关资本成本的说法,正确的有(　　　　)。

A. 投资项目的"取舍率" 　　　　　B. 风险报酬带来的成本

C. 通货膨胀带来的成本 　　　　　D. 投资项目能否接受的最低收益率

E. 企业取得并使用资金所负担的成本

4. 一个投资项目的现金注入量,主要包括(　　　　)。

A. 营业净收益 　　　　B. 折旧 　　　　C. 残值 　　　　D. 安装费

E. 经营成本

5. 长期投资的主要特点包括(　　　　)。

A. 投资项目金额大 　　　　　　　B. 资金占用时间长

C. 分次收回　　　　　　　　D. 损失小

E. 成本高

6. 投资项目的经济评价要考虑两个主要问题,即（　　　）。

A. 资本成本的计算　　　　　B. 风险程度的估量

C. 现金支出　　　　　　　　D. 现金收入

E. 敏感性分析

三、判断题

1. 货币的时间价值是在没有通货膨胀和风险的条件下的社会平均资本率。（　）

2. 当通货膨胀率很低时,人们常习惯于将银行利率视同为货币的时间价值。（　）

3. 每年年末投资 500 元,假设年利率为 5%,5 年后本利和为 2 901 元。（　）

4. 普通年金与预付年金的终值相同。（　）

5. 年金是指每隔一定时期等额收或支的款项。普通年金是指每年在年初进行的等额收或支的款项。（　）

6. 在用净现值法衡量投资方案的优劣时,可不考虑初始投资额。（　）

7. 现金流量与利润的主要区别是,前者的计算以收付实现制为基础,后者的计算以权责发生制为基础。（　）

8. 在计算现金流量时,无形资产摊销额的处理与折旧额相同。（　）

9. 在利率和计息期数相同的条件下,复利现值系数与复利终值系数互为倒数。（　）

10. 普通年金现值系数加 1 等于同期同利率的预付年金现值系数。（　）

11. 相对于短期经营决策来说,长期投资决策要承担的风险更小。（　）

12. 复利现值就是求本利和。（　）

13. 一般来说,原始投资是现值,最终现金流量是终值。（　）

14. 投资回收期短,表明该项投资的效果越好,所以风险也就越小。（　）

15. 投资回收期指标易于理解和计算,在实际工作中可单独用来评价项目经济效益。（　）

16. 两个原始投资额不等的方案,衡量优劣应以净现值为准。（　）

17. 一个方案的净现值如果大于零,那么,其现值指数肯定大于 1。（　）

18. 若一个项目的内含报酬率大于资本成本,则该项目可行。（　）

19. 采用逐次测试法时,若第一次测试的结果是净现值大于零,则第二次测试时,所选折现率应降低。（　）

20. 随着固定资产使用时间的推移,其运行成本和持有成本呈反方向变化,两者之和在坐标图中呈现出马鞍形。（　）

四、计算分析题

1. 复利现值与终值的计算:

(1) 将 100 元存入银行,年利率为 7%,年复利一次,6 年的复利终值是多少?

(2) 将 100 元存入银行,年利率为 8%,3 个月复利一次,30 年的复利终值是多少?

（3）若年利率为 8％，每年计复利一次，8 年后的 1 000 元，其现在的价值是多少？

（4）若年利率为 6％，每月复利一次，其实际利率是多少？

2. 年金终值与现值的计算：

（1）采用"零存整取"方式，每年存入银行 10 000 元，若年利率为 8％，每年计复利一次。问：10 年后的终值是多少？

（2）某企业设置了一项偿债基金，每年向银行存入一定数额的款项，以偿还其第 6 年年初到期的借款本金合计 2 000 000 元。设银行年利率为 9％，每年计息一次。问：该企业每年应存入多少钱？

（3）采用"整存零取"方式，年利率为 6％，每年计复利一次。若每年取款 1 000 元，共 5 年，则最初应一次存入多少钱？

（4）一台机器设备购价为 1 000 000 元，使用寿命为 7 年，每年可带来 25 000 元的净收益，若银行同期存款年利率为 8％，每年计复利一次，则购买这台机器是否合算（与银行同期存款收益率相比较）？

3. 企业有一台机器设备购价为 800 元，使用年限为 6 年，期满后无残值；维修成本第一年为 100 元，以后每年增加 100 元，请问该设备的经济寿命为几年？

4. 某企业为降低生产成本，考虑购置一台新机器替换旧机器。旧机器原值为 97 000 元，年折旧为 10 000 元，估计还可使用 5 年，残值为 7 000 元，若现在将其变卖，可获得 40 000 元。使用该台旧机器每年的营业收入为 100 000 元，经营成本为 70 000 元；新机器价值为 130 000 元，预计可使用 6 年，报废时残值为 1 000 元，年折旧为 20 000 元。新机器不会增加收入，但可使每年的经营成本降低 28 000 元。假设所得税税率为 33％。在基准折现率为 10％的情况下，是否应替换旧机器？

5. 顺风轮渡公司拥有多艘轮渡，其中一艘已相当陈旧，故财务经理向总经理提出淘汰旧船、购置新船的建议；新船的买价为 40 000 元，可以运行 10 年，该船每年的运行成本为 12 000 元，估计 5 年后需大修一次，其成本为 2 500 元，10 年结束时，估计该船的残值为 5 000 元。业务经理不同意财务经理的意见，凭他多年的工作经验，认为该船虽然陈旧，但通过全面翻新，还可继续发挥其运行效益。所以，他向总经理提出了翻修旧船的方案。据该方案预算，立即翻修的成本为 20 000 元，估计 5 年后也需大修一次，成本为 8 000 元。若这些修理计划得到实施，该船可以运行的期限也将是 10 年。10 年内该船每年的运行成本为 16 000 元。10 年后，其残值预计为 5 000 元。根据当前的市场情况，该艘旧船的现时折让价格为 7 000 元，年利率为 18％。这两个方案同时报给了总经理。假如你是总经理，会选择哪一个方案？为什么？

项目七 参考答案

项目八　全面预算

学习目的与要求

通过本项目实训,熟悉全面预算的类型、作用和编制程序;了解全面预算应注意的问题;熟练运用全面预算的各种编制方法。学习本项目,应重点掌握以下内容:

(1) 全面预算的类型、作用和编制程序。
(2) 全面预算的内容和编制方法。
(3) 弹性预算、零基预算和滚动预算的编制。
(4) 全面预算管理应注意的问题。

重点、难点解析

一、编制全面预算的作用

(1) 明确工作目标。
(2) 协调各级部门工作。
(3) 控制各部门的经济活动。
(4) 评价工作业绩。

二、全面预算的编制程序

(1) 下达预期目标。
(2) 业务部门编制上报。
(3) 审查平衡预算草案。
(4) 审议批准预算方案。
(5) 下达执行预算方案。

三、全面预算的内容和编制方法

(一) 日常业务预算

(1) 销售预算。

(2) 生产预算。

(3) 直接材料预算。

(4) 直接人工预算。

(5) 制造费用预算。

(6) 产品成本预算。

(7) 销售及管理费用预算。

(二) 特种决策预算

特种决策预算又称专门决策预算,是指企业为不经常发生的长期投资项目或一次性专门业务所编制的预算。

(三) 财务预算

(1) 现金收支预算。

(2) 预计利润表。

(3) 预计资产负债表。

四、弹性预算、零基预算和滚动预算的内容和编制方法

(一) 弹性预算

(1) 弹性成本预算。

(2) 弹性利润预算。

(二) 零基预算

采用零基预算法编制预算时,应根据企业的实际情况来确定预算项目,安排预算资金。

(三) 滚动预算

(1) 逐月滚动。

(2) 逐季滚动。

(3) 混合滚动。

五、预算管理应注意的问题

(一) 预算制定主体的定位

(1) 制定预算的参与者。

(2) 设置预算委员会。

(二) 预算管理的实施

(1) 避免目标置换。

(2) 避免过繁过细。

(3) 避免因循守旧。

(4) 避免一成不变。

典　型　案　例

明源公司预算工作记录

明源公司的财务总监刘某主要负责在年末编制该公司下一年的全面预算工作。他进行预算组织工作的记录如下列示。

1.12月5日,发专门文件说明预算的本质是财务计划,是预先的决策。

2.12月10日,专门指定生产部门先将生产计划编制出来,提前上交,因为生产部门的生产预算是全部预算的开始。

3.12月12日预算编制程序如下:

(1)成立预算委员会,由预算委员会提出具体生产任务和其他任务。

(2)由各部门负责人自拟分项预算。

(3)上报分项预算给公司预算委员会,汇总形成全面预算。

(4)由董事会审查平衡预算草案。

(5)由总经理审议批准预算方案。

(6)将预算下达给各部门实施。

4.12月20日为预算上交截止日,各部门已上交了销售预算、生产预算、直接材料预算、直接人工预算、制造费用预算。财务总监刘某认为日常业务预算已经基本上交完毕。特种决策预算和财务预算也都已上交。

5.12月21日,刘某将交来的预计资产负债表退回,认为其不属于预算范围。

6.12月31日,预计下一期股利支付方案,列入特种决策预算。

要求:由于他是第一次接手该项工作,因此在编制过程中出现了许多问题。请分别指出他在1—6项工作中出现的错误并予以纠正。

8

【分析】

1.正确。

2.错误。全部预算的开始不是生产预算,而是销售预算。

3.预算编制程序存在如下错误:

(1)预算委员会只负责拟订企业的预算总体方针、预算期长期经营目标和短期经营目标,具体生产任务和其他任务则由各部门依据企业总体目标自行确定。

(2)应由预算委员会审查平衡预算草案,并不是董事会等权力机构。

(3)预算方案不是由总经理批准,而是经董事会等权力机构批准。

4.错误。日常业务预算中还缺少产品成本预算、销售及管理费用预算。

5.错误。预计资产负债表属于财务预算的重要组成部分,是企业进行全面预算的重要项目。

6.正确。股利支付方案属于特种决策预算。

华为预算管理：减人、增效、加薪

2023 年 8 月 11 日，华为对外公布了 2023 年上半年经营业绩，华为 2023 年上半年实现销售收入 3 109 亿元人民币，同比增长 3.1%；净利润为 460 亿元人民币，同比增长 15%，平均每天赚 1.26 亿元人民币。华为高级员工年薪可达 60 万元以上，华为实行全员持股，除年薪外，华为员工还有股利分红。

很多公司做预算时，一直是给下属安排任务，这就等于"逼着"下属去做。华为的做法恰好相反。只有一个规定：首先给他一个工资包，他想拿多少工资，按比例倒推出他的任务。例如，给他 500 万元的工资包，他拿的工资是 30 万元，那么他必须为这 30 万元去想办法完成绩效。

华为预算管理的核心是"减人、增效、加薪"。

在华为，规定必须给核心员工加工资，从而倒推核心员工要完成多少收入。每年完成任务，给前 20 名的员工加 20% 工资，中间 20% 的员工加 10% 的工资。每超额完成了 10%，再增加 10% 比例的员工。此外，即使部门做得再差，也要涨工资，不过可以减人。

更重要的是，华为一直致力提升研发水平、降低销售成本。年报显示，华为 2022 年持续加大 5G、人工智能、云计算等前沿科技领域的研发投入，研发费用投入达到了 1 615 亿元，占全年总收入的 25.1%。

在国际化这一命题上，华为很早就将目光投向了更为广阔的全球市场。早在 2001 年，华为就将办事处开设到英国。在英国，参与投资运营的众多中国企业中，无论是国际化程度、管理运营水平，还是科学研发预算，华为都处于领先地位。

要求：试分析华为的预算管理为什么成功？

【分析】

华为的国际资本战略预算，是基于股东利益的全球扩张，华为的公司股票没有上市，属于员工持股的民营企业，股东利益最大化是其财务管理目标。华为利用工资包来确定绩效包，你想拿多少工资，你就有能力完成多大的绩效，把企业的组织绩效和部门费用、员工收入相关联，工资预算密切关联绩效，激发员工的最大潜力价值。

华为注重财务管理环境的分析研究；注重研发费用预算、市场产品管理费用预算、技术支持费用预算、销售费用预算、管理支撑费用预算、公司战略投入费用预算；注重企业核心竞争力的持续创新；注重引领技术、运营管理、提升效率；持续领跑世界知名公司。

实 训 精 选

一、单项选择题

▲1. 总预算是指（ ）。

    A. 财务预算   B. 销售预算

    C. 特种决策预算   D. 日常业务预算

▲2. （ ）是全面预算的出发点，也是全面预算的关键。

A. 生产预算   B. 产品成本预算

C. 销售预算   D. 现金收支预算

3. 下列选项中,不属于日常业务预算的是( )。

A. 生产预算   B. 产品成本预算

C. 直接人工预算   D. 资本支出预算

▲4. 不以生产预算为基础直接编制的预算是( )。

A. 直接材料预算   B. 制造费用预算

C. 直接人工预算   D. 销售及管理费用预算

▲5. 下列选项中,可以直接从表中查到各种业务量水平下的成本预算额,但是工作量较大的弹性成本预算方法是( )。

A. 列表法   B. 公式法   C. 因素法   D. 百分比法

▲6. 企业年度各种产品销售业务量为100%时的销售收入为4 500万元,变动成本为2 300万元,企业年固定成本总额为1 300万元,利润为900万元,则当预计业务量为80%时的利润为( )万元。

A. 540   B. 240   C. 460   D. 680

7. 下列选项中,没有直接在现金预算中得到反映的是( )。

A. 期初期末现金余额   B. 现金筹措及运用

C. 预算期产量和销量   D. 预算期现金余缺

8. 按照成本性态分析的方法将企业的成本分为固定成本和变动成本,这种预算方法是( )。

A. 固定预算 B. 零基预算 C. 滚动预算 D. 弹性预算

▲9. 企业在不能准确预测业务量的情况下,根据本量利之间的数量关系,以预算期内可预见的各种业务量水平为基础,编制能够适应多种情况预算的方法是( )。

A. 零基预算 B. 弹性预算 C. 滚动预算 D. 固定预算

10. 某企业编制某年度"直接材料采购预算",预计第4季度期初甲材料存货量为420千克,本季度生产需用量为2 200千克,预计期末甲材料存货量为540千克,甲材料采购单价(含税)为10元,假定第4季度支付材料货款60%,其余40%在下季度付清,则该企业预计资产负债表中"应付账款"科目的年末余额为( )元。

A. 8 320   B. 9 280   C. 13 920   D. 12 480

二、多项选择题

1. 下列选项中,不属于日常业务预算的有( )。

A. 产品成本预算   B. 资本支出预算

C. 预计利润表   D. 预计资产负债表

2. 下列选项中,可作为现金收支预算编制依据的有( )。

A. 预计利润表   B. 日常业务预算

C. 预计资产负债表   D. 特种决策预算

3. 编制弹性成本预算的方法有( )。

A. 因素法 B. 列表法 C. 百分比法 D. 公式法

4. 产品成本预算,以(　　　　)预算为依据。

A. 直接材料　　　　B. 直接人工　　　　C. 制造费用　　　　D. 销售

5. 下列选项中,被纳入现金收支预算的有(　　　　)。

A. 销售产品收到现金　　　　　　　　B. 购买材料支付现金

C. 缴纳增值税　　　　　　　　　　　D. 资本性现金支出

6. 编制生产预算中"预计生产量"项目时,应考虑的因素有(　　　　)。

A. 预计销售量　　　　　　　　　　　B. 前期实际销量

C. 预计期初存货　　　　　　　　　　D. 预计期末存货

7. 下列选项中,与编制弹性预算相关的内容有(　　　　)。

A. 只要本量利数量关系不发生变化,则不必每期重新编制

B. 以成本性态分析为理论前提

C. 在预算期末需要计算"实际业务量的预算成本"

D. 既可以用于成本费用预算,又可以用于利润预算

8. 滚动预算的优点有(　　　　)。

A. 透明度高　　　　　　　　　　　　B. 及时性强

C. 连续性好　　　　　　　　　　　　D. 远期指导性强

9. 财务预算包括(　　　　)。

A. 现金收支预算　　　　　　　　　　B. 资本支出预算

C. 预计资产负债表　　　　　　　　　D. 预计利润表

10. 编制预计资产负债表的依据有(　　　　)。

A. 现金收支预算　　　　　　　　　　B. 责任预算

C. 特种决策预算　　　　　　　　　　D. 日常业务预算

三、判断题

1. 生产预算是全面预算的起点,其他预算的编制都应以生产预算为基础。　(　　)

2. 弹性利润预算的方法有列表法和百分比法。　(　　)

3. 预计财务报表的编制程序是先编制预计利润表,再编制预计资产负债表。　(　　)

4. 编制零基预算时,应以现有的费用水平为基础。　(　　)

5. 生产预算是所有经营预算中唯一只使用实物量计量单位的预算。　(　　)

6. 弹性预算只是编制成本费用的预算方法。　(　　)

7. 各种预算中,构成全面预算体系最终环节的是日常业务预算。　(　　)

8. 现金收支预算是以实物量指标反映企业经营活动结果的。　(　　)

9. 购置固定资产属于特种决策预算。　(　　)

10. 固定预算的预算期与会计年度相脱离。　(　　)

四、计算分析题

1. 宝成公司只生产一种产品——甲产品,本年度甲产品预计销售量为:第1季度1 000件,第2季度900件,第3季度1 100件,第4季度1 200件。年初实际存货量和年末预计存货量等资料如表8-1所示。

表 8-1　　　　　　　宝成公司本年度的预计产品存货资料　　　　　单位：件

品　种	年初产成品数量	年末产成品数量	年初在产品数量	年末在产品数量	预计期末产成品占下期销售量的百分比
甲产品	120	150	0	0	10%

要求：根据上述资料编制宝成公司本年度生产预算表。

2. 星光公司预计本年度 M 产品销售量在 7 000 件与 12 000 件之间变动，销售单价（不含税）为 36 元，单位变动成本为 27 元，固定成本为 69 000 元。

要求：

（1）采用因素法编制该公司本年度弹性利润表。

（2）假定该公司 M 产品的销售业务量为 100% 时的销售收入是 360 000 元，变动成本是 270 000 元，采用百分比法编制该公司本年度弹性利润表。

3. 蓝新公司生产并销售甲、乙两种产品，本年两种产品在每 1 季度的销售中有 60% 可于当季度收到现金，其余 40% 的货款将于下一季度收讫。本年年初应收账款数据和各季度预测的销售单价和销售数量等资料如表 8-2 所示。

表 8-2　蓝新公司本年度的预计销售单价、预计销售量和其他资料

	季　　　度	1	2	3	4	年初应收账款	增值税税率	收现率 首期	收现率 二期
甲产品	销售单价（不含税）	75 元	75 元	75 元	75 元	8 000 元	16%	60%	40%
	预计销售量	600 件	500 件	800 件	900 件				
乙产品	销售单价（不含税）	90 元	90 元	90 元	90 元	10 000 元			
	预计销售量	800 件	1 000 件	1 100 件	1 000 件				

要求：

（1）编制蓝新公司本年度销售预算表。

（2）编制蓝新公司本年度经营现金收入预算表。

4. 红星公司对销售及管理费用预算采用零基预算的方法编制，该公司本年度销售及管理费用的预算开支如表 8-3 所示。

表 8-3　　　　　　红星公司预计销售及管理费用项目开支金额

费　用　项　目	开支金额/元
销售佣金	2 500
办公费	4 600
保险费	2 100
职工福利费	1 800
折旧费	1 700
合　计	12 700

8

假定该公司本年度可动用的资金只有 10 000 元,经充分论证,上述费用中办公费和职工福利费可以适当压缩,根据上一年历史资料得出的办公费和职工福利费的成本效益分析如表 8-4 所示。

表 8-4　　　　　　　　　红星公司成本效益分析表　　　　　单位:万元

成本项目	成本金额	收益金额
办公费	1	7
职工福利费	1	3

要求:

(1) 确定不可避免项目的预算金额。

(2) 按成本效益比重分配确定可避免项目的预算金额。

5. 环球公司本年度有关预算资料如下:

(1) 该公司第 1—4 季度的销售收入(不含税)分别为 100 000 元、200 000 元、250 000 元、230 000 元。当季可收到本季度销售收入的 65%,其余 35% 于下一季度全部收回。

(2) 该公司第 1—4 季度的直接材料采购成本(不含税)分别为 60 000 元、110 000 元、170 000 元、180 000 元,全部在当季以现金方式支付。

(3) 该公司第 1—4 季度:直接人工支出分别为 10 000 元、15 000 元、20 000 元、22 000 元,制造费用支出分别为 3 500 元、3 800 元、4 200 元、4 300 元,其中制造费用中包含每月折旧费 1 000 元。

(4) 该公司第 1—4 季度的销售及管理费用分别为 5 000 元、6 500 元、8 600 元、8 200 元,全部用现金付讫。

(5) 该公司第 2 季度购入一台设备,价值 45 000 元,作为固定资产入账。第 2 季度、第 3 季度分别支付现金 21 000 元和 24 000 元。

(6) 该公司每季度现金余额的限定范围为 6 000~8 000 元。在现金不足时,可向银行借款(1 000 的倍数),短期借款年利率为 4.8%;现金多余时,归还借款(1 000 的倍数)。年初长期借款余额为 30 000 元,长期借款年利率为 6%。假设借款和还款均发生在期末,每季度末偿还借款利息。

(7) 该公司流通环节只缴纳增值税,并于每一季度末用现金完税,公司增值税税率为 16%,附加税税率为 10%。

(8) 该公司年初现金余额为 6 000 元,年初应收账款余额为 10 000 元,全年共预交所得税 4 000 元。

要求:根据上述资料,编制环球公司本年度现金收支预算表。

6. Lufftion Industries 公司生产皮革公文包,单位产品售价 20 元。该产品所耗原材料为黄褐色皮革,每码 2 元,单位产品需耗 1.5 码,同时耗费 0.25 直接人工工时,每直接人工工时成本 16 元,变动间接成本分摊率为每单位产品 3 元,固定间接成本预测如表 8-5 所示:

表 8－5	固定间接成本预测表	单位：元
项　目	金　额
折　旧	25 000
保险费	10 000
财产税	6 000
督察费	35 000

该年度销售费用和管理费用的变动部分为每单位产品 2 元,固定部分预测如表 8－6
所示:

表 8－6	固定销售费用和管理费用预测表	单位：元
项　目	金　额
折　旧	5 000
销售人员工资	3 000
广告费	10 000
办公费	18 000
总裁工资	60 000

本年年初,公司存货中有 500 单位产成品,计划年末持有 2 500 单位产成品,同时,要
求原材料存货年末持有 1 000 单位,该存货年初为 5 000 单位,销售量预期为 100 000
单位。

要求:

(1) 编制本年的销售预算。

(2) 编制本年的生产预算。

(3) 编制本年的直接材料预算。

(4) 编制本年的直接人工预算。

(5) 编制本年的间接成本预算。

(6) 编制本年的销售费用和管理费用预算。

项目八　参考答案

项目九　标准成本法认知

学习目的与要求

通过本项目实训,认识标准成本法对管理的作用,了解标准成本的种类及实现前提,了解各类成本差异的产生、影响要素,掌握成本差异的计算及账务处理,熟悉成本差异的控制。做到理论与实践的结合,让标准成本法在更多的企业得到运用。学习本项目,应重点掌握以下内容:

(1) 标准成本及成本差异的含义。

(2) 变动成本差异的计算、分析和控制。

(3) 固定制造费用成本差异的计算、分析和控制。

(4) 成本差异的账务处理。

重点、难点解析

一、标准成本的含义

标准成本在实际工作中有两种含义:一种是指单位产品的标准成本(又称为成本标准),一种是指实际产量的标准成本。要区别成本标准、标准成本、实际成本。

(一)标准成本与标准成本法的区别

标准成本是事先制定的一种成本,用以控制实际成本,使实际成本发生在一个合理的范围内。

标准成本法也称标准成本会计,是一种产品成本计算方法,也是一种成本控制制度。

(二)标准成本法与目标成本法的区别

标准成本法不仅是一种成本计算的方法,也是成本控制的制度。标准成本及其制定、标准成本差异的计算与分析以及标准成本的账务处理构成了标准成本系统的主要环节。

目标成本法是一种以市场为导向,对有独立制造过程的产品进行利润计划和成本管理的方法。目标成本法的目的是在产品生命周期的研发及设计阶段,设计好产品的成本,而不是试图在制造过程中降低成本。

二、变动费用差异的价差和量差分析

（一）直接材料差异的价差和量差

材料价格差异和数量差异的分析如表 9－1 所示。

表 9－1　　　　　　　　　材料价格差异和数量差异分析表

差　异	负责部门	具　体　原　因
材料价格差异	采购部门	供应厂商价格变动
		未按经济批量进货
		未能及时订货造成紧急订货
		采购时舍近求远
材料数量差异	生产部门	操作疏忽造成废品增加
		工人用料不精心
		操作技术改进节省材料
		新工人上岗造成多用料
		机器工具不适合多用料

（二）直接人工差异的价差和量差

工资效率与人工效率差异的分析如表 9－2 所示。

表 9－2　　　　　　　　　工资效率与人工效率差异分析表

差　异	负责部门	具　体　原　因
工资效率差异	劳动人事部门	工人技术职务调整、奖励制度未产生实效、工资率调整、加班或使用临时工、出勤率变化
人工效率差异	生产部门	工作环境不良、工人经验不足、劳动情绪不佳、新工人上岗太多机器工具不适合、设备故障较多、计划安排不当

（三）变动制造费用差异的价差和量差

耗费差异是部门经理的责任，他们有责任将变动费用控制在预算限额内。效率差异的原因与人工效率差异相同。

三、固定制造费用成本差异分析

两种因素分析法比较如表 9－3 所示。

表 9－3　　　　　　　　　两种因素分析法比较

二因素分析法		三因素分析法	
固定制造费用耗费差异	固定制造费用实际数－固定制造费用预算数	固定制造费用耗费差异	固定制造费用实际数－固定制造费用预算数

9

续　表

二因素分析法		三因素分析法	
固定制造费用能量差异	固定制造费用预算数－固定制造费用标准成本＝(生产能量－实际产量标准工时)×固定制造费用标准分配率	固定制造费用闲置能量差异	固定制造费用预算数－实际工时×固定制造费用标准分配率＝(生产能量－实际工时)×固定制造费用标准分配率
		固定制造费用效率差异	(实际工时－实际产量标准工时)×固定制造费用标准分配率

四、成本差异的账务处理

期末对成本差异的结转和处理主要有两种方法：直接处理法和递延法。

（一）直接处理法(结转本期损益法)

处理方法：将本期发生的各种成本差异全部转入"产品销售成本"账户,由本期销售的产品负担,并全部从"损益标的销售收入"项下扣减,不再分配给期末在产品和期末库存产成品。

（二）递延法(调整销货成本与存货法)

处理方法：将本期的各种成本差异,按标准成本的比例分配给期末在产品、期末产成品和本期已销售产品。

典 型 案 例

河北尚嘉纸制品有限公司标准成本的实际运用

河北尚嘉纸制品有限公司,位于石家庄市高新技术产业园区,成立于 2006 年,占地 100 亩,投资总额 1 亿美元,注册资本 600 万美元,员工 300 余人,年产纸制品 10 万吨,是一家纸制品深加工企业。其主要产品包括静电复印纸、电脑报表纸、高光相纸、工程复印纸、彩色喷墨打印纸、各类簿本、手提袋、食品包装用纸、复合膜袋及染色纸、珠光纸、压纹纸等特种纸制品、办公用品、文具类礼品,并承接公司型录、产品说明书等包装装潢印刷业务以及各种彩盒、食品纸盒等的加工业务。

目前现代造纸工艺主要由两个环节组成：制浆段和造纸段。

制浆段是造纸的第一步,一般是将木材转变为纸浆的过程,现在大型造纸厂使用的造纸原料是已加工好的木浆和回收的废纸。造纸段是将调制好的纸浆,均匀地交织和脱水,再经干燥、压光、卷纸、裁切和包装。具体步骤如图 9-1 所示。

该公司纸浆车间,利用废纸制作纸浆,生产能力表现为生产一线工人的直接人工工时,每月的理论直接人工工时为 10 000 工时,现实可用直接人工工时为 95 000 工时,正常直接人工工时为 9 000 工时,3 月份预算工时与正常直接人工工时相同。该公司确定制造费用分配率时选择正常负荷作为基础生产能量。计划年度 3 月份制件厂正常生产能力为 9 000 直接人工小时,预算直接人工工资总额为 81 000 元,制造费用预算总额为 18 720

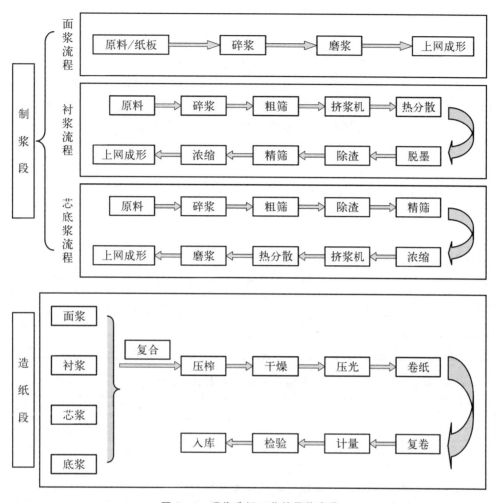

图 9-1　现代造纸工艺的具体步骤

9

元。其中,变动制造费用预算为 7 200 元,固定制造费用预算为 11 520 元。假设制造每件 A 产品的直接人工标准工时为 10 小时,直接材料的标准消耗数额为 8 千克,每千克标准 单价为 10 元。

其标准成本计算表如表 9-4 所示。

表 9-4　　　　　　　　　　标准成本计算表

项　　目	标准用量	标准价格	单位产品成本
直接材料	8 千克	10 元/千克	80 元
直接人工	10 小时	9 元/小时	90 元
变动制造费用	10 小时	0.8 元/小时	8 元
固定制造费用	10 小时	1.28 元/小时	12.8 元
合　　计			190.8 元

要求：

1. 根据已知资料填写材料标准成本计算表（表9-5）。

2. 根据已知资料填写产品标准成本计算表（表9-6）。

3. 假设河北尚嘉纸制品有限公司3月份实际生产了A产品700件,实际使用直接材料5 810千克,每千克实际价格为10.10元,直接材料的标准成本如表9-4所示,标准用量为8千克,每千克标准单价为10元。根据已知资料填写直接材料效率差异计算表（表9-7）。

4. 假设河北尚嘉纸制品有限公司3月份在实际生产700件A产品的生产量水平上,实际用直接人工工时7 200小时,实际工资率为每小时8.8元。生产每件A产品的直接人工标准工时为10小时,标准工资率为9元/小时,根据已知资料填写直接人工差异计算表（表9-8）。

【分析】

1. 表9-5   **材料标准成本计算表**   月份：3月

材料编码	材料名称	型号	供应商	客户	计量单位	用量/千克	单位成本/（元/千克）	总成本/元
	废纸				千克	8	10	80

2. 表9-6   **产品标准成本计算表**   月份：3月

成本中心编码	成本中心名称	产品编码	产品名称	计量单位	产量/件	单位成本/（元/件）	总成本/元
001	制浆车间		纸浆	千克	700	190.8	133 560

3. 表9-7   **直接材料效率差异计算表**   月份：3月

材料名称	产量/件	单位产品的材料耗用/（千克/件）	总标准材料用量/千克	实际材料用量/千克	材料用量差异/千克	材料的标准单位成本/（元/千克）	材料用量差异/元	材料用量差异占标准用量的百分比/%
废纸	700	8	5 600	5 810	210	10	2 100	37.5%

4. 表9-8   **直接人工差异计算表**   月份：3月

产品名称	实际直接人工成本/元	实际直接人工工时	实际产量/件	单位产品标准人工工时	标准人工工资率	实际人工工资率	小时工资差异	人工工资差异/元	人工效率差异/元	人工总差异/元
纸浆	63 360	7 200	700	10	9	8.8	—0.2	—1 440	1 800	360

MWI公司标准成本计算系统的实施

MWI公司是一家专业冷冻食品加工企业。自1982年成立以来,该公司拥有一批忠实的顾客,这些顾客愿意支付溢价购买公司提供的经过特殊工艺加工的高质量冷冻食品。

公司在经营地区销售额快速增长,而且有许多顾客要求其在全国范围内供应产品。为了满足这一需求,公司扩大了加工能力,导致生产成本和经营成本增加。而且,在其传统销售地区以外,公司还遭遇了来自竞争对手的价格压力。

由于 MWI 公司想要继续扩张,因此公司的总经理聘请了一家顾问公司帮助自己确定最优决策方案。顾问公司建议采用标准成本计算系统,这也有助于弹性预算制度的实行,以便更好地消化市场扩张时可以预计到的需求变化。总经理会见了公司管理层的成员,传达了顾问公司的建议,要求他们负责制定标准成本。而管理层成员却有各自的看法。

采购经理建议,为了满足生产规模的扩大,需要从公司传统的采购渠道范围外采购食品原料,这将会增加材料的运输成本,并且可能导致供货质量的下降。如果要保持或降低目前的成本,就要由生产部门来弥补这部分增加的成本。

生产经理反驳说,要提高产量就要加快生产周期,再加上可能出现供货质量的下降,将导致产品质量的下降和更高的废品率。在这种情况下,可能难以保持或降低单位人工耗用量,而预测未来单位产品的人工比例也将变得很困难。

技术工程师说,如果设备没有按照规定每天进行定时的适当维护和彻底清洗,生产的冷冻食品的质量和独特口味很可能受到影响。

销售副总裁指出,如果不能保证产品质量,公司预期销售额的增长幅度就无法实现。

最后,总经理表示,如果不能就制定适当的标准成本取得一致意见,那么,他将请顾问公司来制定标准,每个人都要接受这一结果。

要求:

1. 列出采用标准成本计算系统的主要优点。

2. 列出标准成本计算系统可能导致的不足。

【分析】

1. 采用标准成本计算系统有助于改善计划和控制,并简化生产成本的计算。通过将实际结果与标准进行比较,并将差异分解为价格差异和数量差异,为经理们提供更加详细的反馈信息。这些信息可以使经理们实施比正常成本计算系统或实际成本计算系统下更有效的成本控制。在标准成本计算系统下,像投标这样的决策将更容易作出。

2. 若采用的标准成本是单一的、僵化的,并允许有一定程度的低效率,这与现代管理模式相抵触,不易分清许多不属于单一职能部门但又具有关联性和同质性费用的归属,同时,容易造成不同责任中心为了本部门利益而损害企业整体利益的情形,成本控制难以达到全局最优。

实 训 精 选

一、单项选择题

1. (　　)可以成为评价实际成本的依据,也可以用来对存货和销货成本计价。

A. 现实标准成本　　　　　　　　　　B. 基本标准成本

C. 正常标准成本　　　　　　　　　　D. 理想标准成本

▲2. 基本标准成本,在发生( )时,就需要进行调整。

A. 产品的物理结构变化

B. 市场供求变化导致的售价变化

C. 市场供求变化导致的生产经营能力利用程度变化

D. 由于工作方法改变而引起的效率变化

▲3. 通常应对不利的材料数量差异负责的部门是( )。

A. 质量控制部门 B. 采购部门

C. 工程设计部门 D. 生产部门

▲4. "直接人工效率差异"科目的借方余额表明( )。

A. 标准工时超过实际工时

B. 实际工时超过标准工时

C. 标准工资率与标准工时超过实际工资率与实际工时

D. 实际工资率与实际工时超过标准工资率与标准工时

▲5. 根据正常的耗用水平,正常的价格和正常的生产经营能力利用程度制定的标准成本是( )。

A. 理想标准成本 B. 正常标准成本

C. 现实标准成本 D. 基本标准成本

6. "标准成本"一词,在实际工作中是指( )。

A. 单位产品的标准成本

B. 实际产量的标准成本

C. 理想标准成本

D. 单位产品的标准成本或实际产量的标准成本

▲7. 固定制造费用成本差异是指( )。

A. 实际产量下,实际固定制造费用与标准固定制造费用的差异

B. 预算产量下,实际固定制造费用与标准固定制造费用的差异

C. 实际产量下,固定制造费用实际数与固定制造费用预算的差异

D. 预算产量下,固定制造费用预算与固定制造费用标准成本的差异

8. 以下关于变动制造费用效率差异的计算公式中,正确的是( )。

A. 变动制造费用实际数－变动制造费用预算数

B. (实际工时－标准产量标准工时)×变动制造费用标准分配率

C. 实际工时×(变动费用实际分配率－变动费用标准成本率)

D. (实际工时－实际产量标准工时)×变动制造费用标准分配率

▲9. 下列变动成本差异中,无法从生产过程的分析中找出产生原因的是( )。(大赛题)

A. 变动制造费用效率差异 B. 变动制造费用耗用差异

C. 材料价格差异 D. 直接人工效率差异

▲10. 在标准成本系统中,最重要的环节是( )。

A. 成本差异分析 B. 制定标准成本

C. 成本差异处理 D. 区分可控成本和不可控成本

二、多项选择题

▲1. 产品的标准成本由（　　　　）构成。

A. 直接材料标准成本　　　　　　　B. 直接人工标准成本

C. 变动制造费用标准成本　　　　　D. 固定制造费用标准成本

▲2. 造成材料数量差异的主要原因有（　　　　）。

A. 操作疏忽造成废品、废料增加　　B. 工人用料不用心

C. 机器或工具不适用造成用料增加　D. 新工人上岗造成多用料

▲3. 影响变动制造费用效率差异的原因有（　　　　）。

A. 工人劳动情绪不佳　　　　　　　B. 作业计划安排不当

C. 加班或使用临时工　　　　　　　D. 出勤率变化

▲4. 材料价格差异产生的原因主要有（　　　　）。

A. 供应单位和供应价格的变化　　　B. 废品、次品率的变动

C. 材料质量的变化　　　　　　　　D. 运输方式和运输路线的变化

5. 材料数量差异形成的原因主要有（　　　　）。

A. 产品设计和工艺的变更

B. 工人技术操作水平的升降和责任心强弱的变化

C. 采购批量的变动

D. 材料质量的变化

▲6. 产生直接人工工资率差异的原因主要有（　　　　）。

A. 企业工资的调整、工资等级的变更

B. 奖金和津贴的变更

C. 对工人安排、使用的变化

D. 工人的技术等级达不到工作要求的技术等级

▲7. 直接人工效率差异的形成原因包括（　　　　）。

A. 工作环境不好　　　　　　　　　B. 新工人上岗太多

C. 奖励制度未产生实效　　　　　　D. 机器或工具选用不当

▲8. 标准成本按其所依据的生产技术和经营管理水平的分类包括（　　　　）。

A. 理想标准成本　　　　　　　　　B. 正常标准成本

C. 现行标准成本　　　　　　　　　D. 基本标准成本

9. 产品的标准成本由（　　　　）构成。

A. 直接材料标准成本　　　　　　　B. 直接人工标准成本

C. 变动制造费用标准成本　　　　　D. 固定制造费用标准成本

▲10. 下列标准成本中，可以作为评价实际成本依据的有（　　　　）。

A. 理想标准成本　　　　　　　　　B. 正常标准成本

C. 现行标准成本　　　　　　　　　D. 基本标准成本

三、判断题

1. 一般而言，直接材料价格差异应由采购部门负责，直接材料用量差异应由负责控制材料的生产部门负责。　　　　　　　　　　　　　　　　　　　　　（　　）

2. 固定制造费用差异等于固定制造费用耗费差异加上固定制造费用闲置能量差异再加上固定制造费用效率差异。　　　　　　　　　　　　　　　　　　　　（　　）

3. 成本差异是指产品实际成本与标准成本的差额,凡是实际成本小于标准成本的差异数,都称为有利差异。　　　　　　　　　　　　　　　　　　　　　　　（　　）

4. 变动制造费用耗费差异,是实际变动制造费用支出与按实际工时和变动制造费用标准分配率的乘积之间的差额。　　　　　　　　　　　　　　　　　　　　（　　）

5. 固定制造费用能力差异是指固定制造费用的实际金额与固定制造费用的预算金额之间的差异。　　　　　　　　　　　　　　　　　　　　　　　　　　　（　　）

6. 现行标准成本和基本标准成本均可以用作评价实际成本的尺度。　　　　（　　）

7. 为了贯彻一致性原则,会计期末各种成本差异的处理方法必须一致。　　（　　）

8. 无论哪种变动成本项目的实际价格上升,都会引起整个变动成本差异的不利变化。　　　　　　　　　　　　　　　　　　　　　　　　　　　　　　　　（　　）

9. 在材料成本差异分析中,价格差异总金额是根据单价偏差乘以实际用量计算的,而用量差异总金额却是根据用量偏差乘以标准价格计算的。　　　　　　　（　　）

10. 成本控制是企业降低成本、增加盈利的根本途径,因此,对企业的全部成本都要进行同样周密的控制。　　　　　　　　　　　　　　　　　　　　　　　（　　）

四、计算分析题

1. E 公司运用标准成本系统计算产品成本,并采用结转本期损益法处理成本差异,有关资料如下:

单位产品标准成本:

直接材料标准成本:6 千克×1.5 元/千克＝9(元)

直接人工标准成本:4 小时×4 元/小时＝16(元)

变动制造费用标准成本:4 小时×3 元/小时＝12(元)

固定制造费用标准成本:4 小时×2 元/小时＝8(元)

单位产品标准成本:9＋16＋12＋8＝45(元)

原材料:期初无库存原材料;本期购入 3 500 千克,单价为 1.6 元/千克,耗用 3 250 千克。

在产品:期初在产品存货 40 件,原材料为一次性投入,完工程度为 50%;本月投产 450 件,完工入库 430 件;期末在产品 60 件,原材料为一次性投入,完工程度为 50%。

产成品:期初产成品存货 30 件,本期完工入库 430 件,本期销售 440 件。本期耗用直接人工 2 100 小时,支付工资 8 820 元,支付变动制造费用 6 480 元,支付固定制造费用 3 900 元,生产能力为 2 000 小时。

要求:

(1) 计算产品标准成本差异(直接材料价格差异按采购量计算,固定制造费用成本差异按三因素分析法计算)。

(2) 计算企业期末存货成本。

2. 某企业采用标准成本制度计算产品成本。直接材料单位产品标准成本为 135 元,其中:用量标准 3 千克/件,价格标准 45 元/千克。本月购入 A 材料一批 32 000 千克,实际价格每千克 40 元,共计 1 280 000 元。本月投产甲产品 8 000 件,领用 A 材料 30 000 千克。

要求:

(1) 计算购入材料的价格差异。

(2) 计算领用材料的数量差异。

(3) 采用"结转本期损益法",计算月末结转材料价格差异和数量。

3. Greencut 制造公司为家庭用户生产使用能源驱动的割草机。

Greencut 公司的工人将钢片做成割草机的外壳,然后安装上一个天然气引擎、一个刀片、一个手柄和四个轮子,制造成割草机。

1 月份发生了以下事件:

(1) Greencut 采购了 5 000 美元的钢片用于制造割草机的外壳。

(2) 2 000 美元的钢片由叉车工人(1 月份的总工资是 5 000 美元)从原材料存货传送给一个轧钢机器操作工人(1 月份工资是 3 000 美元),他将平整的钢片轧成割草机的外壳。叉车工人再将割草机的外壳传送到自动油漆的地点。然后,油漆工人(1 月份工资为 2 000 美元)将割草机的外壳放在传送带吊钩上,通过一个机器喷漆车间。所有割草机的表面喷上了涂料(涂料总成本是 1 000 美元)。随后,喷漆后的割草机外壳沿着一个传送带移入一个乙烷气体加热的干燥机(1 月份气体总成本为 1 000 美元)。

(3) 干燥后,叉式升降机操作工人又将已经喷漆的割草机外壳传送到组装地点。同时,引擎、刀片、手柄和轮子从外购存货(总成本为 20 000 美元)中移除,并用叉式升降机传送到组装地点。最后,工人为每个外壳装上一个引擎、一个刀片、一个手柄以及四个轮子(1 月份总工资是 6 000 美元)。

(4) Greencut 公司预计 1 月份的厂房设备折旧成本是 24 000 美元。

(5) 组装后,已经完工的割草机被运输到全世界的零售店里。

(6) Greencut 公司不持有在产品和产品存货。所有的产品在一个月内全部完工并销售。销售人员 1 月份的佣金是 10 000 美元。

要求:

(1) 画一张简图来表示 Greencut 公司的成本流程。

(2) 绘制一张图,来说明 Greencut 公司 1 月份的活动对原材料存货、外购存货、在产品存货、产成品存货和已售产品成本的影响。假设外购存货 1 月份的余额为 25 000 美元,其他存货 1 月份所有余额均为 0。

(3) 公司 1 月份已售产品成本是多少?

(4) 1 月末 Greencut 公司原材料和外购存货的价值是多少?

项目九　参考答案

项目十　责任会计认知

学习目的与要求

通过本项目的实训,了解责任会计的概念,熟悉责任会计的内容和建立责任会计制度应遵循的原则,重点掌握责任中心的种类、特征和考核指标,了解内部转移价格的类型、制定方法和适用范围。学习本项目,应重点掌握以下内容:

(1) 责任会计的含义及基本内容。

(2) 责任会计核算原则及程序。

(3) 责任中心的含义及其特征。

(4) 成本中心的含义及类型。

(5) 利润中心的含义及类型。

(6) 投资中心的含义及特点。

(7) 内部转移价格的含义、制定原则及制定方法。

(8) 成本中心、利润中心及投资中心业绩考核。

重点、难点解析

一、责任会计的概念

责任会计是指以企业内部责任单位为主体,以责、权、利相统一的制度为基础,以分权为前提,以责任预算为控制目标的一种内部控制制度。这种使责、权、利有机结合的办法是保证实现企业总体目标的有效措施,能够最大限度地提高企业效益和竞争力。

责任中心按其责任者的责任范围不同,可以划分为成本中心、利润中心和投资中心。

二、成本中心的业绩考核

由于成本中心只对成本负责,因此对其评价和考核的内容是责任成本。即通过各责任成本中心的实际成本与预算责任成本的比较,评价各成本中心责任预算的执行情况。成本中心考核指标包括责任成本变动额和责任成本变动率,其计算公式如下:

责任成本变动额＝实际责任成本 — 按实际产量计算的预算责任成本

责任成本变动率＝责任成本变动额 ÷ 按实际产量计算的预算责任成本×100%

三、利润中心的业绩考核

对利润中心的考核,主要是通过预算期实现的实际利润同责任预算所确定的预算利润进行比较,进而对差异形成的原因和责任进行具体剖析,以总结经验,确定奖惩的。通常采用两个主要责任指标:可控利润差异和销售利润率差异。相关指标的计算公式如下:

$$可控利润差异 ＝ 实际实现的利润数 — 预算利润$$

$$可控利润 ＝ 销售收入 — 变动成本 — 可控固定成本$$

$$销售利润率差异 ＝ 实际销售利润率 — 预算销售利润率$$

$$销售利润率 ＝ \frac{可控利润}{销售收入}$$

这里的可控利润是指利润中心能够控制的利润,即利润中心的销售收入与可控成本相配比的结果。

四、投资中心的业绩考核

评价投资中心业绩的指标通常有以下两个可供选择:

(一)投资报酬率

这是最常见的考核投资中心业绩的指标。这里所说的投资报酬率是部门边际贡献除以该部门所拥有的资产额。

(二)剩余收益

为了克服由于使用比率来衡量部门业绩带来的次优化问题,许多企业采用绝对数指标来实现利润与投资之间的联系,这就是剩余收益指标。

五、内部转移价格的制定

(一)市场法

市场法是指在内部各责任中心之间转移产品或劳务时,根据产品或劳务的市场价格来制定其内部转移价格。

(二)成本法

成本法,即以中间产品的经营成本作为内部转移价格的方法,如果企业内部的中间产品没有现成的外部市场,就不能用市场法确定内部转移价格。常见的做法是以成本为基础确定转移价格,这是制定内部转移价格最简单的方法。成本法可具体分为实际成本法、标准成本法和变动成本法。

(三)成本加成法

成本加成法是指在各中间产品的成本基础上加上一定比例的内部利润作为内部转移价格的方法。其内容主要包括加成率的选择和确定加成基础。

（四）协商法

如果中间产品存在非完全竞争的外部市场，则可以采用协商的办法确定转移价格，即双方部门经理就转移中间产品的数量、质量、时间和价格进行协商，并设法取得一致意见。

（五）双重计价法

双重计价法，即对同一中间产品用一种标准对转出单位计价，用另一种标准对转入单位计价，让双方都有动机买和卖，从而使企业整体得到好处。

典 型 案 例

兴业投资有限公司责任中心分析

兴业投资有限公司是上海一家以商用楼宇租赁业务为主的民营企业，其业务模式是通过收购、租赁及联合开发等形式取得写字楼的经营权后，根据写字楼的地理位置、周边状况进行相应的装修改造，然后对外租赁。随着公司规模的扩大，公司高层感到原有的组织形式已经无法适应目前的发展现状，于是决定对整个公司进行一次"大手术"，成立了三家专业公司，包括房地产经纪公司、物业管理公司及装饰工程公司，加上与其他投资者合资成立的两家公司（被称为平台公司），整个集团共有五家公司。这五家公司的关系是这样安排的：兴业投资有限公司连同平台公司分别拥有各个写字楼的经营权，然后平台公司与兴业投资有限公司将所有写字楼的物业管理及租赁业务以委托合同的方式分别交物业管理公司及房地产经纪公司。

因核算的需要，每家公司都单设了一个财务部，负责本公司及所属写字楼的核算。但由于整个集团公司缺乏统一的财务制度，导致会计核算出现了许多问题：首先是会计主体庞杂，有的公司为所属的写字楼设立单独的账套，有的公司是所属的写字楼全部使用一个账套；其次是会计政策不统一，有的公司房租收入直接计入营业收入，有的公司是房租收入先计入其他业务收入，给业主支付房租时再冲抵，广告收入、物业管理收入等没有统一的确认标准，这就导致无法通过账本确知整个集团的收入到底是多少；再次，各种财务或非财务指标缺乏统一的定义，比如出租率是采用已出租面积与整个写字楼建筑面积之比，但是对于已出租面积与写字楼建筑面积，各公司定义不同，有的写字楼算出130%的出租率，统计口径的出入导致各公司的数据无法进行比较；最后，财务人员整体素质参差不齐，会计核算质量无法保证。

兴业投资有限公司在改组之前曾经与部分写字楼的总经理签订了目标责任书，约定以现金流入及出租率作为考核指标，考核期为半年。但由于整个公司原有的组织形式发生变化，人员也发生了变动，最后签订的目标责任书也不了了之，部分写字楼的经理意见很大。

5月，王明作为财务副总裁提出了一个大胆的建议：撤销专业公司，建立以各写字楼独立核算的责任中心制度，并将各公司财务部合并，并且，根据公司目前的状况，选取了现金流入、回款率及出租率作为考核指标。

现金流入是指在规定考核期内公司财务部已收到的包括房屋租金和押金、广告位租金、车位费等在内的经营性收入、物业性收入和各种暂存性押金等款项的总额。回款率是指房屋租金、押金中，按合同规定应收而未收或未足额收回的款项总额占合同规定应收款项总额的百分率。回款率的计算公式为：回款率＝本考核期实收/（本期前应收＋本期应收）×100％。另外，根据各个写字楼的出租状况及人员配备的不同情况制定了不同的费用预算标准。经过一番精心准备，责任中心制度初露端倪，各写字楼的目标责任书文本最终完成。

要求：试分析收入中心制度在实施的过程中可能存在的问题。

【分析】

兴业投资有限公司按照各写字楼设置的责任中心具有收入中心的特点，从赋予收入中心管理者的权责角度来说，王明提出三个考核指标的确定比较准确，不足的是在具体指标制定过程中由于每个写字楼的具体情况相差较大，在实施过程中存在一些问题：

（1）会计核算体系的缺陷阻碍了责任中心制度的顺利实施。由于兴业投资有限公司会计政策不统一，会计科目设置缺乏科学性，不能及时核算收入，造成各收入中心无法及时了解其指标的完成情况，缺乏必要的反馈，导致收入中心不能采取有针对性的措施，纠正其营销过程中的偏差；另外，考核期结束时，无法及时完成收入中心的考核工作，对收入中心的管理者的心理造成一定的消极影响，影响其未来经营的积极性。

（2）缺乏对收入中心的控制措施。对收入中心的控制主要包括企业销售目标的实现、销售收入的资金回收，以及控制坏账的发生。作为收入中心的监督者，没有采取积极有效的措施对收入中心加以控制，缺少明确的收款责任制度，对已过付款期限的客户没有催款制度。

总之，兴业投资有限公司的责任中心制度存在一定的缺陷，而且重要的是，收入中心制度在推出之前缺乏必要的准备与规划，业务流程的模糊及会计核算体系的缺陷，大大弱化了收入中心的作用。收入中心是较低层次的一种责任中心制度，随着营销活动中作业成本法的逐渐采用，以及业务流程的优化和会计核算体系的健全，各收入中心能够把它们的营销成本和对每个消费者提供服务的成本考虑进去，这样企业就能用作业成本制度把履行营销和销售活动的收入中心变成利润中心，从而可以对销售部门的利润贡献加以评估。

10

关于惠普公司的利润中心组织

惠普科技是由斯坦福大学的两位毕业生于1939年创立的。到2000年止，总员工数达88 500名，年收入为488亿美元，在财富500强中排名第13位。其产品包括电脑相关产品、电子测试仪、医学仪器、化学分析仪器及电子零件，并设立电脑设备及测量仪器组织（事业群）来管辖所属产品（事业部）的产销事宜。

惠普科技为了实现"营业收入超过400亿元后，仍能维持每年10％以上的成长速度，且转型为服务导向的公司，以顾客需求推出市场需要的产品和服务"的目标，制定了"提升分权后的组织工作效率且贯彻以顾客满意度为导向，并运用原惠普的市场占有率，推动全新电子产品与服务"的策略。为了更进一步推动"组织重整"与"设立电子商务事业部"，惠普科技于1999年11月正式分家，成立一家新公司——Agilent Technologies（安捷伦科技)。改组后的惠普公司是再依"产品类别"成立各事业部,分别负责销售、制造与电子服务等,形成"产销分离"形式的利润中心。

2002年5月,惠普科技与康柏完成合并,称为"新惠普"。就产品与服务而言,从企业机关用的存储系统、工作站、电脑服务器,乃至个人用的笔记本电脑、打印机等一应俱全。惠普公司在全球各地的公司仍由四个核心事业群组成,包括企业系统事业群、服务事业群、影像列印事业群及个人系统事业群。

要求:

1. 如何理解分权管理,实行分权管理对企业有何影响?

2. 结合案例,应如何理解利润中心?

【分析】

1. 实施分权管理的优点有以下两方面。一是可以合理地利用管理部门的时间,反应更迅速。实行分权管理,可以将日常的管理问题交由基层经理处理,基层经理可以迅速地对客观情况作出反应,从而可以作出更为有效的决策。同时也可以减轻高层管理人员的工作负担,使其把工作重点放在长远战略规划上。二是分解复杂问题,有利于锻炼、评价和激励具体部门的经理人员。人们解决复杂问题的能力是有限度的,有些问题太复杂,高层管理当局也无法处理,但可以把大的问题划分为小的、相对容易的问题,分权制可以减小问题的复杂性。分权制能够让经理人员在制定决策方面得到锻炼,从成就感的角度说,这种满足可能是对经理人员的一种重要的激励奖赏。同时,分权制也提供了一种计量管理业绩的基础。

分权的结果一方面使各分权单位之间具有某种程度的互相依存;另一方面,分权又不允许各分权单位在所有方面像一个独立的组织那样地经营。因此,如何协调各责任单位之间的关系,使其在行为上和目标上达成一致,以防止追求局部利益,致使企业整体利益受到损害的行为发生,是分权制的一个重要问题。

2. 一个责任中心,如果能同时控制生产和销售,既要对成本负责又要对收入负责,但没有责任或没有权力决定该中心资产投资的水平,因而可以根据其利润的多少来评价该中心的业绩,那么,该中心称为利润中心。

利润中心组织的真正目的是激励下级制定有利于整个公司的决策并努力工作。仅仅规定一个组织单位的产品价格并把投入的成本归集到该单位,并不能使该组织单位具有自主权或独立性。从根本目的上看,利润中心是指管理人员有权对其供货的来源和市场的选择进行决策的单位。根据这一定义,尽管某些企业也采用利润指标来计算各生产部门的经营成果,但这些部门不一定就是利润中心。把不具有广泛权力的生产或销售部门定为利润中心,并用利润指标去评价它们的业绩,往往会引起内部冲突或次优化,对加强管理反而是有害的。

对利润中心的考核,主要是通过预算期实现的实际利润同责任预算所确定的预算利润进行比较,并进而对差异形成的原因和责任进行具体剖析,以总结经验,确定奖惩。

某公司成本控制分析

假设你是一家中型公司的经理,生产各种类型的电话机,电话机是由一些部件装配而产生出来的,包括公司内其他部门购买的电路板。每周五早上,公司总部都会传真过来一份生产计划表,指示下周要生产的电话型号和数量。这样,你的大部分工作就是尽可能有效地满足生产进度表的要求。销售价格及净利润目标由管理层制定。下面的利润表(表10-1)及相关的明细表(表10-2)反映了最近12个月工厂的销售成本和费用。但是,你认为利润表中的一些成本超出了你的控制范围。而且,你想知道用净利润来评价工厂业绩的原因。

要求:

1. 在做会议准备时,确定你能控制的成本。

2. 你的工厂应该被划分为成本中心、收入中心、利润中心还是投资中心?请解释。

表 10 - 1　　　　　　　　　　　　利润表　　　　　　　　　　　　单位:元

销售额	100 000 000
销售成本	75 000 000
毛利	25 000 000
销售和管理费用	0
公司航行器的折旧	1 000 000
销售佣金及其他销售费用	10 000 000
其他与工厂相关的直接费用	13 000 000
总费用	24 000 000
净利润	1 000 000

表 10 - 2　　　　　　　　　　销售产品成本明细表

期初成品库存	5 000 000
本期产品成本	77 000 000
合计	82 000 000
期末成品库存	-7 000 000
产品销售成本	75 000 000

注:本期生产成本包括材料、人工和制造费用。制造费用包括公司分配下来的成本,如质量保证和生产进度表使用计算机的成本。

【分析】

1. 一般地,工厂管理者负责控制厂里的材料、人工和制造费用。这些成本包括在销售成本表里的产品成本里。一些成本是从公司上面分配下来的,是工厂管理者不能控制的,如公司用来控制生产进度表的计算机时间。损益表也包括工厂管理者无法控制的公司成本配额,如公司高层管理者使用的资产折旧。最后,作为工厂管理者,你不能控制销售佣金和费用。

2. 工厂管理者既不能确定产品组合也不能决定销售价格。因此,根据其生产利润的能力评价工厂管理者与业绩评价原则不一致。应该根据其管理成本、满足生产进度和达

10

到特定质量规格的能力来评价管理者的业绩。因而,工厂应该被评估为成本中心而不是利润中心。高层管理者可以评价工厂对公司利润的贡献能力。在较高层级上,以利润为基础的分析是恰当的,因为高层的管理者确定产品组合和价格。但是,案例中的工厂管理者对这些决策不负责任。

实 训 精 选

一、单项选择题

▲1. 责任会计核算的主体是(　　)。

A. 责任中心　　　　B. 产品成本　　　　C. 生产部门　　　　D. 管理部门

▲2. 产品在企业内部各责任中心之间销售,只能按内部转移价格取得收入的利润中心是(　　)。

A. 自然利润中心　　B. 人为利润中心　　C. 利润中心　　　　D. 投资中心

3. 具有最大的决策权,承担最大的责任,处于最高层次的责任中心是(　　)。

A. 成本中心　　　　B. 人为利润中心　　C. 自然利润中心　　D. 投资中心

4. 协商价格的下限是(　　)。

A. 生产成本　　　　　　　　　　　　B. 市价

C. 单位固定成本　　　　　　　　　　D. 单位变动成本

▲5. 成本中心控制和考核的内容是(　　)。

A. 目标成本　　　　B. 责任成本　　　　C. 产品成本　　　　D. 直接成本

6. 在投资中心的主要考核指标中,(　　)指标能使个别投资中心的局部利益与企业整体利益相一致。

A. 投资利润率　　　B. 利润总额　　　　C. 剩余收益　　　　D. 责任成本

7. 在责任会计中,企业办理内部交易结算和内部责任结转所采用的价格是(　　)。

A. 变动成本　　　　　　　　　　　　B. 单位责任成本

C. 内部转移价格　　　　　　　　　　D. 重置价格

8. 在责任预算的基础上,将实际数与预算数进行比较,用来反映与考核各责任中心工作业绩的内部报告是(　　)。

A. 差异分析表　　　　　　　　　　　B. 责任报告

C. 预算执行情况表　　　　　　　　　D. 实际情况与预算比较表

▲9. 对于任何一个成本中心来说,其责任成本应等于该中心的(　　)。

A. 产品成本　　　　　　　　　　　　B. 固定成本之和

C. 可控成本之和　　　　　　　　　　D. 不可控成本之和

▲10. 某公司某部门的有关数据为:销售收入 50 000 元,已销产品的变动成本和变动销售费用为 30 000 元,可控固定成本为 2 500 元,不可控固定成本为 3 000 元,分配来的公司管理费用为 1 500 元。那么,该部门的利润中心负责人可控利润为(　　)元。

A. 20 000　　　　　B. 17 500　　　　　C. 14 500　　　　　D. 10 750

二、多项选择题

1. 责任中心一般可分为(　　　　)。

A. 成本中心　　　　　B. 生产中心　　　　　C. 利润中心　　　　　D. 投资中心

▲2. 考核投资中心投资效果的主要指标有(　　　　)。

A. 责任成本　　　　　　　　　　　　B. 营业收入

C. 剩余收益　　　　　　　　　　　　D. 投资利润率

3. 不适宜作为考核利润中心负责人业绩的考核指标有(　　　　)。

A. 利润中心边际贡献　　　　　　　　B. 公司利润总额

C. 利润中心可控利润　　　　　　　　D. 利润中心负责人可控利润

▲4. 划分责任中心的标准有(　　　　)。

A. 可以划清管理范围　　　　　　　　B. 能明确经济责任

C. 必须自负盈亏　　　　　　　　　　D. 能单独进行业绩考核

5. 内部转移价格的主要类型有(　　　　)。

A. 市场价格　　　　　　　　　　　　B. 协商价格

C. 双重价格　　　　　　　　　　　　D. 成本转移价格

6. 下列选项中,属于责任中心考核指标的有(　　　　)。

A. 剩余收益　　　　　　　　　　　　B. 可控成本

C. 利润　　　　　　　　　　　　　　D. 投资利润率

7. 影响剩余收益的因素有(　　　　)。

A. 利润　　　　　　　　　　　　　　B. 投资额

C. 规定或预期的最低投资利润率　　　D. 利润留存比率

▲8. 甲利润中心常年向乙利润中心提供劳务,在其他条件不变的情况下,提高劳务的内部转移价格可能出现的结果是(　　　　)。

A. 甲利润中心内部利润增加　　　　　B. 乙利润中心内部利润减少

C. 企业利润总额增加　　　　　　　　D. 企业利润总额不变

▲9. 下列选项中,属于揭示自然利润中心特征的表述包括(　　　　)。

A. 直接面向市场　　　　　　　　　　B. 具有部分经营权

C. 对投资效果负责　　　　　　　　　D. 对外销售产品而取得收入

10. 投资利润率可分解为(　　　　)。

A. 边际贡献率　　　　　　　　　　　B. 投资周转率

C. 销售利润率　　　　　　　　　　　D. 销售成本率

10

三、判断题

1. 因为企业内部个人不能构成责任实体,所以企业内部个人不能作为责任中心。

(　　　)

2. 只要制定出合理的内部转移价格,就可以将企业大多数生产的半成品或提供劳务的成本中心改造成自然利润中心。

(　　　)

3. 某项会导致个别投资中心的投资利润率提高的投资,不一定会使整个企业的投资利润率提高;某项会导致个别投资中心的剩余收益指标提高的投资,一定会使整个企业的

剩余收益提高。　　　　　　　　　　　　　　　　　　　　　　　　　　（　　）

4. 内部转移价格只能用于企业内部各责任中心之间由于进行产品或劳务的流转而进行的内部结算。　　　　　　　　　　　　　　　　　　　　　　　　　（　　）

5. 同一成本项目,对有的部门来说是可控的,而对另一个部门则可能是不可控的。也就是说,成本的可控与否是相对的,而不是绝对的。　　　　　　　　　　　　（　　）

6. 编制责任预算需要在责任报告上进行,责任报告是考核评价经营业绩的载体。

　　　　　　　　　　　　　　　　　　　　　　　　　　　　　　　　　（　　）

7. 在其他因素不变的条件下,一个投资中心的剩余收益的大小与企业最低投资利润率呈反向变动。　　　　　　　　　　　　　　　　　　　　　　　　　　（　　）

8. 利润中心必然是成本中心,投资中心必然是利润中心,所以投资中心首先是成本中心,但利润中心并不一定都是投资中心。　　　　　　　　　　　　　　　　（　　）

9. 为了体现公平原则,所采用的内部转移价格双方必须一致,否则将有失公平。

　　　　　　　　　　　　　　　　　　　　　　　　　　　　　　　　　（　　）

10. 只有组织内部结算,才需要内部仲裁。　　　　　　　　　　　　　　（　　）

四、计算分析题

1. 某公司下设甲、乙两个分公司,其中甲分公司当年的营业利润为 60 万元,平均经营资产为 200 万元。总公司决定下一年追加投资 100 万元以扩大甲分公司的经营规模,预计当年可增加营业利润 24 万元,总公司规定的最低投资利润率为 20%。

要求:

(1) 计算甲分公司当年的投资报酬率和剩余收益。

(2) 计算甲分公司下一年追加投资后的投资报酬率和剩余收益。

(3) 根据以上计算结果,分别以投资报酬率和剩余收益指标评价甲分公司的经营业绩,并说明甲分公司接受该追加投资是否有利。

2. 某公司下设甲、乙两个投资中心。甲投资中心的投资额为 200 万元,投资利润率为 15%,乙投资中心的投资利润率为 17%,剩余收益为 20 万元。该公司要求的平均最低利润率为 12%。公司决定追加投资 100 万元,若投向甲投资中心,每年可增加利润 20 万元;若投向乙投资中心,每年可增加利润 15 万元。

要求:

(1) 计算追加投资前甲投资中心的剩余收益。

(2) 计算追加投资前乙投资中心的投资额。

(3) 计算追加投资前该公司的投资报酬率。

(4) 若甲投资中心接受追加投资,计算其剩余收益。

(5) 若乙投资中心接受追加投资,计算其投资报酬率。

3. 某百货公司下设一个鞋帽部门,本年销售收入为 200 万元,变动成本率为 60%,固定成本为 30 万元,其中折旧费为 10 万元。

要求:

(1) 若该鞋帽部为利润中心,其固定成本中只有折旧费是不可控的,试评价该部门经理业绩,并评价该部门对百货公司的贡献有多大。

（2）若该部门为投资中心，其所占用的资产平均额为100万元，剩余收益为35万元，则该公司要求的最低投资利润率为多大？

4. 某公司的平均投资报酬率为13%，其所属甲投资中心经营资产为800万元，经营净利润为130万元，销售收入为2 000万元。

要求：

（1）计算甲投资中心的投资报酬率和剩余收益。

（2）假定对该投资中心追加投资300万元，追加投资后该投资中心的剩余收益达到33万元，计算追加投资增加的净利润。

（3）假设乙投资中心的投资报酬率与原甲投资中心的利润率相同，其销售净利率为5%，分别计算甲、乙两个投资中心的资产周转率。

项目十　参考答案

10

项目十一 作业成本计算与管理

学习目的与要求

通过本项目实训,了解传统成本法的局限,在作业成本法产生的背景的基础上理解作业成本法的基本概念;了解作业成本法的特点;掌握作业的四种分类,并能加以识别;熟练掌握作业成本法的基本程序;能够采用作业成本法计算产品成本;在了解作业管理基本概念的基础上领会作业管理的基本步骤;掌握实施作业管理应采取的措施。学习本项目,应重点掌握以下内容:

(1) 作业成本的概念。

(2) 作业成本法的程序与特点。

(3) 作业管理与价值分析。

重点、难点解析

一、作业成本法的产生与发展

(一) 传统成本计算方法的局限性

在传统的生产环境下,由于市场对产品的个性要求不明显,需求差别较少,因此导致企业生产的产品结构相似、品种较为单一;产品生产工艺流程较为简单,间接制造费用所占的比重不大;采用单一的分配基础或少数几个分配基础,对间接费用进行分配并计算产品成本,所提供的信息是相对准确的,能够满足企业决策和控制的要求。

然而在高科技广泛应用于生产过程、市场需求多样化的环境下,各种为提高生产能力的自动化生产系统得到了广泛的使用,以及相关的管理理念、新的经营和制造环境,要求改进传统的成本计算方法以满足管理对成本信息的要求。

1. 生产方式的改变

经济的不断发展和人们生活水平的日益提高,使得市场需求逐步呈现多样化、个性化、时尚化的局面。市场需求的这种变化,要求企业放弃大批量生产和销售模式,而以品种多、质量优、功能强的产品系列去争取尽可能多的订单,并按订单适时组织生产。不同产品要求的工艺过程、操作程序不同,导致产品生产对不同作业的需求量不同,因而仍然采用人工小时、机器小时等与产量密切相关的单一指标作为制造费用的分配基础不能客观反映不同作业成本与不同产品的关系。

2. 制造技术的革新

20 世纪 70 年代以来,生产日趋高度自动化。计算机辅助设计、计算机辅助制造等得到广泛应用。其结果使得产品成本结构发生了巨大变化——制造费用在产品成本中所占比重大幅上升,而直接人工在产品总成本中所占比重大幅下降。若仍然以传统制造费用作为分配基础,则显然会扭曲成本信息。

3. 管理思想的发展

先进制造系统的推广同样带来了管理思想的演变。企业从追求规模转向以客户为导向,从追求利润转向基于价值的管理,即时生产方式、弹性制造系统、物料需求计划、企业资源计划、全面质量管理等这些新的管理思想和管理概念,无一不要求企业的成本信息更加准确、及时。

(二) 作业成本计算的产生与发展

由于市场需求和生产环境的变化,传统的成本分配方法不能满足经营管理对成本信息的要求,而作业成本计算将成本与作业联系起来,追踪分析作业与成本的关系,按作业来归集和分配成本,因此得到了越来越多的推广和应用,并导致了管理上的创新——作业管理的产生。这种成本核算方法恰恰弥补了传统成本计算方法的缺陷,能为企业提供大量相关、准确的成本信息,能在很大程度上帮助管理者实施价值管理。

二、作业成本法的基本概念

(1) 作业成本法是指以作业为基础的成本计算方法,它是将生产产品(或提供服务)所消耗的资源按作业归集,再由作业分配至产品的一种成本计算方法。

(2) 作业是指由人力、机器等所执行的任务,是企业生产经营过程中独立并相互联系的各项具体活动。企业经营过程中的每个环节或生产过程中的每道工序都可以视为一项作业。

按照作业水平的不同,可将作业分为单位水平作业、批次水平作业、产品水平作业、生产维持水平作业四类。这种分类方法也是作业成本计算中常见的分类。

① 单位作业,是指生产单位产品所从事的作业,即每生产一个单位的产品(或零部件等)便需进行一次的作业。

② 批作业,是指生产每批产品所从事的作业,即每生产一批产品便需进行一次的作业。

③ 产品作业,是指为支援各种产品的生产而从事的作业,即按产品的品种进行的作业。作业成本与产品品种相关,作业的目的是服务于各项产品生产与销售。

④ 能量作业,是指为维持生产而从事的作业,它们服务于整个企业,而不是具体产品。

(3) 成本动因也称成本驱动因素,是指诱导成本发生的原因,是联系产品、作业和资源的中介因素。一项作业可以有多种成本动因。根据作业成本法的原理,可以将成本动因分为资源动因和作业动因两类。

① 资源动因是引起作业成本变动的因素。它是将各项资源耗费归集到不同作业的

11

依据,反映了作业对资源的耗费情况,可以用来评价作业对资源的利用程度。可以运用资源动因来计量各项作业对资源的耗用,并将资源成本分配给各有关作业成本库。几种常见的资源动因如表 11 - 1 所示。

表 11 - 1 资源动因举例

资　　源	资　源　动　因
人　　工	消耗劳动时间
材　　料	消耗材料数量
动　　力	消耗电力度数
房屋租金	房屋使用面积

② 作业动因是引起产品成本变动的因素。作业动因计量各种产品对作业耗用的情况,并被用来作为作业成本的分配基础,是联结产品和作业的纽带,代表了产品或工艺设计的改善机会。作业分类及相关的作业动因如表 11 - 2 所示。

表 11 - 2 作业分类及相关的作业动因

作业分类	常见作业动因
单位水平作业	产品或零部件产量、机器工时、人工工时、耗电千瓦时数等
批次水平作业	采购次数、生产准备次数、机器调整次数、材料或半成品转移次数、抽样检验次数等
产品水平作业	按产品品种计算的图纸制作份数,按产品品种计算的生产工艺改变次数,模具、样板制作数量,计算机控制系统和产品测试程序的开发,按品种下达的生产计划书份数等
生产维持水平作业	设备数量、厂房面积等

③ 资源动因与作业动因的区别和联系。资源动因联结着资源和作业,而作业动因联结着作业和产品。把资源分配到作业用的动因是资源动因,把作业成本分配到产品用的动因是作业动因。当作业和产品一致时,资源动因和作业动因也是一致的。

三、作业成本法的程序与特点

(一) 作业成本法的程序

作业成本法成本计算过程分为两个阶段:第一阶段,将作业执行中耗费的资源追溯到作业,计算作业的成本并根据作业动因计算作业成本分配率;第二阶段,根据第一阶段计算的作业成本分配率和产品所耗费作业的数量,将作业成本追溯到各有关产品。具体步骤如下:

1. 确认和计量各种资源耗费,将资源耗费归集到各资源库

企业耗费的资源主要有货币资金、材料、人力、动力、厂房设备等内容。确认并计量各项资源耗费,并为耗费的每类资源设立资源库,将一定期间耗费的资源按资源库进行归集。

2.建立作业同质成本库,归集同质成本

同质成本是指相同成本动因引起的制造费用。将相同资源动因引起的成本归集到一起即形成了同质成本库,在制造费用发生时就将其归集到各个同质成本库中。关于成本库的设立,从管理对信息的要求来看,成本库越多越好,但究竟如何设立、设立多少,这一方面取决于作业及其成本能否明确划分,另一方面考虑管理的需要并遵循成本效益原则。

3.按活动内容辨别区分不同类型的作业

企业的生产活动过程是由不同内容的作业构成的。根据内容科学区分作业类型,是作业成本法准确提供成本信息的前提和保证。辨别不同类型的作业有两种方式:一种方式是根据企业总的生产流程,自上而下进行分解;另一种方式是通过与员工和经理进行交谈,自下而上地确定他们所做的工作,并逐一认定各项作业。

4.分析作业与资源之间的关系,确定每种作业的资源动因

作业成本法下,每种作业活动所发生的成本是按作业消耗的资源动因分配的。因此,要分析作业与资源之间的关系,确定每种作业的资源动因。

5.确定资源动因分配率,分配同质成本

以该作业的资源动因为分配基础,计算资源动因分配率,并将所耗费的资源按资源动因分配率分配给各作业成本库。计算公式如下:

资源动因分配率＝资源成本÷各作业消耗的资源动因数量

分配到某作业成本库中的该项资源成本＝该成本库各作业消耗的资源动因数量×

资源动因分配率

6.确定作业动因分配率,分配作业成本,并计算产品生产成本

这一步骤是指运用前面计算得出的作业成本和各产品所耗用的作业量指标,将作业成本以每种产品消耗的作业动因为分配基础,计算作业动因分配率,并将作业成本库归集的成本分配给产品,对于原材料、直接人工等直接成本则直接计入产品成本,也就是将成本追溯到产品中去。计算公式如下:

作业动因分配率＝作业成本÷各产品消耗的作业动因总和

分配到某产品的该项作业成本＝该产品耗用的作业动因数量×该项作业动因分配率

某产品当期发生成本＝当期投入该产品的直接成本＋该产品当期

耗用的各项作业成本

(二) 作业成本法的特点

与传统成本计算方法相比,作业成本法主要有以下几个特点:

1.对产品间接费用的分配更为合理

与传统成本计算方法相比,作业成本法的分配基础(成本动因)发生了质变。它不再采用单一的"数量"作为分配标准,而是采用多元分配基础,集财务变量与非财务变量于一体,且特别强调非财务变量。因此,作业成本法所提供的成本信息要比传统成本计算方法准确得多。

2."作业"是作业成本法的基本成本对象

传统成本计算方法主要以产品为成本对象计算成本。而作业成本法以"作业"为最基本的成本计算对象。产品的成本计算需要先通过作业成本进行分配。正是由于作业成本法可

以提供各项作业耗费的成本信息,因此管理人员开展作业管理并改善作业链成为可能。

3. 作业成本法的成本计算比完全成本法更具体

传统的完全成本法将许多成本项目列作期间费用,在发生的当期"一次性扣除"而不是加以分配。在作业成本法下,对于营销、产品设计等领域发生的成本,只要这些成本与特定的产品相关,则可通过有关作业分配至有关产品(或其他成本对象),这样所提供的成本信息更有利于企业进行定价等相关决策。

4. 所有成本均是变动的

从作业成本法的观点看,一部分成本虽然不随产量的增加而增加,但却会随其他因素的变化而变化,这些因素包括产品批次、生产线的调整、企业生产能力的增减等。作业成本法将所有成本均视为变动的,这有利于企业分析成本产生的动因,进而降低成本。

四、作业管理

(一)作业管理的基本概念

作业管理是指以客户需求为出发点,以作业分析为核心,利用作业成本计算所获得的信息,对作业链不断进行改进和优化,以达到不断消除浪费、提高客户价值的目的,从而使企业获得竞争优势的一种先进的成本管理方式。

作业链是指现代企业为了满足顾客需要而设立的一系列前后有序的作业的集合体,包括研发、设计、生产、营销、配送等;也可以指某一特定过程中所包含的相互联系的各项作业。

价值链是作业链的价值表现。生产经营中的各项作业有序进行,在作业转移的同时伴随着价值的转移,最终产品是全部作业的集合,同时也表现为全部作业价值的集合。作业链的形成过程,也就是价值链的形成过程,要想提高价值,必须改进作业链;而作业链的完善是从价值链分析开始的。

(二)作业管理的基本步骤

实施作业管理应结合传统成本控制的一般程序,围绕作业及作业链的分析来进行。实施作业管理的基本步骤如下:

1. 分析客户需求

通过调查了解客户需求,并进一步分析哪些作业是增值的,哪些作业是无效的,为进一步的作业分析奠定基础。

2. 分析作业链构成

首先是分析作业,即要搞清楚企业的经营活动全过程究竟包括哪些作业,它们的内在联系是什么,每项作业发生的原因又是什么;重要作业是哪些,重要作业又可以分解为哪些具体的实施环节。

3. 区分增值作业与非增值作业

企业必须对价值链中各具体环节的作业进行逐一检查分析,以识别哪些作业是增值作业,哪些作业是非增值作业。对于增值作业,应考查其工作效率,在研究提高其效率的同时应保证其不被消除,否则会降低企业价值;对于非增值作业,应在保证产品质量和企业价值的前提下尽可能压缩或消除。

4. 分析作业执行情况

分析作业水平的高低以及作业的利用效果,以便及时发现问题、采取措施,以达到合理配置资源、降低作业成本的目的。

5. 采取措施,改善企业经营管理

企业应在作业分析的基础上,采用先进的方法以及有效的措施,优化作业链,同时尽量提高增值作业的利用效率,从而达到不断改善生产经营、确保低成本竞争优势的最终目的。

(三) 作业价值分析

作业价值分析的具体内容包括动因分析、价值链分析和增值作业的确认三个方面。

1. 动因分析

动因分析是指以客户需求为出发点,对作业与产品成本的驱动因素的合理性进行的分析,以确定各项作业存在的必然性、成本动因的合理性以及利用的效率。作业需求变动,会引起作业成本变动。

2. 价值链分析

价值链分析是对作业的协调状况进行分析。作业之间重叠与断开的现象都不利于企业价值的实现。应尽量消除作业链的重叠和断开现象,使其转化为理想的作业链。理想的作业链应是作业与作业之间环环相扣,没有重叠和断开的现象,作业之间的等待或延误最小。

3. 增值作业的确认

增值作业是指满足客户需要所必需的作业,是应该保留在价值链中的作业;客户不需要而不能形成价值增值的作业为非增值作业,也就是不应保留在价值链中而需要从价值链中消除或通过持续改善逐步消除的作业。判断增值作业与非增值作业的标准是:如果去掉某项作业,仍然能够为客户提供与以前相同的效果,则该项作业为非增值作业,否则为增值作业。

(四) 改善作业的具体措施

我们可以根据实际情况采用作业消除、作业选择、作业减少、作业分享等措施来实现作业的改善。具体内容如下:

1. 作业消除

作业消除是指采取措施将经过作业分析所确定的非增值作业消除,以减少不必要的耗费,提高成本效率。消除一项作业,往往不是只针对该项作业采取措施,而是很有可能涉及其他若干项作业,甚至整个生产过程或经营过程。

2. 作业选择

作业选择是指分析达到目标的不同作业或不同策略,选择其中最佳的作业或策略。最佳的作业可能是效果相同但成本最低的或成本相同但效率最高的作业。

3. 作业减少

作业减少是指对于一项增值作业来说,降低对它的需求,就等于提高了它的效率。对难以立即消除的非增值作业,可以采取不断改进的方式,降低作业消耗的资源或时间,或提高作业效率以尽量减少作业量,降低成本耗费。

4. 作业分享

作业分享是指充分利用企业的生产能量使之达到规模经济效益,提高单位作业的效

11

率。例如,不增加某种作业的成本而增加作业的处理量,使单位成本动因的成本分配率
下降。

典 型 案 例

宝钢作业成本管理应用

早在 2005 年,宝钢分公司某配件分厂就已推进作业成本法试点,并取得了良好的效
果。在推进过程中,宝钢建立了矩阵式推进体系,厂领导负责推进,同时具体由配件分厂
牵头,其他部门参与(包括设备管理、能源管理、质量检测管理),财务部门负责组织并指导
具体的推进,从组织体系上确保整个推进过程顺利进行。

每月定期召开现场推进会,解决推进过程中的问题,部署下月的推进计划。

一、作业、资源及成本动因的划分

严格按照作业成本法的理念,结合配件区的作业特点,首先罗列出所有影响配件成本
变化的动因,然后从中找出最重要的作业,不断优化作业流程,降低物资消耗,最终实现
"小时能力最大,成材率最高,物资消耗最低"的目标。

配件厂主要生产两大类产品:接箍和工具接头,根据产品的加工路径不同来划分不
同的加工作业,据此确定资源的消耗情况。具体确定原则如下:

(1)配件区的最终产品按照产品大类分为接箍和工具接头,再根据各自特点划分明
细产品(分产品)。

(2)配件区作业成本推进必须与钢管厂明细产品成本推进相结合,为钢管产品明细
产品成本计算提供扩展成本支撑。

(3)接箍作业成本核算对象按照接箍的英制改革和出钢记号不同来区分,按只计算,
英制规格与详细规格的对照关系由配件区完成。

(4)接箍加工的主要作业包括:切管、车丝、探伤、表面处理。

(5)工具接头作业成本核算对象按照工具接头的类型和台肩类型不同划分,工具接
头按每对进行成本计算。

(6)工具接头的主要加工作业包括:外协深加工、超声波探伤、镗锥孔、热处理、车丝、
磁粉探伤、表面处理和硬质合金堆焊。

(7)配件作业区的设备维修费用与作业的关系,由设备管理室根据不同机床固定资
产净值与投入的维修费用比较分析,找出降低维修用的具体方法。

(8)人工费:根据各作业的实际人数(含岗位协力工)为权数摊销至各作业人工
成本。

(9)请配件作业区统计所有的作业成本项目,并按照上述作业动因不同,从月初开始
收集资源消耗情况。

二、措施及成果

(一)提高产能

根据产线设备特点,科学组织生产,提高小时最大产能和综合营利能力。

11

（二）优化工艺流程，减少非增值作业，提升现场管理水平

（三）相应的成本管理措施

宝钢在成本管理的实施过程中尤其重视价值链的分析，强调从行业价值链、企业内部价值链、竞争对手价值链分析等三方面着手。

对于行业价值链分析，宝钢建立了基于供应链的成本管理方法，从销售环节和采购环节入手，通过价值分析，全面优化供应链成本模型；通过企业间长期稳定的合作关系，减少不增值作业的成本支出，从而实现了供应链的价值最大化和企业间的双赢。

在销售环节供应链成本管理环节，宝钢通过实行大规模定制、按周交货、建设第三方物流体系等举措，既实现了快速响应，高效地满足了客户共同需求，又使得产品大规模生产，实现了"低成本"的竞争战略，还迅速满足了客户的个性需求，通过"差异化"实现了公司在钢铁业的"别具一格"，从而提升公司产品的价值。

对于竞争对手价值链分析，宝钢采用了对标管理方法。通过与对标企业相互交流获取信息，建立信息共享平台、开发班组绩效报表、纳入评价指标等手段促使公司成本管理者不断地自我加压，主动开展与竞争对手的成本对标，从而持续提升公司成本竞争力。

三、领先的管理化管理系统

宝钢之所以能在成本管理上一马当先，任凭时代变迁，始终处于领先位置，并成为目前中国少数对精益成本管理进行成功应用的企业之一，与其长期以来对"以财务为中心"的信息化体系建设的重视和持续投入息息相关。钢铁企业由于设备众多、物流复杂，其信息化系统往往由多个层次构成。为适应信息经济时代的管理要求，宝钢吸取国际先进信息化建设理念，于1997年与IBM合作，引进ATM设备，开发集销售管理、质量管理、生产管理、出厂管理、成本管理、统计管理和会计管理于一体的管理信息系统，从而实现了全部生产过程的计算机控制。信息系统的建立，使集团能够对各项成本、费用等指标进行动态跟踪，随时掌握资金流向和流量，对全面预算的执行情况进行动态分析。这也是宝钢在20世纪90年代成功应用标准成本法的必要条件。进入21世纪以来，宝钢仍持续对信息系统平台进行改善和建设。在已有的成本核算系统、销售系统、成本分析系统、各业务系统的基础上，针对精益成本的管理需求，宝钢不仅建设和改善了全面预算管理系统平台，还形成了以现有系统的数据为基础的作业成本计算模型和战略成本管理模型。同时，宝钢还很好地将信息化延伸到电子商务、客户关系管理（Customer Relationship Management，CRM）和供应链管理（Supply Chain Management，SCM）、数据仓库和数据挖掘等领域，建立起财务成本数据仓库，从而实现了对作业的更准确把握、对经营管理的更快速响应，以及对价值创造的充分实现。

要求：如何看待宝钢的管理信息系统？

【分析】

宝钢管理信息系统的建立，使集团能够对各项成本、费用等指标进行动态跟踪，随时掌握资金流向和流量，对全面预算的执行情况进行动态分析。这是宝钢在20世纪90年代成功应用标准成本法的必要条件。随着"互联网＋"、大数据时代的到来和"共享中心"、人工智能的爆发，宝钢仍持续对信息系统平台进行改善和建设。在已有的成本核算系统、销售系统、成本分析系统、各业务系统的基础上，针对精益成本的管理需

11

求,宝钢不仅建设和改善了全面预算管理系统平台,还形成了以现有系统的数据为基础的作业成本计算模型和战略成本管理模型。同时,宝钢还很好地将信息化延伸到电子商务、客户关系管理、供应链管理、数据仓库和数据挖掘等领域,建立起财务成本数据仓库,从而实现了对作业的更准确把握、对经营管理的更快速响应,以及对价值创造的更充分实现。

小米手机:如何针对业绩进行价值链重构

目前国产手机的生产运营模式主要高度依靠运营商渠道,以量取胜,代表企业是中兴、华为、酷派、联想等传统型企业,以及像步步高、金立、OPPO等市场投入海量推广资金来换取产品高利润的第二种企业。而在移动互联网时代,把通信和互联网行业结合得很好的互联网企业(如小米)的杀入,形成了国产手机行业的第三态。

一、小米手机商业模式的创新

小米公司的商业模式不同于传统手机制造商。目前手机生产商的商业模式都是靠销售手机赚钱,包括苹果、三星以及国内的华为、联想等。而小米公司则在配置相同的情况下,把手机本身的价格定得更低,理想中的商业模式是以小米手机作为载体,收集、扩大并绑定用户,通过互联网应用与服务盈利。共同成就一个前所未有的软件、硬件、互联网"铁人三项"公司。

"小米模式"其实就是移动互联网时代的制造业重构。在网络经济迅速发展的今天,有很多类似的商业模式,如腾讯以免费的即时交流工具QQ为载体收集大量的用户,在有了一定量用户沉淀后,便能够以各种互联网应用来营利。可以说,发展并保持用户对产品的黏度,然后通过庞大的用户资源来寻求盈利点是互联网最主要的一种商业模式。

二、解读小米公司价值链重构

小米公司以互联网时代的公司建设与产品来打造,去面对一个相对传统一些的科技行业,以"轻公司"的姿态来挑战其他传统"大腕",对传统厂商的传统模式产生了直接冲击。

(一) 突破传统渠道重构

在实践中,小米手机不走寻常路,尽可能降低渠道成本,采用社会化媒体的"零费用营销"等全互联网模式。

在分销渠道环节,小米只走电子商务渠道,也就是销售完全依托小米网站,或者利用转型期的国美电器网上商城、苏宁商城等,舍弃了以往传统手机销售的大卖场渠道,省下一大块渠道铺货和商场入驻的费用等,大大减少了中间环节的成本,从而支撑着小米手机的"低价抢占市场份额"策略。与此同时,销售范围没减少,产品可以直达三四线城市,只要有物流就能送达。在线直销让小米手机不仅有钱赚,而且有更重要的财务功效——加速现金回流。如果按照传统零售渠道销售,销售回款的账期可能就把一个企业拖垮,但在线销售就把这种压力化解了。

(二) 拓展市场建设

传统企业在运营管理中品牌建设投入大、营销成本高、难以开展精准营销,无法及时了解市场需求。所以互联网企业应看到这方面的不足,从另一个角度去看待问题。互联网时代的竞争法则是，"没有哪一个品牌，强大到不能被挑战；没有哪一个品牌，弱小到不能去竞争。"小米手机在营销推广方式上，舍弃任何传统的昂贵的展示性广告，只做新媒体、自媒体等的社会化营销，并专注培育自己的论坛。传统广告的模式粗放，而小米却可以直接和自己的粉丝互动，营销起来就精准得多。

（三）对顾客价值的颠覆

小米手机在产品生产设计环节，也做到了完全的互联网化，通过互联网的方式发动群众一起来做手机，让消费者价值得到更人性化提升。在设计上不再只依赖传统的设计师关起门来臆想和向外部做问卷调查回访的方式。小米通过官方论坛和各种社会化媒体，直接和它的用户展开对小米的不足和可能的改进讨论。客户不仅是消费者，与客户找到沟通语言，更应该成为生产设计伙伴，因此小米让发烧友参与手机系统的开发，根据发烧友的反馈意见不断改进，并每周实时进行更新。

得益于互联网开放共享的系统平台，小米的客户价值主张就是通过提高产品价值和降低顾客成本，最大化地提高顾客的让渡价值。小米最终把手机做成为一款真正的"用户自己定义的手机"。

（四）柔性生产按需定制

在库存环节，小米类似于早些年戴尔的"零库存"概念——先有订单，才开始生产，这从本质上颠倒了传统供应链节点的先后顺序。因此外界总是认为小米故意制造缺货，指责小米过度"饥饿营销"。

戴尔模式的实质是"按需定制"，据介绍，小米手机用户通过网络下单，获得市场需求，然后通过供应链采购零部件。

目前由于小米手机的市场供不应求，处于供不应求的状态，供需尚不需要完全对接。在供需相对平衡的情况下，如能打通供、需两端，就能实现真正的"按需定制"。

三、小米公司的创新与挑战

小米手机的热潮还在继续，小米的成功逆袭被解读为用互联网思维颠覆传统企业的游戏规则。2023年第三季度，小米在新兴市场表现强劲，在厂商中排名第三，出货量达到4 150万部，实现了2%的年增长率。手机与移动互联网结合的模式使得小米手机一路高歌猛进。小米手机除了在渠道、品牌、用户价值、生产库存等方面实现价值链重构外，还围绕四条法则进行创新：一是做最好产品；二是营销模式的改变；三是硬件、软件和互联网服务"铁人三项"；四是小米的"粉丝经济"。但对比互联网成功的案例，以手机作为载体发展用户的模式在持久盈利能力、用户的忠诚度方面有其自身的弱点。小米手机的初步成功，顶多只是赢得了开局优势，作为应对，其他竞争厂商也必将跟进。但当真正的价格比拼开始之后，价格、投资回报、利润水平、系统平台是小米未来面临的更大挑战。

要求：试分析小米的价值链未来还要关注什么？

【分析】

传统的价值链存在诸多缺陷，企业在重构价值链的时候必须以满足顾客的需求为出发点，在竞争对手的考量上不应只局限于行业内的竞争，小米应尽早发现产业发展的趋势，从而采取相应跨越行业的眼光来看待价值链的重构过程，同时技术、平台发展迅速，企业管理者应有前瞻性战略眼光，打破传统思维模式。

11

实 训 精 选

一、单项选择题

▲1. 企业生产经营过程中各项独立并相互联系的具体活动是指（　　）。
A. 作业管理　　　　B. 作业　　　　C. 作业链　　　　D. 价值链

▲2. 下列选项中，属于满足客户需求所必需的作业的是（　　）。
A. 成本动因　　　　B. 增值作业　　　　C. 非增值作业　　　　D. 价值链

3. 作业成本法指的是以（　　）为基础的成本计算方法。
A. 产品　　　　B. 作业　　　　C. 客户　　　　D. 订单

4. 单位水平作业的作业成本高低与（　　）成比例变动。
A. 产品产量　　　　　　　　　　B. 作业的批次
C. 产品的品种数　　　　　　　　D. 企业生产维持水平

▲5. 打算降低批次水平作业成本，只能设法减少（　　）。
A. 作业批次　　　　B. 产品产量　　　　C. 单位成本　　　　D. 变动成本

▲6. 为维持整个企业生产而从事的作业是指（　　）。
A. 单位水平作业　　　　　　　　B. 批次水平作业
C. 产品水平作业　　　　　　　　D. 生产维持水平作业

▲7. 下列选项中，属于机器调整作业的作业动因是（　　）。
A. 产品设计　　　　B. 生产批次　　　　C. 产品产量　　　　D. 机器大修次数

8. 下列选项中，通常属于人工资源动因的是（　　）。
A. 人工小时　　　　　　　　　　B. 机器小时
C. 材料消耗数量　　　　　　　　D. 生产批次

9. 下列选项中，能够反映作业量与资源耗费之间因果关系的是（　　）。
A. 资源动因　　　　B. 作业动因　　　　C. 产品动因　　　　D. 成本动因

▲10. 下列选项中，属于较难确定作业动因的是（　　）。
A. 生产维持水平作业　　　　　　B. 产品水平作业
C. 批次水平作业　　　　　　　　D. 单位水平作业

▲11. 下列选项中，能够反映作业量与产品之间因果关系的是（　　）。
A. 资源动因　　　　B. 作业动因　　　　C. 产品动因　　　　D. 成本动因

12. 下列选项中，能够从价值上反映企业作业链的指标是（　　）。
A. 产品　　　　B. 作业量　　　　C. 价值链　　　　D. 作业

13. 现代企业为了满足顾客需要而设立的一系列前后有序的作业的集合体指的是（　　）。
A. 价值链　　　　B. 作业链　　　　C. 生产过程　　　　D. 作业

▲14. 可以从公司成本中去除或降低且不影响产品质量的成本是（　　）。
A. 增值作业成本　　　　　　　　B. 可变成本
C. 非增值作业成本　　　　　　　D. 间接费用

15. 国泰公司在运送部门实施了作业成本法，将运送部门分成三个作业：第一是与包装和运送相关的作业,该作业成本动因是包装与发送的箱数;第二是与产品运送前的最终检验相关的作业,该作业成本动因是检验的件数;第三是一般管理作业,该作业成本动因是订单的份数。11月该公司运送部门成本相关资料如表11-3所示。

表11-3　　　　　　　　运送成本相关资料表

作　业	成本/元	成本动因	作业量
包装与运送	180 000	运送箱数	6 000 箱
最终产品检验	80 000	检验件数	25 000 件
一般管理	60 000	订单数	1 000 份

(1) 一般管理作业的成本分配率是(　　)元。

A. 60.00　　　　　　B. 10.00　　　　　　C. 2.40　　　　　　D. 20.00

(2) 假如华北地区的订单为400份,共12 500件产品。这些订单分成1 500个箱子运送。华北地区应该分配的运送成本是(　　)元。

A. 45 000　　　　　B. 90 000　　　　　C. 72 000　　　　　D. 60 000

16. 正民食品有限公司生产甲、乙两种产品。10月该公司发生制造费用840 000元,将其分到3个作业中,相应的成本信息与成本动因有关资料如表11-4所示。

表11-4　　　　　公司相应成本信息与成本动因有关资料表

产　品	机器运行	机器调整	包　装
甲产品	1 000 小时	80 次	3 000 箱
乙产品	3 000 小时	20 次	5 000 箱
作业成本	400 000 元	200 000 元	240 000 元

(1) 假设企业采用传统成本法按照机器小时分配制造费用,则单位机器小时应分配的制造费用是(　　)元。

A. 210.00　　　　　B. 8 400.00　　　　C. 73.36　　　　　D. 35.00

(2) 假设企业采用传统成本法按照机器小时分配制造费用,则甲产品应分配的制造费用是(　　)元。

A. 672 000　　　　B. 210 000　　　　C. 420 000　　　　D. 640 000

(3) 假设企业按照作业成本法进行核算,该企业机器调整费用作业分配率是(　　)元。

A. 2 000　　　　　B. 3 000　　　　　C. 1 500　　　　　D. 2 500

(4) 假设企业按照作业成本法进行核算,乙产品应分配的机器调整费用是(　　)元。

A. 140 000　　　　B. 10 000　　　　C. 40 000　　　　D. 168 000

二、多项选择题

▲1. 根据作业成本法的原理可以将成本动因分为(　　　　)。

A. 产品动因　　　B. 作业动因　　　C. 资源动因　　　D. 需求动因

E. 价格动因

▲2. 在理想的状态下,企业生产经营过程中属于增值作业的有(　　　　　)。

A. 产品设计　　　　　　　　　　　　　B. 存货中的储存

C. 产品加工　　　　　　　　　　　　　D. 产品交付

E. 机器维修停工

3. 下列选项中,属于生产维持水平作业的有(　　　　　)。

A. 产品设计　　　　B. 人事管理　　　　C. 一般管理　　　　D. 产品介绍

E. 机器调整

4. 按照作业水平的不同,将作业分为(　　　　)四种类型。

A. 单位水平作业　　　　　　　　　　　B. 批次水平作业

C. 产品水平作业　　　　　　　　　　　D. 生产维持水平作业

E. 基层作业

5. 下列选项中,属于批次水平作业的有(　　　　)。

A. 订单处理　　　　B. 机器调整　　　　C. 产品设计　　　　D. 产品检验

E. 一般管理

6. 实际工作中可以采用的改善作业的具体措施有(　　　　)。

A. 作业消除　　　　B. 作业选择　　　　C. 作业减少　　　　D. 作业分享

E. 停产

7. 与传统成本计算方法相比,作业成本法的特点主要有(　　　　)。

A. 对产品间接费用的分配更为合理

B. "作业"是作业成本法的基本成本对象

C. 作业成本法的成本计算比完全成本法更具体

D. 所有成本均是变动的

E. 计算方法更为简便

三、判断题

1. 作业成本法对间接制造费用的分配往往是采用人工小时、机器小时等这些与产量密切相关的单一分配基础。　　　　　　　　　　　　　　　　　　　　(　　)

2. 在传统的生产环境下,由于生产工艺流程较为简单,间接制造费用所占的比重不大,因此采用传统成本计算方法,所提供的成本信息是相对准确的。　　　　(　　)

3. 作业成本法是以产品为基础的成本计算方法。　　　　　　　　　　　(　　)

4. 企业生产经营过程中相互联系的每个环节或每道工序都可以视为一项作业。

(　　)

5. 批次水平作业的成本随产量增加呈正比例增加。　　　　　　　　　　(　　)

6. 因质量问题出现的返修、重复检测等工作属于增值作业。　　　　　　(　　)

7. 产品设计作业的成本与生产批次无关。　　　　　　　　　　　　　　(　　)

8. 作业管理是利用传统成本法计算所获得的信息对作业链不断进行改进和优化,以达到不断消除浪费、提高客户价值的目的,从而使企业获得竞争优势的一种先进的成本管理方式。

(　　)

9. 传统成本计算方法认为所有成本都是变动的。　　　　　　　　　　（　　）

10. 在实际工作中,对作业划分越细,对企业越有利。　　　　　　　　（　　）

四、计算分析题

1. 南华化工制品公司生产销售产品 A 和产品 B,该公司 12 月发生的制造费用为 600 000 元,直接人工工资率为 10 元/小时,作业量消耗如表 11 - 5 所示。

表 11 - 5　　　　　　　　　作业量水平有关资料

项　　目	产品 A	产品 B
机器小时	35 000	15 000
直接人工小时	20 000	40 000
直接材料用量/千克	10 000	5 000
直接材料价格/(元/千克)	1.8	2.4
产品产量/件	75 000	125 000

要求:

(1) 分别以直接人工小时和机器小时为分配基础,计算制造费用分配率。

(2) 以直接人工小时为制造费用分配基础,分别计算每种产品的单位成本。

(3) 以机器小时为制造费用分配基础,分别计算每种产品的单位成本。

(4) 分析产品单位成本不同的原因。

2. 广元工具制造公司制造销售高质量的木工工具——甲产品和乙产品,11 月该公司资源耗费与相关成本资料如表 11 - 6、表 11 - 7 所示。

表 11 - 6　　　　　　　　　成本与作业方面的资料

项　　目	按成本类别归集的制造费用和作业量		
	单位水平作业	批次水平作业	产品水平作业
预计成本额/元	80 000	20 000	15 000
预计作业量	运转 500 机时	搬运 80 批	设计 25 种

表 11 - 7　　　　　　　　甲、乙两种产品资源耗费情况

产　　品	生产数量/件	机器小时	材料搬运次数	工程绘图
甲	80	40	1	0
乙	15	10	2	2

要求:

(1) 计算每一类作业的预计分配率。

(2) 分别计算甲、乙两种产品的制造费用总额和单位产品的制造费用。

11

3.某电风扇企业制造公司生产两种产品 X 和 Y,与制造费用相关的作业、成本及其他有关资料如表 11-8 所示。

表 11-8　　　　　与制造费用相关的作业、成本及其他有关资料

产　品	加工作业	调整准备	材料订购验收
产品 X	1 500 机器小时	100 次	400 批次
产品 Y	1 500 机器小时	50 次	200 批次
制造费用	300 000 元	7 500 元	12 000 元

要求:

(1)确认每一项作业的成本动因并计算各种作业的费用分配率。

(2)将制造费用分配给产品 X 和 Y。

4.某园林本年度间接费用发生情况及相关作业与成本动因等方面资料如表 11-9 所示。

表 11-9　　　　　某园林本年度间接费用及相关作业与成本动因

作　业	间接费用	成本动因	成本动因总量
一般管理	150 000	植物种类	500
移　植	100 000	移植株数	2 000
浇　水	500 000	植物株数	250 000

要求:

(1)计算每种作业的分配率。

(2)如果有 200 棵某种植物,该种植物每年需要移植 1 次、浇水 3 次,则该种植物应负担的间接费用是多少?

项目十一　参考答案

项目十二 绩 效 管 理

学习目的与要求

通过本项目实训,了解绩效评价的概念,熟悉绩效评价,掌握绩效评价的方法,为以后参与企业管理打好基础。学习本项目,应重点掌握以下内容:

(1) 绩效评价的概念。

(2) 绩效评价指标与标准。

(3) 平衡计分卡的编制。

(4) 总体绩效评价、部门绩效评价及绩效评价报告的编制。

重点、难点解析

一、绩效评价概述

(一)绩效评价借鉴的各种理论

委托代理理论是研究组织绩效评价问题的基础。

激励理论是行为科学中用于处理需要、动机、目标和行为四者之间关系的核心理论。

控制作为一项重要的管理活动很早就为管理学家和企业家所重视,法约尔提出的五项管理职能即计划、组织、指挥、协调、控制。

战略管理理论随着经济和管理的发展逐步发展并完善。

(二)绩效考核与评价系统的概念

企业绩效考核与评价系统是为了达到一定的目的,运用特定的指标,比照统一的标准,采取规定的方法,对经营者绩效作出判断,并与激励结合的考评制度。

(三)绩效考核与评价系统包括的内容

考评主体(考评者)、考评客体(考评对象)、考评目标、考评指标体系(考评指标、考评标准、考评方法)以及相关的激励机制。

二、绩效评价体系的构建

(一)评价指标的选择

(1) 财务性绩效衡量指标。

(2) 企业成长阶段与绩效评价指标的选择。

（二）非财务性绩效衡量指标

非财务性绩效衡量指标,如市场占有率、新产品的开发能力、产品与服务的品质、生产力及员工培训等,逐渐在企业的绩效衡量上扮演起比较重要的角色。

（三）美国会计人员协会的建议与汇总

美国会计人员协会(NAA)对于绩效的衡量提出以下几点建议:

(1) 企业所采用的财务性绩效衡量指标应具有代表性,并应同时包含收入增长率、利润、现金流量及投资报酬率等。

(2) 在企业生命周期的不同阶段,各种绩效衡量指标各有其不同程度的重要性,在强调任一指标的同时,不应排除使用其他有意义的指标。

(3) 在运用多项财务性绩效衡量指标来衡量绩效时,应结合运用预算与实际的差异,以提高绩效衡量的效用。

(4) 受到通货膨胀影响的企业,不应完全以历史成本为基础的会计数字来衡量绩效。

(5) 企业应同时考虑采取与各个经营层面(如营销、生产、品管、新产品开发及人力资源等)有关的非财务性绩效衡量指标,以提高评估经营绩效的正确性。

（四）绩效评价系统的设计原则

(1) 以成果为重。

(2) 追求远大的绩效。

(3) 评估正确的项目。

(4) 明确的管理责任承担结构。

（五）绩效评价体系的实施步骤

(1) 战略开发。

(2) 预算制定。

(3) 绩效计测。

(4) 绩效检查。

(5) 激励性奖惩。

（六）绩效评价模式的选择

(1) 总公司对子公司的管辖方式。

(2) 与管辖模式相对应的管辖结构。

(3) 与管辖方式和管辖结构相适应的绩效评价模式。

三、平衡计分卡

（一）平衡计分卡的基本内容

(1) 财务方面。

(2) 顾客方面。

(3) 内部业务流程方面。

(4) 学习与成长方面。

（二）平衡计分卡的平衡关系与基本项目

1. 平衡计分卡四个方面之间的平衡关系

(1) 过去、现在、未来的平衡。

（2）短期与长期的平衡。

（3）内部与外部的平衡。

（4）结果与动因的平衡。

2. 平衡计分卡四个方面的基本项目

（1）战略目标。

（2）考评指标。

（3）绩效动因。

（4）标准数据。

（5）具体措施。

（6）评分。

（三）平衡计分卡综合绩效考评过程

（1）平衡计分卡的最初设计。

（2）平衡计分卡的日常记录。

（3）平衡计分卡的期末评分。

（4）平衡计分卡的修正。

（四）平衡计分卡的基本结构(图 12－1)

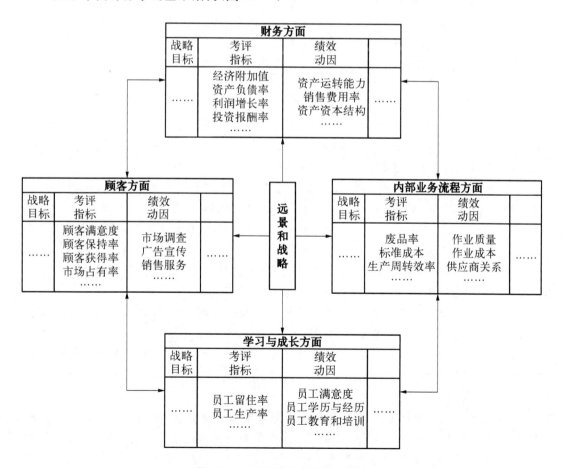

图 12－1 平衡计分卡的基本结构

典 型 案 例

可口可乐公司如何推广平衡计分卡

可口可乐公司以前在瑞典的业务是通过许可协议由瑞典最具优势的啤酒公司普里普斯(Pripps)公司代理的。该许可协议在 1996 到期中止后,可口可乐公司已经在瑞典市场上建立了新的生产与分销渠道。1997 年春季,新公司承担了销售责任,并从 1998 年年初开始全面负责生产任务。

可口可乐瑞典饮料公司(CCBS)正在其不断发展的公司中推广平衡计分卡的内容。若干年来,可口可乐公司的其他子公司已经在做这项工作了,但是总公司并没有要求所有的子公司都用这种方式来进行报告和管理控制。

CCBS 采纳了卡普兰和诺顿的建议,从财务、客户和消费者、内部经营流程以及组织学习与成长四个方面来测量其战略行动。

作为推广平衡计分卡方法的第一步,CCBS 的高层管理人员开了 3 天会议。把公司的综合业务计划作为讨论的基础。在此期间每一位管理人员都要履行以下步骤:

(1) 定义远景。

(2) 设定长期目标(大致的时间范围:3 年)。

(3) 描述当前的形势。

(4) 描述将要采取的战略计划。

(5) 为不同的体系和测量程序定义参数。

由于 CCBS 刚刚成立,讨论的结果是它需要大量的措施。由于公司处于发展时期,管理层决定形成一种文化和一种连续的体系,在此范围内所有主要的参数都要进行测量。在不同的水平上,将把关注的焦点放在与战略行动有关的关键测量上。

在构造公司的平衡计分卡时,高层管理人员已经设法强调了保持各方面平衡的重要性。为了达到该目的,CCBS 使用的是一种循序渐进的过程。

第一步是阐明与战略计划相关的财务措施,然后以这些措施为基础,设定财务目标并且确定为实现这些目标而应当采取的适当行动。

第二步,在客户和消费者方面也重复该过程,在此阶段,初步的问题是"如果我们打算完成我们的财务目标,我们的客户必须怎样看待我们?"

第三步,CCBS 明确了向客户和消费者转移价值所必需的内部过程。然后 CCBS 管理层的问题是:自己是否具备足够的创新精神、自己是否愿意为了让公司以一种合适的方式发展而变革?经过这些过程,CCBS 能够确保各个方面达到平衡,并且所有的参数和行动都会导致同一个方向的变化。CCBS 认为在各方达到完全平衡之前有必要把不同的步骤再重复几次。

12

CCBS 已经把平衡计分卡的概念分解到个人层面上了。在 CCBS,很重要的一点就是,只依靠那些个人能够影响到的计量因素来评估个人业绩。这样做的目的是,通过测量与他的具体职责相关联的一系列指标来考察他的业绩。根据员工在几个指标上的得分建立奖金制度。

在 CCBS 强调的既不是商业计划,也不是预算安排,而且也不把平衡计分卡看成是一成不变的;相反,它对所有问题的考虑都是动态的,并且每年都要不断地进行检查和修正。按照 CCBS 的说法,在推广平衡计分卡概念过程中最大的挑战是,既要寻找各层面的不同测量方法之间的适当平衡,又要确保能够获得所有将该概念推广下去所需的信息系统。此外,要获得成功的关键点是,每个人都要确保及时提交所有的信息,因而信息的提交也要考虑在业绩表现里。

要求:根据上述资料,思考在实施平衡计分卡时,公司的高级管理人员应当发挥怎样的作用。

【分析】

管理层决定形成一种文化和一种连续的体系,在此范围内所有主要的参数都要进行测量。在不同的水平上,将把关注的焦点放在与战略行动有关的关键指标上。

公司的高级管理人员在构造公司的平衡计分卡时,设法强调了保持各方面平衡的重要性。为了达到该目的,管理人员循序渐进的过程:第一步是阐明与战略计划相关的财务措施,然后以这些措施为基础,设定财务目标并且确定为实现这些目标而应当采取的适当行动;第二步,实施在客户和消费者方面的客户目标计划;第三步,革新向客户和消费者转移价值所必需的内部流程;第四步,把平衡计分卡的概念分解到个人层面上,建立激励制度,完成财务目标。

云南大理学院附属医院平衡计分卡实施效果分析

云南大理学院附属医院应用平衡计分卡的概念与原理,结合自身实际情况以及卫生部对资源管理的要求,设计绩效考评指标体系,评价临床科室在各个方面的绩效水平,找到绩效改进的方向进行改进。通过绩效考评指标体系的运用,医院绩效水平明显提高了。

一、客户维度

医院在医疗服务过程中,应始终把社会效益放在首位,履行相应的社会责任和义务。医院最基本的责任就是"为患者提供安全、有效、方便、价廉的医疗卫生服务",让患者满意。同时,只有不断创造更高的"患者满意度",才能吸引更多的患者到医院就医,使科室"增加业务收入"。因此,临床科室在客户维度的战略子目标就是提高"患者满意度"。

二、财务维度

国家要求医院在注重社会效益的同时,讲求经济效益。临床科室现处于年年亏损状态,只有在经济运行上达成"盈利性增长",才能使科室获得可持续发展。要达成"盈利性增长"就得"增加业务收入""降低业务成本""提高资产利用能力"。但是,医院不同于一般企业主要追求经济利益,医院首先需要注重社会效益,要在"为人民群众提供安全、有效、方便、价廉的医疗卫生服务""使患者满意"的基础上"增加业务收入"。因此,"降低业务成本""降低患者费用""增加业务收入"与"提高资产利用能力"是临床科室在财务维度的四个战略子目标。

三、内部业务流程维度

要为患者提供安全、有效、方便、价廉的医疗卫生服务,提高患者满意度,临床科室必

12

须做到"提高服务质量""提高服务效率"和"加强教学",这是内部业务流程维度的三个战略子目标。

四、学习与成长维度

为了保证医院内部业务流程高效运行,为患者提供满意的医疗服务,增加业务收入,达成盈利性增长,临床科室需要"增强职工发展潜力""提高科研水平",这是学习和成长维度的两个战略子目标。

要求:试分析该医院的平衡计分卡实施效果。

【分析】

平衡计分卡最初是以营利性企业为对象提出的,但其思想和方法也适用于非企业组织,不过在具体应用过程中,又区别于企业组织的一些特点。本案例以综合医院云南大理学院附属医院临床科室为绩效评价的对象。云南大理学院附属医院属于事业单位,在其对平衡计分卡的运用过程中区别于一般营利性企业的特点主要体现在:社会效益处于首要地位,即客户目标处于首要地位,而不是财务目标。

医院的使命是坚持"以病人为中心",提高管理水平,持续改进医疗质量,保障医疗安全,改善医疗服务质量,控制医疗费用,为人民群众提供安全、有效、方便、价廉的医疗卫生服务。医院在医疗服务过程中,始终把社会效益放在首位,履行相应的社会责任和义务。认真完成政府指令性任务,积极参加政府组织的社会公益活动;根据医疗卫生管理法律、法规、规章,提供全面、连续的医疗服务,为下级医院转诊的急危重症患者和疑难病患者提供诊疗任务;为下级医疗机构提供技术指导,开展双向转诊;履行公共卫生职能开展健康教育、科普宣传,普及防病知识,开展重大疾病、传染病以及慢性非传染性疾病的防治工作;承担突发公共卫生事件和重大灾害事故紧急医疗救援任务;承担教学、科研和人才培养工作。因此,医院要首先重视社会效益再兼顾经济效益。这体现在云南大理学院附属医院临床科室的战略地图中,一般企业的财务维度中,战略子目标是"增加收入"及"提高生产率",而在本案例的财务维度中,"增加业务收入"战略子目标的实现必须以"降低患者费用"战略子目标的实现为基础,收入的增加不能以增加患者负担为手段。

实 训 精 选

一、单项选择题

▲1. 企业( )必须对其投资的安全性首先予以关注。

    A. 所有者   B. 债权人   C. 经营者   D. 国家

▲2. 年初资产总额为 100 万元,年末资产总额为 140 万元,净利润为 24 万元,所得税为 9 万元,利息支出为 6 万元,则总资产报酬率为( )。

    A. 27.5%   B. 20%   C. 32.5%   D. 30%

▲3. 下列选项中,不属于企业发展能力分析指标的是( )。

    A. 资本积累率   B. 资本保值增值率

    C. 总资产增长率   D. 三年资本平均增长率

12

4. 评价企业短期偿债能力最可信的指标是（　　　）。

A. 已获利息倍数　　　　　　　　　　B. 速动比率

C. 流动比率　　　　　　　　　　　　D. 现金流动负债比率

▲5. 平衡计分卡最突出的优点是（　　　）。

A. 计算方便　　　　　　　　　　　　B. 使用简单

C. 从战略角度考虑全面　　　　　　　D. 使用人力、物力较少

▲6. 从平衡计分卡的角度组织 SWOT 矩阵，其中"W"是指（　　　）。

A. 优势　　　　　　B. 劣势　　　　　　C. 机会　　　　　　D. 威胁

▲7. 在平衡计分卡业绩衡量方法中，（　　　）属于潜在的领先指标。

A. 新客户开发率　　　　　　　　　　B. 盈利率

C. 投资回报率　　　　　　　　　　　D. 质量

二、多项选择题

▲1. 财务报表数据的局限性表现在（　　　）。

A. 缺乏可比性　　　　　　　　　　　B. 缺乏可靠性

C. 存在滞后性　　　　　　　　　　　D. 缺乏具体性

▲2. 进行财务分析时的弥补措施包括（　　　）。

A. 尽可能去异求同　　　　　　　　　B. 将资金时间价值纳入分析过程

C. 注意各种指标的综合运用　　　　　D. 善于利用"例外管理"原则

3. 应收账款周转率高说明（　　　）。

A. 收账迅速　　　　　　　　　　　　B. 短期偿债能力强

C. 收账费用增加　　　　　　　　　　D. 坏账损失减少

4. 反映企业盈利能力的指标包括（　　　）。

A. 盈余现金保障倍数　　　　　　　　B. 资本保值增值率

C. 资本积累率　　　　　　　　　　　D. 每股收益

5. 每股收益的计算公式中正确的有（　　　）。

A. 每股收益＝净资产收益率×权益乘数×平均每股净资产

B. 每股收益＝总资产净利率×权益乘数×平均每股净资产

C. 每股收益＝主营业务净利率×总资产周转率×权益乘数×平均每股净资产

D. 每股收益＝总资产净利率×平均每股净资产

6. 提高主营业务净利率的途径主要包括（　　　）。

A. 扩大主营业务收入　　　　　　　　B. 减少主营业务收入

C. 降低成本费用　　　　　　　　　　D. 提高成本费用

▲7. 平衡计分卡的基本框架从（　　　）方面建立。

A. 财务　　　　　　　　　　　　　　B. 顾客

C. 内部业务流程　　　　　　　　　　D. 学习与成长

▲8. 财务分析既是对已完成的财务活动的总结，又是财务预测的前提，在财务管理的循环中起着承上启下的作用。下列不属于财务分析目的的有（　　　）。

A. 对企业当前的财务运作进行调整和控制

12

B. 可以提供解决问题的现成方法

C. 对企业过去的财务状况和经营成果进行总结性分析和评价

D. 预测未来企业财务运作的方向及其影响

三、判断题

1. 企业经营者必然高度关心其资本的保值和增值状况。　　　　　　（　　）

2. 某公司今年与去年相比,主营业务收入净额增长 10％,净利润增长 8％,资产总额增加 12％,负债总额增加 9％。可以判断,该公司净资产收益率比去年下降了。　　（　　）

3. 平衡计分卡完美得没有任何问题。　　　　　　　　　　　　　　（　　）

4. 对于企业来说,几乎所有的成本都可以视为可控成本,一般不存在不可控成本。

（　　）

5. 利润中心获得的利润中有该利润中心不可控因素的影响时,可以不进行调整。

（　　）

6. 企业越是下放经营管理权,越要加强内部控制。所以很多大型企业将各级、各部门按其权力和责任的大小划分为各种责任中心,实行分权管理。　　　　　（　　）

7. 作为第一层次业绩评价主体的企业所有者,是依据产权关系为基础的委托—代理关系对企业最高管理层进行业绩评价的。这一层是管理会计确定内部责任单位并进行业绩评价的重点。　　　　　　　　　　　　　　　　　　　　　　　　（　　）

8. 平衡计分卡并非认为财务指标不重要,而是需要取得一个平衡。　　（　　）

9. 客户维度指标衡量的主要内容包括市场份额、老客户挽留率、新客户获得率、顾客满意度、从客户处获得的利润率等。　　　　　　　　　　　　　　　（　　）

10. 业绩评价是企业为了达到一定目的,运用特定指标,对经营者业绩作出判断,并与激励相结合的考评制度。　　　　　　　　　　　　　　　　　　　　（　　）

四、计算分析题

1. 某企业本年主营业务收入净额为 77 万元,主营业务净利率为 10％,按照主营业务收入计算的存货周转率为 7 次,期初存货余额为 8 万元;期初应收账款余额为 12 万元,期末应收账款余额为 10 万元,速动比率为 150％,流动比率为 200％,固定资产总额为 50 万元,该企业期初资产总额为 80 万元。该公司流动资产由速动资产和存货组成,资产由固定资产和流动资产组成。

要求:

(1) 计算应收账款周转率(计算结果保留两位小数)。

(2) 计算总资产周转率(计算结果保留两位小数)。

(3) 计算总资产净利率(计算结果保留两位小数)。

2. Greasy Grimes 是一家汽车修理连锁店。在 20 世纪 60 年代建立了这家公司和当地的修车厂和新车交易商服务部分竞争,除了实行基本的换油和润滑服务外,Greasy Grimes 的技工们还修理发动机变速器和刹车系统。公司工人设有 3 个劳动等级,工资率如表 12 - 1 所示。

12

表 12-1	工人工资率	单位：美元/时
学 徒 工	25	
普通技工	30	
熟练技工	40	

　　每个店有一个执行顾客成本估算并分配工作的经理,通过人工估算确定执行各种修理所需要的标准工时。Grimes 正在审阅第 222 家分店变速器业务的月报。最近该店管理层有了变化,Grimes 非常希望评估新经理能够有效使用工人的能力。相关数据如表12-2所示。

表 12-2

第 222 分店　　　　　　　　　　　　　　　　　　　　　　标准工时等级：学徒工 7 月

实际工时	实际工资率	标准小时	标准工资率
500	30 美元/时	800	25 美元/时

　　要求：计算第 222 分店 7 月工人工资率和人工效率差异并解释你的结果。

项目十二　参考答案

12

项目十三　战略管理会计认知

学习目的与要求

通过本项目实训,对战略管理会计有一个总括的认识,把握战略管理会计在管理会计体系中所处的位置,明确其与传统管理会计的关系。学习本项目,应重点掌握以下内容:

(1) 战略管理的内涵、意义,以及传统管理会计的局限性。

(2) 战略管理会计的定义、特点和目标。

(3) 战略管理会计与传统管理会计的关系。

(4) 战略管理会计的主要内容,并能结合实际加以运用。

重点、难点解析

一、战略管理的内涵与意义

(一) 战略管理的内涵

一般来讲,战略管理的内涵可以归纳为两种类型,即广义的战略管理和狭义的战略管理。广义的战略管理是指运用战略对整个企业进行管理,狭义的战略管理是指对企业战略制定、实施、控制和修正进行的管理。目前,主张狭义的战略管理的学者占主流。

(二) 战略管理的意义

(1) 战略管理可以为企业提出明确的战略目标和发展方向。

(2) 战略管理可以为企业适应外部环境的变化创造良好的条件。

(3) 战略管理可以使决策更加科学化和规律化。

二、传统管理会计的局限

传统管理会计的局限主要表现在:

(1) 不能适应企业制造环境的变化。

(2) 不能适应市场竞争的需要。

(3) 缺乏重视外部环境的战略观念。

三、战略管理会计的定义、特点与目标

（一）战略管理会计的定义

战略管理会计是与企业战略管理密切联系的，它运用灵活多样的方法收集、加工、整理与战略管理相关的各种信息，并据此来协助企业管理层确立战略目标、进行战略规划、评价管理业绩。

（二）战略管理会计的特点

（1）战略管理会计重视企业与外部环境的关系，具有外向性的特征。

（2）战略管理会计具有结果控制与过程控制相结合的动态系统的特征。

（3）战略管理会计信息的多样化及其处理过程科学性与艺术性的统一。

（4）战略管理会计对企业效益的评价是全方位的。

（三）战略管理会计的目标

战略管理会计的目标可以分为最终目标和具体目标两个层次。战略管理会计的最终目标为企业价值最大化。战略管理会计的具体目标有四个，分别为：

（1）协助管理当局确定战略目标。

（2）协助管理当局编制战略规划。

（3）协助管理当局实施战略规划。

（4）协助管理当局评价战略管理业绩。

四、战略管理会计与传统管理会计的联系与区别

（一）战略管理会计与传统管理会计的联系

（1）战略管理会计是对传统管理会计的发展。

（2）战略管理会计是对传统管理会计的一次重大变革。

（3）战略管理会计对传统管理会计提出了挑战。

（二）战略管理会计与传统管理会计的区别

（1）战略管理会计提供了超越企业本身的更广泛、更有用的信息。

（2）战略管理会计提供了更多的与战略管理有关的非财务信息。

（3）战略管理会计改进了评价企业业绩的尺度。

（4）战略管理会计提供了更及时、更有效的业绩报告。

五、战略管理会计的主要内容

战略管理会计的主要内容包括以下四个方面：

（一）企业的经营环境分析

任何企业都是在一定的外部环境中利用一定的内部条件来开展生产经营活动。进行战略管理，必须从分析企业的内外环境入手。

1. 企业外部环境分析

企业外部环境包括宏观环境和特定产业环境两方面。

2. 企业内部环境分析

企业内部环境是指企业的内部条件，包括人力、物力资源，管理水平，经营者的领导才能等。

(二) 价值链分析

价值链分析是一种战略工具,它是提高企业竞争优势的基本途径。价值链分析不仅与企业所处的产业有关,而且与企业自身的生产经营密切相连,因此价值链分析包括企业的价值链分析和产业的价值链分析。

1. 企业的价值链分析

企业的价值链分析是指对产品的整个价值链(包括从产品所需材料的供应者、设计与生产,直至产品的销售与售后服务)所进行的分析。这种分析的对象比较宽泛,包括供应商、企业本身以及顾客,分析的内容主要包括:产品生产合理配合分析、作业链分析以及成本动因分析。

2. 产业的价值链分析

产业的价值链分析是指整个产业的纵向整体分析,即从产业的最初原料开发开始,经过若干个不同产品的生产环节,直至最终产品被用户消费结束的完整过程。如造纸业的产业价值链包括"木材种植→砍伐→纸浆生产→造纸→纸张制品生产→纸张制品销售→最终用户"七个环节,每个环节有着自身的价值链特点,而每个环节又都是产业价值链中的一部分。可见,任何企业的价值链都是产业价值链中的一部分甚至全部,产业价值链分析是从更广阔的视野,对整个产业所属企业的竞争地位和相应的分化、组合等问题进行的战略分析,主要内容包括投资收益率分析、成本动因分析等。

(三) 企业的竞争能力分析

企业的竞争能力分析又称 SWOT 分析,是指对企业的优势(Strengths)与劣势(Weaknesses)、机会(Opportunities)与威胁(Threats)所进行的分析。其中,优势是指企业拥有的比其他企业更多的技术和资源,它是企业建立总的竞争战略的基础,也是企业克敌制胜的法宝;与此相反,劣势说明企业与竞争对手相比所缺乏的重要技术和专长。机会是指企业环境中存在的对企业有利的情况;与此相反,威胁是指企业环境中存在的对企业不利的情况。在分析企业内外环境的基础上,关键是要确定企业的优势和劣势,同时发现机会,辨别可能存在的威胁,以此判断企业所处行业的竞争强度。通常可从以下几方面进行判断:

(1) 同行业中不同企业内部资源的对比。

(2) 潜在或新进入者的障碍分析。

(3) 企业退出的抉择。

(4) 替代产品的威胁分析。

(5) 供应商的讨价还价能力分析。

(6) 顾客的讨价还价能力分析。

(四) 战略定位

通过 SWOT 分析,就会明显地发现企业的竞争优势与劣势,所存在的机会和面临的威胁也趋于明朗化。在此基础上,管理会计人员可协助企业高层领导建立竞争战略,进行战略定位,所制定的战略应该能够利用优势,抓住机会,弱化劣势,避免或缓和威胁。

1. 公司层的战略定位

公司层的战略定位是对企业整体所从事事业范围的确定,包括经营类型及经营范围的定位、公司的宗旨和目标的确定等。

（1）经营类型及经营范围的定位。每个企业都是产业价值链的一部分、几部分或全部，决定企业应处于价值链的哪个环节的战略决策建立在企业自身相对优势确定的基础之上，即企业在哪个环节上能够发挥其优势并能为顾客提供更多、更好的服务从而获得更多的利润，企业的产品就应定位在这里。

（2）企业的宗旨和目标的确定。企业的宗旨和目标是企业竞争战略思想的充分体现，它是企业的长期规划和未来的长期努力方向。管理会计人员以及企业的高层领导必须对此予以高度重视。一般企业所确定的宗旨和目标应高度概括，通俗并简单明了。

波士顿咨询集团（Boston Consulting Groups，BCG）于 20 世纪 70 年代初开发了公司业务组合矩阵方法。该方法通过坐标列示公司业务组合矩阵，按照产品类型的不同可分别采取稳定型战略、增长型战略、收缩型战略和组合型战略四种经营战略。

2. 经营层的战略定位

经营层战略的抉择应与企业和产业的具体状况相适应。迈克尔·波特以及安瑟夫提出的竞争战略框架是两种值得借鉴的竞争战略，特别是前者的影响极为广泛。

（1）迈克尔·波特提出的竞争战略。迈克尔·波特在对企业进行价值链、成本动因以及 SWOT 分析之后，提出以下三种竞争战略：低成本战略、差异化战略和集聚战略。

① 低成本战略。低成本战略也称为成本领先战略，是指企业通过提供比竞争对手成本更低的产品或服务来超过竞争对手的一种竞争战略。

② 差异化战略。差异化战略也称为别具一格战略，是指企业通过使消费者认识到企业的产品或服务在某一方面是独特的，如质量一流、外观新颖等，使公司可为产品或服务定下更高的价格，维持较高的利润，从而战胜竞争对手的一种战略。

③ 集聚战略。集聚战略也称为集中一点战略，是指企业选择市场中的某个特定部分，如特定的顾客群、特定的地理区域等，使其战略适合这一特定的细分目标市场，而不顾及其他市场，在特定细分市场中取胜的一种竞争战略。

（2）安瑟夫提出的竞争战略。安瑟夫以矩阵形式提出了不同的竞争战略。按照安瑟夫的观点，企业竞争战略主要针对原有产品和新产品，目的是提高企业产品的市场占有率。对于原有产品，一方面可以通过市场渗透来扩大原有产品的市场份额，另一方面也可以通过开发新市场来增加原有产品的销售渠道，从而提高原有产品的市场占有率；对于新产品，一方面可以在原有市场上销售新产品，另一方面可以采用产品多样化策略来开辟新的市场，从而达到吸引新顾客、占领新市场的目的。

典 型 案 例

成衣产业价值链分析

已知：成衣产业的整个产业价值链如图 13-1 所示。假设成衣产业存在 A、B、C、D、E、F 六个竞争者。

13

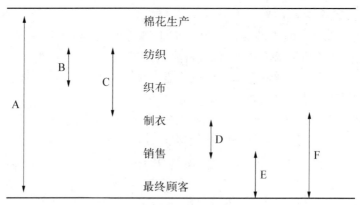

图 13-1　成衣产业的价值链示意图

要求：对该产业的价值链进行分析。

【分析】

从图 13-1 可看出，竞争者 A 是一个高度综合的企业，其经营范围覆盖成衣的整个产业价值链，B,C,D,E,F 则处于成衣产业价值链的不同环节，其中 B,C 可视为产业中的上游企业，其提供的各环节产品并没有被最终用户所消费；D,E,F 可视为产业中的下游企业，其产品为最终的用户所消费。对于上游的所有企业，应以产品为中心，通过技术、组织、管理等方面的不断创新，以及自身作业链的不断优化，力求在新产品、新工艺的开拓和原有产品的改进上不断取得新的突破，使企业的产品不断优化，新产品不断涌现，从而取得差异化或低成本的竞争优势。对于下游的所有企业，应以用户为中心，了解用户的不同特点和需求，以便及时调整生产，提供用户所需产品，从而不断拓展企业的销售渠道和细分市场，不断提高企业的市场占有率。

除进行上述分析外，每个企业的战略定位更不能忽视。对于竞争者 A，它可以根据按市场价格调整的内部转移价格计算出各个环节的投资收益率。通过分析，A 就会发现，企业生产的哪个环节收益高，哪个环节具有竞争的优势，这样 A 就可作出自制或外购或退出某一环节或拓展某一环节的决策。对于竞争者 B,C,D,E 和 F，也可以通过产业价值链分析找到企业自身的发展方向。假设 D 企业通过分析，发现自己的投资收益率偏低，与自己的竞争对手相比，自己的价值链中成本偏高，原因如下：① 产量低，规模小，而自己的竞争者却达到了经济规模。在这种情况下，D 就有必要考虑横向并购的战略决策问题。② 进行成本动因分析后，发现在最终消费者所支付的成衣成本价值中，材料成本价值过高，而企业的供应商和销售商的边际利润率都高于 D 企业，说明该企业的纵向规模未达到合适的水平，这时 D 就有必要考虑进行纵向拓展决策，将自己的经营领域扩展到自己的供应商和顾客。③ 发现本企业的产品销售不畅，产品积压，原因是销售渠道不合理，在这种情况下，企业应重新考虑自己的顾客群，从而改变销售渠道，开辟新的目标市场。

计算机产业价值链分析

某计算机信息公司是一家小型企业，由于公司在服务和可靠性方面有很好的信誉，因此顾客在不断增长。该公司所需零部件的采购成本是 500 元,其中价值 300 元的部分也可以自制,自制的单位材料成本是 190 元,每月的人工和设备成本是 55 000 元,该公司目前拟进行该部分零部件是自制还是外购的决策。

如果该公司自制零部件,还拟将营销、运送货物和服务外包给 B 公司,这样每月可节约成本 175 000 元。外包的合同价是每月平均销售 600 台计算机的基础上,每台的价格是 130 元。

计算机产业价值链包括:设计、原材料采购、零部件的形成、计算机装配、销售、最终用户六个环节。除上述资料外,该公司目前的主要作业生产是将零部件和少量的金属加工件装配成产品,装配的单位成本是 250 元。依据上述资料,该公司据此编制的产业价值链分析如表 13 - 1 所示。

表 13 - 1　　　　　　　　　计算机信息公司的价值链分析

价值作业		维持目前状况 (外购零部件)	自制零部件(同时外包 销售、货物运送和服务)
设计		该公司与此价值链无关	该公司与此价值链无关
原材料采购		该公司与此价值链无关	该公司与此价值链无关
零部件	外购的零部件	采购这些零部件的单位成本是 200 元	采购这些零部件的单位成本是 200 元
	既可自制又可外购	采购这些零部件的单位成本是 300 元	该公司的单位生产人工成本为 190 元,外加每月固定费用55 000 元
装配		单位成本为 250 元	单位成本为 250 元
销售、货物运送和售后服务		每月成本为 175 000 元	外包给 B 公司,单位成本为 130 元

要求:分别按传统管理会计和战略管理会计的方法为该企业作出零部件是自制还是外购的决策。

【分析】

假设该公司的月销售量为 600 台,按照传统管理会计的计算方法,两方案的相关成本计算如下:

方案一的相关成本 = 300×600 + 175 000 = 355 000(元)

方案二的相关成本 = (190 + 130)×600 + 55 000 = 247 000(元)

计算结果表明,该公司应选择方案二,这样可以使该公司每月节约成本 108 000 (355 000 − 247 000)元。

从战略管理会计的角度看,该公司必须结合公司的竞争战略情况进行综合考虑。

首先,该公司认为销售不断增长的原因是顾客满足于该公司的服务和可靠性,这是该公司的优势,如果将该公司的销售、货物运送和服务外包给其他公司是不明智的,这样做,有可能会降低该公司的市场份额。

其次,如果该公司将外购零部件改为自制零部件,这样就会使该公司走向与其他制造商进行低成本竞争的道路,而该公司的规模较小,若与产业价值链该环节中已经存在且竞

13

争力强的大公司竞争,该公司实行低成本战略成功的可能性不大,因为这不是该公司的优势所在。

因此,从战略管理会计的角度来看,应选方案一。但该方案的成本较高,应予以高度重视,经过进一步的分析,该公司确定了成本高的相关作业,从而为采取措施降低成本提供了依据。另外通过上述分析,该公司的竞争优势和劣势予以充分揭露,这为公司的战略修订与决策提供了重要的信息。

上海汽车齿轮总厂的战略分析

上海汽车齿轮总厂各项技术经济指标在全国同行中居领先地位,曾连续三年获得德国大众质量体系评审 A 级,并于 1994 年通过 ISO 9002 质量认证,而国内其他齿轮厂无论是生产规模还是技术水平都达不到上海大众汽车有限公司对齿轮产品的要求。

以下是上海汽车齿轮总厂招股说明书的摘要。

(1)原材料供应的风险。公司生产的桑塔纳轿车变速器的主要原材料为优质合金钢材,其中大部分由上海第五钢铁(集团)有限公司等国内钢铁企业提供,部分从国外进口,因此,钢材价格高低以及能否及时供应生产所需的优质钢材,将会影响公司的生产经营。

(2)对主要客户的依赖。公司生产的变速器主要供应给上海大众汽车有限公司,是桑塔纳轿车的配套零件。上海大众汽车有限公司对该产品的需求量也将直接影响公司的生产经营。

(3)生产价格方面的限制。由于公司生产的变速器主要是桑塔纳轿车的配套零件,因此桑塔纳轿车的市场价格也会对公司所生产的变速器价格产生间接影响。目前,国内轿车市场已逐步变为买方市场,价格竞争日趋激烈,所以公司产品的售价将受到较大限制。

(4)产品结构过度集中的风险。企业的产品主要是轿车配件,产品结构相对集中。因此,当轿车市场不景气,尤其是桑塔纳轿车的销路不畅时,公司的经营会受到一定影响。

(5)行业内部竞争的风险。目前全国生产轿车零配件的企业较多,竞争激烈。虽然上海汽车齿轮总厂在行业竞争中占有较大优势,但随着其他厂家不断提高生产水平,可能会对公司形成竞争压力。

要求:请利用以上资料,对上海齿轮总厂进行竞争优势分析和价值链分析,并为该厂的进一步发展提出建议。

【分析】

1.竞争优势分析:

(1)顾客的讨价还价能力。公司的主要产品为变速器,并且产品主要为桑塔纳轿车配套,这使得公司在与顾客(大众公司)的讨价还价中不占优势。

(2)供应商的讨价还价能力。公司产品所需材料为优质合金钢材,这种钢材的生产厂家较少,产品替代性差,这就导致公司在与供应商的讨价还价中不占优势。

(3)现存企业的竞争,目前公司在同行业中是生产规模最大,技术先进,占有一定的竞争优势。但从行业特点来看,汽车零部件行业中竞争者较多,转行成本较高,未来的竞争一定会越来越激烈。

从竞争优势分析的角度来看,公司要想在竞争中取胜,应采用低成本战略。由于公司已经具有一定的生产规模,而又面对比较强大的供应商和顾客,因此,在原材料价格与产品价格都无法左右的情况下,降低成本、加强管理是获得竞争优势的有效途径。当然,在目前其他企业的生产规模与技术水平都无法达到顾客(大众公司)要求的时候,公司在某种程度上有差异化的特点,但这种差异化必将随着其他企业的规模扩大与技术改进而消失。因此,公司还是只有采用低成本战略才能应对未来的竞争。

2. 价值链分析:

通过对所给的背景资料进行分析,可知公司的价值链构成,如图 13-2 所示。

图 13-2　公司的价值链

由公司目前的情况看,公司与其顾客和供应商之间的关系比较密切,或者说公司依赖价值链的上端和下端。而对于公司来说,把公司的价值链向前或向后扩大也许是优化价值链的一个办法。另外,公司还应该寻找更多的供应商,开发更多的客户,以改变目前对单一顾客与供应商的依赖性。

综上所述,公司在进一步发展中可采取的措施主要包括:

(1) 扩大生产规模,以降低成本。

(2) 提高技术生产水平,以更好地满足顾客需要。

(3) 利用募股资金进行收购兼并,以改善企业价值链构成。

(4) 积极扩展供货渠道和销售渠道,以改变依赖单一客户和供应商的局面。

实 训 精 选

一、单项选择题

1. "战略管理"是 1976 年由美国学者(　　)在《从战略计划走向战略管理》一书中首先提出的。

　　A. 安瑟夫　　　　　　B. 斯坦纳　　　　　　C. 西蒙斯　　　　　　D. 泰罗

2. 战略管理会计是与企业(　　)密切联系的。

　　A. 财务管理　　　　　B. 战略管理　　　　　C. 财务会计　　　　　D. 资金运动

3. 目前在西方经济发达国家,战略管理会计理论处于(　　)。

　　A. 发展初期　　　　　B. 发展中期　　　　　C. 成熟期　　　　　　D. 衰退期

4. 最早将管理会计与战略管理联系起来并提出"战略管理会计"概念的是英国学者(　　)。

　　A. 西蒙斯　　　　　　B. 安瑟夫　　　　　　C. 斯坦纳　　　　　　D. 威尔逊

5. 战略管理会计具有(　　)的特征。

　　A. 外向性　　　　　　B. 内向性　　　　　　C. 独立性　　　　　　D. 排他性

13

6. 战略管理会计比传统管理会计提供了更多的与战略管理有关的(　　　)。

A. 财务信息　　　　　　　　　　　　　　B. 非财务信息

C. 统计信息　　　　　　　　　　　　　　D. 内部信息

7. 战略管理会计重视企业与(　　　)的关系。

A. 职工　　　　　　　　　　　　　　　　B. 资金

C. 内部因素　　　　　　　　　　　　　　D. 外部环境

8. "战略三角"是指(　　　)三者之间的关系。

A. 本企业、合作伙伴和竞争对手　　　　　B. 政府、顾客和竞争对手

C. 政府、银行和投资方　　　　　　　　　D. 本企业、顾客和竞争对手

9. 战略管理会计的最终目标是(　　　)。

A. 利润最大化　　　　　　　　　　　　　B. 企业价值最大化

C. 利润率最大化　　　　　　　　　　　　D. 劳动生产率最大化

10. (　　　)影响动因,动因影响成本。

A. 成本　　　　　　B. 作业　　　　　　C. 价值链　　　　　　D. 劳动效率

二、多项选择题

1. 传统管理会计对新制造环境的不适应性主要有(　　　　　)。

A. 业绩报告系统　　　　　　　　　　　　B. 成本控制系统

C. 成本计算系统　　　　　　　　　　　　D. 利润计算系统

2. 狭义的战略管理是指对企业战略(　　　)进行的管理。

A. 制定　　　　　　B. 实施　　　　　　C. 控制　　　　　　D. 修正

3. 战略管理会计的具体目标主要包括(　　　　　)。

A. 协助管理当局确定战略目标

B. 协助管理当局编制战略规划

C. 协助管理当局实施战略规划

D. 协助管理当局评价战略管理业绩

4. 传统管理会计的局限性表现在(　　　　　)。

A. 不能适应企业制造环境的变化　　　　　B. 不能适应市场竞争的需要

C. 缺乏重视外部环境的战略观念　　　　　D. 缺乏企业内部管理的观念

5. 战略管理会计能够用来协助企业管理层(　　　　　)。

A. 确立战略目标　　　　　　　　　　　　B. 进行战略规划

C. 评价管理业绩　　　　　　　　　　　　D. 组织经营管理

6. 竞争对手分析主要涉及的问题有(　　　　　)。

A. 竞争对手是谁

B. 竞争对手的目标和所采取的战略措施及其成功的可能性

C. 竞争对手的竞争优势和劣势

D. 面临外部企业的挑战,竞争对手是如何反应的

7. 战略管理会计对投资方案的评价除了使用传统管理会计中的定量分析模型以外,
还应用了大量的定性分析方法,如(　　　　　)等。

A. 价值链分析 　　　　　　　　　　　　B. 成本动因分析

C. 竞争优势分析 　　　　　　　　　　　D. 本量利分析

8. 一般来说,企业可以通过采取(　　　　　)等途径来降低战略成本。

A. 适度的投资规模 　　　　　　　　　　B. 市场调研

C. 合理的研究开发策略 　　　　　　　　D. 经济批量

9. 战略管理会计的主要内容包括(　　　　　)。

A. 企业的经营环境分析 　　　　　　　　B. 价值链分析

C. 企业的竞争能力分析 　　　　　　　　D. 战略定位

10. 迈克尔·波特在对企业进行价值链、成本动因以及 SWOT 分析之后,提出的竞争战略有(　　　　　)。

A. 低成本战略 　　　　　　　　　　　　B. 差异化战略

C. 集聚战略 　　　　　　　　　　　　　D. 质量成本分析

三、判断题

1. 战略管理会计是对传统管理会计的发展。　　　　　　　　　　　　　(　　)

2. 战略管理会计是对传统管理会计的一次重大变革。　　　　　　　　　(　　)

3. 战略管理会计对传统管理会计提出了挑战。　　　　　　　　　　　　(　　)

4. 传统管理会计缺乏重视外部环境的战略观念。　　　　　　　　　　　(　　)

5. 战略管理会计能够满足现代企业管理的信息需求,所以可以完全取代传统管理会计。　　　　　　　　　　　　　　　　　　　　　　　　　　　　　　(　　)

6. 战略管理会计的目标可以分为最终目标和具体目标两个层次。　　　　(　　)

7. 战略管理会计改进了评价企业业绩的尺度。　　　　　　　　　　　　(　　)

8. 战略管理会计具有结果控制与过程控制相结合的动态系统特征。　　　(　　)

9. 战略管理会计对企业效益的评价是全方位的综合性效益。　　　　　　(　　)

10. 战略管理会计具有信息的多样化及其处理过程简单化的特点。　　　　(　　)

四、计算分析题

设企业 X 正在制订一个投资方案,拟投资 100 000 元用于产品品质的改进与提高,以期超过其主要竞争对手企业 Y 的水平,并将其市场份额从 25% 提高到 35%。竞争对手企业 Y 经过多年的努力,已从企业 X 手中夺取了 20% 的市场份额。企业 X 如不采取任何行动,企业 Y 打算以后还要从企业 X 手中每年再夺取 1% 的市场份额。企业 X 预计通过产品品质的改进与提高,可从企业 Y 手中夺取 4% 的市场份额,并从其他较小的竞争对手手中夺取 6% 的市场份额,使其市场份额从现有的 25% 提升到 35%。目前的情况是:产品单位售价为 10 元,企业 X 的销售利润率为 5%,企业 Y 的销售利润率为 3%。已累计达到销售量分别为:企业 X 为 200 000 单位,企业 Y 为 150 000 单位。年折现率按 15% 计算。预计产品的单位售价今后每年将下降 3%。今后 6 年内每年由市场容量和经验效应而导致的成本降低数已直接提供。据此,预测企业 X、Y 今后 6 年内各有关因素数值的增减变化如表 13-2、表 13-3 所示。

表 13 - 2　　　　　　　　企业 X 不对产品的改进追加投资

项　　目	1	2	3	4	5	6
市场容量(以千为单位)	100	100	120	150	180	180
单位售价/元	9.70	9.41	9.13	8.86	8.59	8.33
企业 X						
市场份额/%	25	24	23	22	21	20
销售数量(以千为单位)	25.0	24.0	27.6	33.0	37.8	36.0
累计销售数量(以千为单位)	225.0	249.0	276.0	309.6	347.4	383.4
累计销售数量的增加/%	12.5	10.7	11.1	11.9	11.2	10.4
经验效益导致单位成本的减少/元	0.34	0.28	0.30	0.33	0.30	0.28
单位成本/元(现行单位成本为 9.5 元)	9.16	8.88	8.58	8.25	7.95	7.67
单位利润/元	0.54	0.53	0.55	0.61	0.64	0.56
总利润/千元	13.5	12.7	15.2	20.1	24.2	20.2
按 15% 计算的折现率	1.0	0.870	0.756	0.658	0.572	0.497
利润的现值/千元	13.5	11.0	11.5	13.2	13.8	10.0
竞争对手 Y						
市场份额/%	20	21	22	23	24	25
销售数量(以千为单位)	20.0	21.0	26.4	34.5	43.2	45.0
累计销售数量(以千为单位)	170.0	191.0	217.4	251.9	295.1	350.1
累计销售数量的增加/%	13.3	12.4	13.8	15.9	17.1	18.6
经验效益导致单位成本的减少/元	0.36	0.34	0.37	0.42	0.45	0.47
单位成本/元(现行单位成本为 9.7 元)	9.34	9.00	8.63	8.21	7.76	7.29
单位利润/元	0.36	0.41	0.50	0.65	0.83	1.04
总利润/千元	7.2	8.6	13.2	22.4	35.9	46.8

表 13 - 3　　　　　　　　企业 X 对产品的改进追加投资

项　　目	1	2	3	4	5	6
市场容量(以千为单位)	100	100	120	150	180	180
单位售价/元	9.70	9.41	9.13	8.86	8.59	8.33
企业 X						
市场份额/%	35	35	35	35	35	35
销售数量(以千为单位)	35.0	35.0	42.0	52.5	63.0	63.0
累计销售数量(以千为单位)	235.0	270.0	312.0	364.5	427.5	490.5

续　表

项　　　目	1	2	3	4	5	6
累计销售数量的增加/%	17.5	14.9	15.6	16.8	17.3	14.8
经验效益导致单位成本的减少/元	0.46	0.40	0.42	0.44	0.46	0.40
单位成本/元(现行单位成本为 9.5 元)	9.04	8.64	8.22	7.78	7.32	6.92
单位利润/元	0.66	0.77	0.91	1.08	1.27	1.41
总利润/千元	23.1	27.0	38.2	56.7	80.0	88.8
按 15% 计算的折现率	1.0	0.870	0.756	0.658	0.572	0.497
利润的现值/千元	23.1	23.5	28.9	37.3	45.8	44.1
竞争对手 Y						
市场份额/%	16	16	16	16	16	16
销售数量(以千为单位)	16.0	16.0	19.2	23.0	28.8	28.8
累计销售数量(以千为单位)	166.0	182.0	201.2	224.2	253.0	281.8
累计销售数量的增加/%	10.6	9.6	10.5	11.4	12.8	11.4
经验效益导致单位成本的减少/元	0.28	0.26	0.28	0.31	0.34	0.31
单位成本/元(现行单位成本为 9.7 元)	9.42	9.16	8.88	8.57	8.23	7.92
单位利润/元	0.28	0.25	0.25	0.29	0.34	0.41
总利润/千元	4.5	4.0	4.8	6.7	9.8	11.8

要求：

试根据以上资料，作出分析和评价。

项目十三　参考答案

附录1 "新道杯"全国职业院校 管理会计技能大赛题型

竞赛题型一：单项选择题

一、管理会计基本素养部分单项选择题

1. 管理会计以强化企业内部管理(　　)为最终目的。
A. 降低成本
B. 降低保本点
C. 实现最佳经济效益
D. 增加销售量

2. 管理会计对企业的经济活动进行预测、决策、规划、控制和考核,主要利用(　　)资料。
A. 财务会计
B. 业务
C. 计划
D. 统计

3. 下列关于管理会计的表述正确的是(　　)。
A. 管理会计在执行内部管理职能时,只能利用财务会计提供的资料
B. 财务会计的信息质量特征,管理会计无法满足
C. 管理会计在满足公认会计准则及相关法律的基础上可根据管理需要提供其他的报告
D. 管理会计的信息计量可以把货币性计量与非货币性计量相结合

4. 现代管理会计的核心是(　　)。
A. 成本管理
B. 预算管理
C. 绩效管理
D. 营运管理

5. 在前后各期产量和成本水平均不变的条件下,若本期完全成本法计算下的利润大于变动成本法计算下的利润,则意味着(　　)。
A. 本期生产量等于零
B. 本期生产量等于销售量
C. 期末存货量大于期初存货量
D. 期末存货量小于期初存货量

6. 某企业2024年6月生产并销售A产品100件,每件产品售价1 200元,发生变动成本45 000元,变动管理费用和变动销售费用共计3 800元,固定性制造费用10 000元,固定成本50 000元。按变动成本法计算成本时,营业利润为(　　)元。
A. 11 200
B. 21 200
C. 30 000
D. 71 200

7. 某企业只生产加工一种产品,其保本点销售额为120 000元,企业正常开工销售量为1 000件,销售收入200 000元,固定成本40 000元,则其保本点作业率为(　　)。
A. 75%
B. 66.67%
C. 80%
D. 60%

8. 某企业只产销一种产品,单位变动成本为36元,固定成本总额为4 000元,单位售价56元,要使安全边际率达到60%,该企业的销售量应达到(　　)件。

A. 143　　　　　　　B. 222　　　　　　　C. 400　　　　　　　D. 500

9. 下列属于敏感系数所具有的性质的是（　　　）。

A. 敏感系数为负数,因素值与目标值发生同方向变化

B. 敏感系数为正数,因素值与目标值发生同方向变化

C. 只有敏感系数大于1的因素才是敏感因素

D. 只有敏感系数小于1的因素才是敏感因素

10. 单价单独发生变动时,会使安全边际（　　　）。

A. 不变　　　　　　　　　　　　　B. 不一定变动

C. 同方向变动　　　　　　　　　　D. 反方向变动

11. 某公司2024年11月份的预测销售量为40 000件,实际销售量为42 000件,若公司选用0.7的平滑系数进行销售预测,则12月份的预测销售量为（　　　）件。

A. 41 400　　　　　　B. 39 400　　　　　　C. 40 600　　　　　　D. 57 400

12. 下列适用于销售业务略有波动产品的预测方法的是（　　　）。

A. 加权平均法　　　　　　　　　　B. 移动平均法

C. 趋势平均法　　　　　　　　　　D. 平滑指数法

13. 某企业为满足客户追加订货的需要,增加了一些成本开支,其中以下选项属于专属固定成本的是（　　　）。

A. 为及时完成该批产品的生产,需要购入一台新设备

B. 为及时完成该批追加订货,需要支付职工加班费

C. 生产该批产品机器设备增加的耗电量

D. 该厂为该批产品及以后产品的生产,租赁一栋新的厂房

14. 如某企业需用甲零件,外购单价20元,自制单位产品变动成本12元。若自制,需每年追加固定成本24 000元,当需要量为2 500件时,应（　　　）。

A. 自制　　　　　　　B. 外购　　　　　　　C. 均可　　　　　　　D. 不确定

15. 亏损产品是否需要停产或是继续生产取决于（　　　）。

A. 亏损产品是否能提供边际贡献　　B. 亏损产品是否能提供销售利润

C. 亏损产品是否为企业主要产品　　D. 亏损产品是否为市场滞销产品

16. 在进行零部件外购与自制决策时,如有剩余生产能力,且如零部件外购,该剩余生产能力无其他用途时,固定成本属于决策的（　　　）。

A. 相关成本　　　　　B. 无关成本　　　　　C. 机会成本　　　　　D. 历史成本

17. 某项目年营业收入为140万元,年付现成本为60万元,年折旧为40万元。所得税税率为25%。该方案经营期的年现金净流量为（　　　）万元。

A. 40　　　　　　　　B. 70　　　　　　　　C. 78　　　　　　　　D. 52

18. 当贴现率为10%时,某项目的净现值为500元,则说明该项目的内含报酬率（　　　）。

A. 高于10%　　　　　B. 等于10%　　　　　C. 低于10%　　　　　D. 无法确定

19. 下列关于长期投资决策特点的叙述错误的是（　　　）。

A. 投资额大　　　　　　　　　　　B. 资金占用时间长

C. 一次投资、分次收回　　　　　　D. 风险较小

20. 与年金终值系数互为倒数的是(   )。

  A. 年金现值系数   B. 投资回收系数

  C. 偿债基金系数   D. 现值系数

21. 某企业编制第 4 季度的直接材料消耗与采购预算,预计季初材料存量为 500 千克,季度生产需用量为 2 500 千克,预计期末存量为 300 千克,材料采购单价为 10 元,若材料采购货款有 40% 当期付清,另外 60% 在下季度付清,则该企业预计资产负债表年末"应付账款"项目为(   )元。

  A. 1 080   B. 13 800   C. 23 000   D. 1 620

22. 与预算成本不同,标准成本是一种(   )。

  A. 总额的概念   B. 单位成本的概念

  C. 历史成本   D. 实际成本

23. 标准成本控制系统的前提和关键是(   )。

  A. 标准成本的制定   B. 成本差异的分析

  C. 成本差异的计算   D. 成本差异的账务处理

24. 拒绝采纳某项行动而损失的潜在利益,此项成本通常不在账上予以记录,但在决策时予以考虑。这种成本称为(   )。

  A. 沉没成本   B. 机会成本

  C. 边际成本   D. 不相关成本

25. 职业道德是指职业人士在职业中所遵从的(   ),也是产生于职业活动中的相对具体的道德规范。

  A. 职业标准   B. 职业规范   C. 行为规范   D. 行为特征

26. 下列选项中,不属于职业道德所起到的作用的是(   )。

  A. 促进职业活动的进行,提高职业活动的效果

  B. 提升本人的职业形象,乃至所服务机构及行业的形象

  C. 促进社会风气好转

  D. 提高全社会的职业道德水准

27. 下列选项中,不属于管理会计职业道德与会计法律制度的区别的是(   )。

  A. 两者的目的不同   B. 两者性质不同

  C. 两者作用范围不同   D. 两者表现形式不同

28. 下列选项中,表述不正确的是(   )。

  A. 会计法律制度具有强制性,而管理会计职业道德具有自律性

  B. 会计法律制度具有明确的法律条款,而管理会计职业道德是一种思想深处的自律意识

  C. 管理会计职业道德是对管理会计人员的最低要求,而会计法律制度是最高要求

  D. 管理会计职业道德以会计法律制度为基础

29. 下列选项中,关于管理会计职业道德的作用表述不正确的是(   )。

  A. 管理会计职业道德是规范管理会计师行为的基础

  B. 管理会计职业道德是指导管理会计师行为的方向

  C. 管理会计职业道德通常属于道德规范在具体职业领域的表现

D. 管理会计职业道德属于法律制度的范畴

30. 作为管理会计师具备相应的能力并不断地提高自己的能力。这里的"能力"不包括(　　)。

A. 专业能力　　　　　　　　　　B. 职业技能

C. 对业务、行业和宏观政策的把握能力　　　D. 团队创新能力

31. 管理会计在决策支持、战略支持等方面,主要从事的工作是(　　)。

A. 控制工作　　　B. 核算工作　　　C. 服务工作　　　D. 预算工作

32. 管理会计师行业自律组织是(　　)。

A. 中国注册会计师协会　　　　　　B. 中国总会计师协会

C. 中国注册资产评估师协会　　　　D. 中国管理会计师协会

33. 管理会计师除了专业能力和职业能力外,还需要学习和关注相关知识和信息。下列选项中,不属于管理会计师学习和关注的相关领域的是(　　)。

A. 对业务的深度认知　　　　　　B. 对行业的深度认知

C. 对微观环境政策的深度认知　　　D. 对宏观环境政策的深度认知

34. 下列关于管理会计的目标的说法中,正确的是(　　)。

A. 管理会计的目标是通过运用绩效管理工具方法,参与单位规划、决策、控制、评价活动并为之提供有用信息,推动单位实现战略规划

B. 管理会计的目标是通过运用财务会计工具方法,参与单位规划、决策、控制、评价活动并为之提供有用信息,推动单位实现战略规划

C. 管理会计的目标是通过运用战略管理工具方法,参与单位规划、决策、控制、评价活动并为之提供有用信息,推动单位实现战略规划

D. 管理会计的目标是通过运用管理会计工具方法,参与单位规划、决策、控制、评价活动并为之提供有用信息,推动单位实现战略规划

35. 王某是一家大型企业的财务总监,在其下列的会议发言中,不恰当的是(　　)。

A. 建立与我国社会主义市场经济体制相适应的管理会计体系是全面推进管理会计体系建设的主要目标之一

B. 管理会计工作是会计工作的重要组成部分

C. 管理会计是在公司规划、决策、控制和评价等方面发挥重要作用的管理活动

D. 全面推进管理会计体系建设的主要目标不包括管理会计咨询服务市场方面的内容

36. 《财政部关于全面推进管理会计体系建设的指导意见》中指出:需要在(　　)年左右建立与我国社会主义市场经济体制相适应的管理会计体系。

A. 3　　　　　　B. 3~5　　　　　　C. 5~10　　　　　　D. 10

37. 下列选项中,不属于绩效管理领域应用的管理会计工具方法的是(　　)。

A. 资本成本分析　　　　　　B. 关键指标法

C. 经济增加值　　　　　　D. 平衡计分卡

38. 下列关于战略导向原则的说法中正确的是(　　)。

A. 管理会计的应用应以战略规划为导向,以持续创新为核心,保障单位持续盈利

B. 管理会计的应用应以战略规划为导向,以持续创造为核心,促进单位可持续发展

C. 管理会计的应用应以战略规划为导向,以持续创造价值为核心,保障单位持续盈利

D. 管理会计的应用应以战略规划为导向,以持续创造价值为核心,促进单位可持续发展

39. 下列关于管理会计信息与报告的说法错误的是(　　)。

A. 管理会计信息包括管理会计应用过程中所使用和生成的财务信息和非财务信息

B. 单位生成的管理会计信息应相关、可靠、及时、可理解

C. 管理会计报告按内容可以分为综合性报告和专项报告

D. 单位应以公历期间作为报告期间,不可以根据需要设定报告期间

40. 敏感系数所具有的性质是(　　)。

A. 敏感系数为正数,参量值与目标值发生同方向变化

B. 敏感系数为负数,参量值与目标值发生同方向变化

C. 只有敏感系数大于 1 的参量值才是敏感因素

D. 只有敏感系数小于 1 的参量值才是敏感因素

41. 管理会计对成本相关性的正确解释是(　　)。

A. 与决策方案有关的成本特性　　　　　　B. 与控制标准有关的成本特性

C. 与资产价值有关的成本特性　　　　　　D. 与归集对象有关的成本特性

42. 北京宝莱公司生产的某减肥产品单价 50 元,边际贡献率为 40%,每年固定成本为 300 万元,预计下年产销量为 20 万件,则预计实现利润(　　)万元。

A. 40　　　　　　　B. 80　　　　　　　C. 100　　　　　　　D. 200

43. 根据本量利分析原理,只提高安全边际而不会降低保本点的措施是(　　)。

A. 提高单价　　　　　　　　　　　　　　B. 增加产量

C. 降低单位变动成本　　　　　　　　　　D. 降低固定成本

44. 企业在短期经营决策中,不接受特殊价格追加进货的原因是买方出价低于(　　)。

A. 正常价格　　　　　　　　　　　　　　B. 单位产品成本

C. 单位变动成本　　　　　　　　　　　　D. 单位固定成本

45. 下列变动成本差异中,无法从生产过程的分析中找出产生原因的是(　　)。

A. 变动制造费用效率差异　　　　　　　　B. 变动制造费用耗用差异

C. 材料价格差异　　　　　　　　　　　　D. 直接人工效率差异

46. 下列选项中,只能在发生当期予以补偿、不可能递延到下期的成本是(　　)。

A. 直接成本　　　B. 间接成本　　　C. 产品成本　　　D. 期间成本

47. 就同一个企业而言,同一成本项目在不同时期可能有不同的性态。这是因为成本在相关范围内具有(　　)。

A. 相对性　　　　B. 暂时性　　　　C. 可转化性　　　D. 变动性

48. 下列选项中,属于满足客户需求所必需的作业的是(　　)

A. 成本动因　　　　　　　　　　　　　　B. 增值作业

C. 非增值作业　　　　　　　　　　　　　D. 价值链

49. 下列选项中,能够反映作业量与产品之间因果关系的是(　　)。

A. 资源动因　　　B. 作业动因　　　C. 产品动因　　　D. 成本动因

50. 变动成本法的优点是能反映出（　　）。

A. 产量越小,利润越低　　　　　　　　B. 产量越大,利润越高

C. 销量越大,利润越高　　　　　　　　D. 产量越小,利润越高

51. 销售费用和管理费用是（　　）。

A. 变动成本法下的产品成本

B. 完全成本法下的产品成本

C. 变动成本法下固定制造费用的组成部分

D. 完全成本法下和变动成本法下的期间费用

52. 有利的材料价格差异加上不利的材料数量差异最可能的结果是（　　）。

A. 人工效率问题　　　　　　　　　　B. 机器效率问题

C. 材料的购买和使用比标准质量高　　　D. 材料的购买和使用比标准质量低

53. 下列关于销售单价和成本变化对保本点的影响的表述错误的是（　　）。

A. 销售单价降低使保本点上升　　　　　B. 销量上升使保本点下降

C. 固定成本上升使保本点上升　　　　　D. 单位变动成本降低使保本点上升

54. 管理会计所提供的信息是为了满足内部管理的特定要求而选择的,其中涉及的未来的信息不要求具备（　　）。

A. 精确性　　　　B. 相关性　　　　C. 及时性　　　　D. 统一性

55. 下列选项中,不属于《管理会计基本指引》本部宗旨的是（　　）。

A. 促进单位加强管理会计工作　　　　　B. 促进经济转型升级

C. 规范管理会计核算方法　　　　　　　D. 提升内部管理水平

56. 下列选项中,不属于经营层管理会计报告的是（　　）。

A. 全面预算管理报告　　　　　　　　　B. 盈利分析报告

C. 研究开发报告　　　　　　　　　　　D. 成本管理报告

57. 下列选项中,不属于责任中心的是（　　）。

A. 利润中心　　　　B. 投资中心　　　　C. 成本中心　　　　D. 销售中心

58. 管理会计与财务会计在工作客体上有相似之处,是指（　　）。

A. 工作对象都是企业经营活动的价值运动

B. 研究对象都是企业的总成本

C. 目的都是提高企业的经济效益

D. 都是只有整个企业这一个成本核算层次

59. 与边际贡献率之和等于1的指标是（　　）。

A. 销售利润率　　　　　　　　　　　　B. 变动成本率

C. 安全边际率　　　　　　　　　　　　D. 保本作业率

二、预算及绩效管理部分单项选择题

1. 最适用于对企业所有被评价对象的绩效评价是（　　）。

A. 月度绩效评价　　　　　　　　　　　B. 季度绩效评价

C. 年度绩效评价　　　　　　　　　　　D. 任期绩效评价

2. 下列关于预算管理委员会的表述正确的是（　　）。

A. 预算管理决策机构　　　　　　　　　　B. 一般为常设机构

C. 预算执行机构　　　　　　　　　　　　D. 一般设在财会部门

3. 根据企业内部控制基本规范,对企业内部控制负责的机构是( )。

A. 监事会　　　　　B. 理事会　　　　　C. 财会部门　　　　　D. 董事会

4. 预算管理应通过及时监控、分析等把握预算目标的实现进度并实施有效评价,这是( )的要求。

A. 战略导向原则　　　　　　　　　　　　B. 过程控制原则

C. 平衡管理原则　　　　　　　　　　　　D. 融合性原则

5. 按照规定,预算编制完成后经审议批准,应以( )形式下达执行。

A. 通知　　　　　B. 告示　　　　　C. 通告　　　　　D. 正式文件

6. 不使用货币计量单位的业务预算是( )。

A. 销售预算　　　　B. 生产预算

C. 采购预算　　　　D. 人力资源预算

7. 预计 2024 年第 1、第 2 季度销售额分别为 150 万元、165 万元,当季度销售收现率为 65%,其余部分下个季度收回,则该企业第 2 季度销售现金收入为( )万元。

A. 107.25　　　　　　　　　　　　　　　B. 155.25

C. 165　　　　　　　　　　　　　　　　　D. 159.75

8. 预算控制、预算调整等程序属于( )。

A. 预算执行　　　　B. 预算编制　　　　C. 预算审批　　　　D. 考核评价

9. 预算管理的工作机构一般设在( )。

A. 董事会办公室　　　　　　　　　　　　B. 总经理办公室

C. 财会部门　　　　　　　　　　　　　　D. 审计部门

10. 某米厂预计稻谷第 4 季度期初存量 22 吨,季度生产需用量 660 吨,预计期末存量为 30 吨,价格为 3 000 元/吨,若采购货款 70% 在本季度内支付,其余在以后 4 个月内付清,则该厂预计资产负债表年末"应付账款"项目为( )元。

A. 150 300　　　　B. 350 700　　　　C. 601 200　　　　D. 1 402 800

11. 预算编制的最终环节是( )。

A. 业务预算　　　　　　　　　　　　　　B. 投融资决策预算

C. 预算调整　　　　　　　　　　　　　　D. 财务预算

12. 预计产品期初库存为 200 件,期末库存为 180 件,该期销量为 980 件。该期产品生产预算为( )件。

A. 980　　　　　　B. 1 160　　　　　C. 960　　　　　D. 1 000

13. 编制成本费用预算时,不考虑以往会计期间所发生的费用项目、数额的是( )。

A. 固定预算　　　　B. 弹性预算　　　　C. 滚动预算　　　　D. 零基预算

14. 某企业税前利润为 680 万元,利息支出为 36 万元,投资资本的年初余额为 1 500万元,年末余额为 1 620 万元。企业所得税税率为 25%,则投资资本回报率为( )。

A. 13%　　　　　　B. 30%　　　　　C. 35%　　　　　D. 46%

15. 下列选项中,作为企业实施激励管理的重要依据的是( )。

A. 绩效管理　　　　　　　　　　　　　　B. 绩效评价

C. 薪资计划　　　　　　　　　　　　　　D. 净资产收益率

16. 下列选项中，属于中长期薪酬激励计划的是（　　）。

　A. 绩效工资　　　　　B. 绩效福利　　　　　C. 绩效奖金　　　　　D. 虚拟股票

17. 下列关于激励管理报告说法不正确的是（　　）。

　A. 激励管理报告反映被评价对象的激励计划实施情况

　B. 激励管理报告包括激励情况说明和管理建议两部分

　C. 激励管理报告应该定期报告

　D. 激励管理报告要及时报送薪酬与考核委员会

18. 某企业 2024 年债务资本为 3 000 万元，股权资本为 5 000 万元，债务资本成本率为 8%，无风险报酬率为 6%，股权资本市场预期回报率为 10%，风险溢价为 1.5。企业所得税税率为 25%。则该企业 2016 年加权资本成本为（　　）。

　A. 7%　　　　　　　B. 9.75%　　　　　　C. 10.5%　　　　　　D. 14%

19. 某企业 2024 年税后净营业利润 1 120 万元，债务资本 4 000 万元，股权资本 6 000 万元。债务加权平均资本成本率为 8%；股权资本成本率为 12%。企业所得税税率为 25%。该企业 2024 年经济增加值为（　　）万元。

　A. 80　　　　　　　B. 160　　　　　　　C. -60　　　　　　　D. 27

20. 某企业 2024 年净利润为 900 万元，其中包括：财务费用 120 万元（全部为利息支出），营业外收入 17 万元，营业外支出 5 万元，资产减值损失 22 万元，销售费用 600 万元（其中本年 7 月支付大型广告费 400 万元，摊销期规定为 5 年）。企业所得税税率为 25%。则该企业税后净营业利润为（　　）万元。

　A. 1 177.5　　　　　B. 1 267.5　　　　　C. 1 297.5　　　　　D. 1 700

21. 责任会计核算的主体是（　　）。

　A. 责任中心　　　　　B. 产品成本　　　　　C. 生产部门　　　　　D. 管理部门

22. 平衡计分卡最突出的优点是（　　）。

　A. 计算方便　　　　　　　　　　　　　　B. 使用简单

　C. 从战略角度考虑全面　　　　　　　　　D. 使用人力、物力较少

23. 对于任何一个成本中心来说，其责任成本应等于该中心的（　　）。

　A. 产品成本　　　　　　　　　　　　　　B. 固定成本之和

　C. 可控成本之和　　　　　　　　　　　　D. 不可控成本之和

24. 制造类企业编制预算的正确顺序是（　　）。

　A. 销售预算、现金收入预算、直接材料预算、直接人工预算

　B. 生产预算、销售预算、直接材料预算、直接人工预算

　C. 销售预算、现金收入预算、生产预算、直接材料预算

　D. 生产预算、直接人工预算、现金支出预算、预计财务报表

25. 预计产量＝（　　）。

　A. 预计销量＋预计期末存货－期初存货

　B. 预计销量＋期初存货－预计期末存货

　C. 预计销量＋预计期末存货

　D. 预计销量－期初存货

26. 预算的一个最主要作用是(   )。

A. 消除了大部分与商业环境有关的不确定性

B. 保证管理层的目标实现

C. 要求管理者优先考虑制定计划

D. 取消了严格控制的要求

27. (   )是跨国公司在编制预算时需特别考虑的问题。

A. 公司注册地所在国家   B. 外币汇率

C. 货物的装船和运输   D. 最惠国待遇

28. 下列说法错误的是(   )。

A. 预算在决策中的战略重要性在产品生命周期的各个阶段不同

B. 经营预算一般一年编制一次,而忽略月度和季度的数据

C. 滚动预算的预算期间为 12 个月,并且保持当本月或本季度完成预算时立即补上下一个月或下一季度的预算

D. 滚动预算要求管理者经常思考,并制定 12 个月的详细计划

29. 下列的责任中心依据销售利润率和资产周转率进行评价比较恰当的是(   )。

A. 成本中心   B. 利润中心   C. 投资中心   D. 收入中心

30. 下列选项中,(   )不是内部控制系统的组成部分。

A. 公司员工   B. 影响公司实现目标的风险

C. 控制风险的活动   D. 监督内部控制系统的程序

三、成本管理部分单项选择题

1. 与某一特定对象之间有直接的联系,可按特定标准将其直接归属于该对象的成本称为(   )。

A. 可追溯成本   B. 不可追溯成本

C. 间接成本   D. 直接成本

2. 企业可以采用多种方法对辅助生产成本进行分配,其中分配结果最精确的是(   )。

A. 计划成本分配法   B. 直接分配法

C. 交互分配法   D. 代数分配法

3. 如果企业各月在产品数量变化较大,各成本项目消耗比较均衡,且定额管理基础不够完善,一般应采用的完工产品与月末在产品成本分配方法是(   )。

A. 定额比例法   B. 定额成本法

C. 约当产量法   D. 原材料扣除法

4. 某种产品经过两道工序加工而成。各道工序的工时定额为:第一道工序 32 小时,第二道工序 12 小时。由于各在产品的完工程度不同,为了简化完工程度的测算工作,在产品在本道工序一律按平均完工率的 50% 计算。第二道工序在产品累计工时定额为(   )小时。

A. 22   B. 28   C. 38   D. 44

5. 下列选项中,不属于制造费用项目的是(   )。

A. 生产部门的办公费　　　　　　　　　B. 生产部门的业务招待费

C. 季节性和修理期间的停工损失　　　　D. 劳动保护费

6. 企业应建立健全成本管理的制度体系。下列选项中,不属于企业成本管理的制度体系的是(　　　)。

A. 费用审核制度　　　　　　　　　　　B. 财产物资领退制度

C. 定额管理制度　　　　　　　　　　　D. 责任成本制度

7. 以下关于逐步结转分步法的表述正确的是(　　　)。

A. 逐步结转分步法下,半成品成本不随实物半成品转移而结转

B. 逐步结转分步法是一种不计列半成品成本法

C. 逐步结转分步法无法为半成品出售提供定价的信息

D. 逐步结转分步法实际上是多个品种法的连用

8. 下列属于"废品损失"核算内容的是(　　　)。

A. 出售不合格产品的降价损失

B. 返修过程中的可修复废品的修复费用

C. 半成品在保管过程中发生的霉烂变质损失

D. 生产过程中的可修复废品的生产成本

9. 下列选项中,不适合采用作业成本法管理的企业是(　　　)。

A. 作业类型较多且作业链较长的企业

B. 同一生产线生产多种产品的企业

C. 企业规模较大且管理层对产品成本准确性要求不高的企业

D. 间接或辅助资源费用所占比重较大的企业

10. 对于作业成本法的局限性,以下说法中不正确的是(　　　)。

A. 开发和维护费用较高　　　　　　　　B. 不符合对外财务报告的需要

C. 计算的单位成本是完全成本　　　　　D. 确定成本动因比较困难

11. 下列选项中,不属于变动成本法的优点的是(　　　)。

A. 有利于明确企业产品盈利能力的责任

B. 保持利润与销售量增减相一致

C. 揭示了销售量、成本和利润之间的依存关系

D. 有利于长期预测和决策

12. 联产品成本在分离后发生的进一步加工成本称为(　　　)。

A. 间接成本　　　　B. 联合成本　　　　C. 可分成本　　　　D. 直接成本

13. 方圆公司 2024 年 9 月份投入直接材料 52 500 元,直接人工 10 500 元,制造费用 12 500 元,联合成本生产出 1 750 千克甲产品和 750 千克乙产品。无期初、期末在产品。甲产品售价为 35 元/千克,乙产品的售价为 40 元/千克,产品已经全部售出。如按实物量分配法,则甲产品的成本、毛利和毛利率分别是(　　　)。

A. 22 650 元,8 400 元,24.5%　　　　　B. 52 850 元,7 350 元,13.71%

C. 22 650 元,7 350 元,24.5%　　　　　D. 52 850 元,8 400 元,13.71%

14. 下列选项中,属于标准成本法优点的是(　　　)。

A. 有利于考核相关部门及人员的业绩　　B. 系统维护成本低

C. 不受市场价格波动对产品的影响   D. 有助于提升产品的综合竞争力

15. 当销量大于产量时,按完全成本法计算确定的税前利润比按变动成本法计算确定的税前利润( )。

    A. 高   B. 低   C. 相等   D. 不可确定

16. 下列选项中,不属于建筑企业成本项目的是( )。

    A. 直接人工   B. 公共配套设施费

    C. 机械使用费   D. 材料费用

17. 下面项目中,不属于变动成本法应用程序的是( )。

    A. 成本性态分析   B. 变动成本计算

    C. 损益计算   D. 短期经营分析

18. 下列选项中,在变动成本法下属于产品成本项目的是( )。

    A. 固定性制造费用   B. 变动性制造费用

    C. 变动性管理费用   D. 固定性销售费用

19. 下列选项中,属于成本事中管理的是( )。

    A. 成本计划   B. 成本核算   C. 成本控制   D. 成本分析

20. 下列选项中,不属于成本管理领域应用的管理会计工具方法的是( )。

    A. 目标成本管理   B. 标准成本管理

    C. 生命周期成本管理   D. 固定成本管理

21. 人工效率差异体现的是( )。

    A. 实际工时与标准工时之间的差异

    B. 实际工时与预算工时之间的差异

    C. 预算工时与标准工时之间的差异

    D. 实际工资率与标准工资率之间的差异

22. 如果直接人工的实际工资率超过了标准工资率,但实际耗用工时低于标准工时,则直接人工的效率差异和工资率差异的性质是( )。

    A. 效率差异为有利;工资率差异为不利

    B. 效率差异为有利;工资率差异为有利

    C. 效率差异为不利;工资率差异为不利

    D. 效率差异为不利;工资率差异为有利

23. 下列选项中,不影响边际贡献总额的是( )。

    A. 销售单价   B. 单位变动成本

    C. 销售量   D. 固定成本总额

24. 对正常成本费用支出可以从简控制,重点抓住那些重要的、不正常的、不符合常规的成本差异,对成本细微尾数、数额很小的费用和无关大局的事项可以忽略,该项原则是( )。

    A. 全面控制原则   B. 经济效益原则

    C. 因地制宜原则   D. 例外管理原则

25. 在下列选项中,属于标准成本控制系统前提和关键的是( )。

    A. 标准成本的制定   B. 成本差异的计算

C. 成本差异的分析　　　　　　　　　D. 成本差异的账务处理

26. 下列关于制定正常标准成本的表述中，正确的是（　　）。

A. 直接材料的价格标准不包括购进材料发生的检验成本

B. 直接人工标准工时包括直接加工操作必不可少的时间，不包括各种原因引起的停工工时。

C. 直接人工的价格标准是指标准工资率，它可以是预定的工资率，也可以是正常的工资率。

D. 固定制造费用和变动制造费用的用量标准可以相同，也可以不同。例如，以直接人工工时作为变动制造费用的用量标准，同时以机器工时作为固定制造费用的用量标准。

27. 区分各种成本计算的基本方法的主要标志是（　　）。

A. 成本计算对象　　　　　　　　　　B. 成本计算日期

C. 成本项目的确定　　　　　　　　　D. 企业成本管理要求

28. 在小批单件多步骤生产情况下，如果管理不要求分步计算产品成本，应采用的成本计算方法有（　　）。

A. 分批法　　　　B. 分步法　　　　C. 分类法　　　　D. 品种法

29. 某企业辅助生产成本采用成本分配法进行分配。运输车间的计划单位成本为2.55元/吨公里，本月实际发生运输费用13 500元，运输里程为6 000吨公里；锅炉车间分配转入计划成本2 000元，运输车间分配给锅炉车间计划成本1 530元。运输车间本月成本差异为超支（　　）元。

A. 1 800　　　　B. 200　　　　C. 270　　　　D. 13 970

30. 下列制造费用分配方法中，使制造费用月末可能出现余额的是（　　）。

A. 生产工人工时比例法　　　　　　　B. 机器工时比例法

C. 生产工人工资比例法　　　　　　　D. 年度计划分配率分配法

竞赛题型二：多项选择题

一、管理会计基本素养部分多项选择题

1. 构成我国管理会计知识框架体系的项目有（　　）。

A. 管理会计基本指引　　　　　　　　B. 应用指引

C. 管理会计基本准则　　　　　　　　D. 管理会计案例库

2. 管理会计与财务会计的联系在于（　　）。

A. 基本信息同源　　　　　　　　　　B. 服务对象完全相同

C. 目标一致　　　　　　　　　　　　D. 主要指标相互渗透

3. 固定成本具有的特点有（　　）。

A. 成本总额的不变性　　　　　　　　B. 单位成本的反比例变动性

C. 成本总额的正比例变动性　　　　　D. 单位成本的不变性

4. 变动成本计算法的局限性主要有（　　）。

A. 所确定的分期损益难以为管理部门所理解

B. 产品成本不符合传统的成本概念的要求

C. 不利于成本的控制和管理

D. 所提供的成本数据较难适应长期决策的需要

5. 以下关于完全成本法和变动成本法的说法正确的是(　　　)。

A. 在没有期初、期末存货的情况下,按完全成本法与按变动成本法计算的净利润相等

B. 在没有期初存货,但有期末存货的情况下,按完全成本法计算的净利润小于按变动成本法计算的净利润

C. 在有期初存货,但没有期末存货的情况下,按完全成本法计算的净利润小于按变动成本法计算的净利润

D. 若期末存货中包含的固定生产成本大于期初存货中的固定生产成本,则按全部成本法计算的净利润大于按变动成本法计算的净利润

6. 影响保本点的因素有(　　　)。

A. 单位售价　　　　　　　　　　B. 单位变动成本

C. 销售量　　　　　　　　　　　D. 品种结构

7. 从保本图得知(　　　)。

A. 保本点左边,成本大于收入,是亏损区

B. 销售量一定的情况下,保本点越高,盈利区越大

C. 实际销售量超过保本点销售量部分即是安全边际

D. 在其他因素不变的情况下,保本点越低,盈利面积越小

8. 较大的平滑指数可用于(　　　)情况的销售预测。

A. 近期　　　　　B. 远期　　　　　C. 波动较大　　　　　D. 波动较小

9. 下列短期决策正确的有(　　　)。

A. 将亏损产品停产,将其生产能力用来生产边际贡献更大的产品

B. 边际贡献为负数的产品立即停产

C. 亏损产品若仍然能提供边际贡献,则不一定立即停产

D. 有剩余生产能力时,只要客户出价高于单位产品变动成本即可为其加工生产

10. 某企业 A 材料年需求为 2 000 千克,单价为 100 元,一次订货成本为 40 元,年储存成本为买价的 1%,则其经济订货量和经济订货次数分别为(　　　)。

A. 经济订货量 400 千克　　　　　B. 经济订货量 500 千克

C. 经济订货次数 5 次　　　　　　D. 经济订货次数 4 次

11. 影响经济订货点的因素有(　　　)。

A. 经济订货量　　　　　　　　　B. 正常消耗量

C. 提前期　　　　　　　　　　　D. 安全储备量

12. 递延年金具有的特点有(　　　)。

A. 终值大小与递延期无关　　　　B. 计算终值的方法与普通年金相同

C. 计算现值的方法与普通年金相同　D. 最后一期没有收入或支付金额

13. 下列关于现金流量计算正确的有(　　　)。

A. 现金净流量＝现金流入量－现金流出量

B. 现金净流量＝销售收入－付现成本－所得税

C. 现金净流量＝销售收入－付现成本＋所得税

D. 现金净流量＝税后净利＋折旧

14. 某项目的净现值小于零,则表明(　　　　)。

A. 各年利润小于零,不可行

B. 其内含报酬率小于零,不可行

C. 其内含报酬率没有达到预定的贴现率,不可行

D. 现值指数小于零

15. 下列预算中,属于业务预算的有(　　　　)。

A. 资本支出预算　　　　　　　　　B. 销售预算

C. 生产预算　　　　　　　　　　　D. 现金预算

16. 下列选项中,属于编制现金预算依据的有(　　　　)。

A. 销售预算和生产预算　　　　　　B. 直接材料采购预算

C. 直接人工预算和制造费用预算　　D. 预计利润表

17. 在实务中,贯彻成本控制的例外管理原则时,确定"例外"的标准通常可考虑的标志有(　　　　)。

A. 重要性　　　　　B. 一贯性　　　　　C. 可控性　　　　　D. 特殊性

18. 影响直接材料耗用量差异的因素有(　　　　)。

A. 工人的技术熟练程度　　　　　　B. 设备的完好程度

C. 用料的责任心　　　　　　　　　D. 材料质量

19. 对投资中心考核的重点有(　　　　)。

A. 边际贡献　　　　　　　　　　　B. 营业利润

C. 投资报酬率　　　　　　　　　　D. 剩余收益

20. 计算责任中心的成本,必须把成本划分为(　　　　)。

A. 可控成本　　　　　　　　　　　B. 直接成本

C. 间接成本　　　　　　　　　　　D. 不可控成本

21. 下列选项中,属于职业道德特征的有(　　　　)。

A. 实践性　　　　　　　　　　　　B. 职业性

C. 规范性　　　　　　　　　　　　D. 多样性和稳定性

22. 下列选项中,属于管理会计职业道德特征的有(　　　　)。

A. 职业性和实践性　　　　　　　　B. 公众利益的符合性

C. 多样性　　　　　　　　　　　　D. 超前性

23. 下列选项中,属于管理会计职业道德的有(　　　　)。

A. 诚信从业　　　　　　　　　　　B. 客观公正

C. 保守职业秘密　　　　　　　　　D. 廉洁自律

24. 作为管理会计师,必须有充足的专业技能准备。这里的专业技能包括(　　　　)。

A. 熟悉法律法规、财税法规及规则

B. 具备管理能力,利用财务的工具和思维参与企业管理

C. 战略决策支持、投融资支持与管理

D. 计划、总结能力

25. 管理会计职业道德教育的形式主要有(　　　　)。

A. 外在教育 　　　　　　　　　　　　B. 自我教育

C. 自我修养 　　　　　　　　　　　　D. 岗位培训

26. 管理会计职业道德建设组织与实施包括(　　　　)。

A. 财政部门的组织推动 　　　　　　　B. 管理会计行业的自律

C. 单位的内部监督 　　　　　　　　　D. 社会各界的监督与配合

27. 管理会计职业道德检查与奖惩机制涉及(　　　　)。

A. 检查主体 　　　B. 检查对象 　　　C. 检查范围 　　　D. 检查标准

28. 下列选项中,关于管理会计职业道德的作用表述正确的有(　　　　)。

A. 管理会计职业道德是规范管理会计师行为的基础

B. 管理会计职业道德是指导管理会计师行为的方向

C. 管理会计职业道德通常属于道德规范在具体职业领域的表现

D. 管理会计职业道德属于法律制度的范畴

29. 下列选项中,属于管理会计师会计职业道德"职业认知和价值观"体系的有(　　　　)。

A. 热爱管理会计工作 　　　　　　　　B. 诚信从业

C. 保守秘密 　　　　　　　　　　　　D. 廉洁自律

30. 为保证管理会计体系建设符合我国实务,应坚持的基本原则有(　　　　)。

A. 坚持立足国情,借鉴国际

B. 坚持人才带动,整体推进

C. 坚持创新机制,协调发展

D. 坚持因地制宜,分类指导

二、预算及绩效管理部分多项选择题

1. 企业绩效管理的核心包括(　　　　)。

A. 绩效评价 　　　　　　　　　　　　B. 激励管理

C. 经济增加值 　　　　　　　　　　　D. 平衡计分卡

2. 激励计划是企业为激励被评价对象而采取的行动方案,包括(　　　　)。

A. 激励对象 　　　B. 激励周期 　　　C. 激励条件 　　　D. 激励形式

3. 下列选项中,影响经济增加值的有(　　　　)。

A. 税后净营业利润 　　　　　　　　　B. 平均资本占用

C. 资产总额 　　　　　　　　　　　　D. 加权平均资本成本

4. 下列选项中,属于企业结果类关键绩效指标的有(　　　　)。

A. 资本性支出 　　　　　　　　　　　B. 自由现金流

C. 息税前利润 　　　　　　　　　　　D. 投资回报率

5. 在计算经济增加值时,需要进行调整的会计事项有(　　　　)。

A. 大型广告费 　　　　　　　　　　　B. 营业外收支

C. 递延税金 　　　　　　　　　　　　D. 资产减值损失

6. 预算管理的内容主要包括(　　　　　)。

A. 经营预算　　　　　　　　　　　　B. 专门决策预算

C. 财务预算　　　　　　　　　　　　D. 全面预算

7. 绩效责任书的签订周期一般为(　　　　　)。

A. 年度　　　　　　　B. 半年度　　　　　　C. 任期　　　　　　D. 季度

8. 下列属于财务预算的有(　　　　　)。

A. 投融资决策预算　　　　　　　　　B. 预计利润表

C. 预计资产负债表　　　　　　　　　D. 资金预算

9. 预算审批包括(　　　　　)。

A. 预算执行审批　　　　　　　　　　B. 预算内审批

C. 超预算审批　　　　　　　　　　　D. 预算外审批

10. 下列关于预算考核的说法正确的有(　　　　　)。

A. 预算考核主要针对定量指标进行考核

B. 企业应按照公开、公平、公正的原则实施预算考核

C. 企业应建立健全预算考核制度

D. 预算考核以预算完成情况为考核核心

11. 平衡计分卡的基本框架从(　　　　　)方面建立。

A. 财务　　　　　　　　　　　　　　B. 顾客

C. 内部业务流程　　　　　　　　　　D. 学习与成长

12. 考核投资中心投资效果的主要指标有(　　　　　)。

A. 责任成本　　　　　B. 营业收入　　　　　C. 剩余收益　　　　D. 投资利润率

13. 下列关于全面预算的表述中,正确的有(　　　　　)。

A. 全面预算是业绩考核的基本标准

B. 营业预算与业务各环节有关,因此属于综合预算

C. 企业应当设立预算管理部审议企业预算方案

D. 在全面预算中,生产预算是唯一没有按货币计量的预算

14. 预算(　　　　　)。

A. 是组织计划经营和财务活动的一种形式

B. 仅关注企业的现金状况

C. 一般是不以年度为基础来制定

D. 为组织整体而不是个别部门编制

15. 一个成熟的预算文化的企业包含的特点有(　　　　　)。

A. 鼓励所有层级的管理者参与预算编制

B. 要求职能部门的跨部门协调

C. 预算作为激励标准和业绩评估工具

D. 预算明确了有关成本发生和活动开展的责任

16. 编制现金预算应包括的项目有(　　　　　)

A. 现金收入　　　　　B. 现金支出　　　　　C. 现金余缺　　　　D. 融资要求

17. 当公司考虑投资购买某一自动化设备时,它应该(　　　　　)。

A. 着眼于降低直接人工成本

B. 主要选净现值为正的项目

C. 考虑该项目带来的有形的和无形的好处

D. 对整个生产流程进行自动化改造而不仅仅是对部分流程进行自动化改造

18. 在进行资本投资决策时,应该考虑的项目有(　　　　　)。

A. 投资的寿命期　　　　　　　　　　　B. 投资的残值

C. 投资项目的折旧费　　　　　　　　　D. 以上都正确

19. 下列属于非财务方面的业绩评价指标有(　　　　　)。

A. 生产周期　　　　　　　　　　　　　B. 生产效率

C. 生产能力　　　　　　　　　　　　　D. 经济附加值

20. 下列选项中,属于转移定价方法的特征有(　　　　　)。

A. 以成本为基础　　　　　　　　　　　B. 以市场价格为基础

C. 采用协商价格　　　　　　　　　　　D. 以上都不是

二、成本管理部分多项选择题

1. 按照《企业产品成本核算制度(试行)》的规定,工业企业发生的制造费用,应当按照合理的分配标准按月分配计入各成本核算对象的生产成本。企业可以采取的分配方法包括(　　　　　)。

A. 机器工时法　　　　　　　　　　　　B. 直接分配法

C. 人工工时法　　　　　　　　　　　　D. 计划分配率

2. 为了实现成本的精细化管理,企业应根据标准成本法的应用环境,结合内部管理要求,确定成本应用对象。下列选项中,可以作为标准成本法的成本计算对象的有(　　　　　)。

A. 产品种类　　　　B. 产品批别　　　　C. 产品步骤　　　　D. 产品作业

3. 按照《企业产品成本核算制度(试行)》的规定,影响企业确定产品成本核算的对象、项目、范围,及时对有关费用进行归集、分配和结转的因素有(　　　　　)。

A. 产品生产过程的特点　　　　　　　　B. 生产经营组织的类型

C. 产品种类的繁简　　　　　　　　　　D. 成本管理的要求

4. 企业应用标准成本法进行成本管理,应具备的条件有(　　　　　)。

A. 企业生产的产品比较稳定　　　　　　B. 企业产品生产条件相对稳定

C. 企业固定成本较大　　　　　　　　　D. 生产流程与工艺标准化程度较高

5. 下列项目属于作业成本法中"资源费用"的有(　　　　　)。

A. 房屋及建筑物的耗费　　　　　　　　B. 土地使用权的耗费

C. 人力资源的耗费　　　　　　　　　　D. 相关税费支出

6. 下列选项中,可以作为目标成本法的应用对象的有(　　　　　)。

A. 拟开发的新产品

B. 功能与设计存在较大的弹性空间、产销量较大且处于亏损状态的老产品

C. 盈利水平低,对企业经营业绩具有重大影响的老产品

D. 盈利水平高,对企业经营业绩具有重大影响的老产品

7. 下列项目属于混合成本分解方法的有(　　　　　)。

A. 高低点法　　　　　　　　　　　B. 回归分析法

C. 合同确认法　　　　　　　　　　D. 技术测定法

8. 在目标成本法下,企业消除当前成本偏离容许成本差异可采用的措施有（　　　　）。

A. 价值工程　　　　　　　　　　　B. 流程再造

C. 全面质量管理　　　　　　　　　D. 拆装分析

9. 按照《企业产品成本核算制度（试行）》的规定,工业企业按照成本支出的经济性质,可以设置的成本项目有（　　　　）。

A. 原材料　　　　　　　　　　　　B. 燃料和动力

C. 职工薪酬　　　　　　　　　　　D. 折旧和摊销

10. 作业成本会计中,成本动因可以分为（　　　　）。

A. 资源动因　　　　B. 作业动因　　　　C. 产品动因　　　　D. 价格动因

11. 在确定直接人工正常标准成本时,标准工时包括（　　　　）。

A. 直接加工操作必不可少的时间　　B. 必要的工间休息

C. 设备调整时间　　　　　　　　　D. 不可避免的废品耗用工时

12. 生产特点和管理要求对产品成本计算的影响,主要表现在（　　　　）。

A. 成本计算对象

B. 间接费用的分配方法

C 成本计算日期

D. 完工产品与在产品之间分配费用的方法

13. 成本计算方法应根据（　　　　）来确定。

A. 产品产量　　　　　　　　　　　B. 生产组织的特点

C. 生产工艺的特点　　　　　　　　D. 成本管理要求

14. 产品成本计算期与产品生产周期不一致的成本计算方法有（　　　　）。

A. 品种法　　　　　　　　　　　　B. 分批法

C. 分步法　　　　　　　　　　　　D. 定额比例法

15. 影响批发零售企业计算和结转商品销售成本方法的因素有（　　　　）。

A. 实物流转方式　　　　　　　　　B. 企业管理要求

C. 实物性质　　　　　　　　　　　D. 货物的存放地点

16. 判断公司处于保本点状态的标准有（　　　　）。

A. 边际贡献等于固定成本　　　　　B. 安全边际等于零

C. 安全边际率等于零　　　　　　　D. 保本点作业率等于 100%

17. 下列有关资源动因的表述正确的有（　　　　）。

A. 它是引起作业成本变动的因素

B. 它是引起产品成本变动的因素

C. 它是被用来计量各项作业对资源的耗用,运用它可以将资源成本分配给各有关作业

D. 它计量各种产品对作业耗用的情况,并被用来作为作业成本分配的基础

18. 现代管理会计认为,变动成本法的优点有（　　　　）。

A. 便于分清部门的责任,实施成本控制　　B. 简化产品成本计算

C. 易于为管理部门所理解和掌握 D. 符合传统的成本概念

19. 各成本差异的贷方登记( )。

A. 成本超支差异 B. 节约差异转出额

C. 成本节约差异 D. 超支差异转出额

20. 下列选项中,属于约束性固定成本的是( )。

A. 折旧费 B. 长期租赁费 C. 直接材料 D. 职工培训费

竞赛题型三:案例分析题与计算分析题

一、案例分析题

新时代集团公司是一家上市公司,主要从事药品的生产和销售。为了贯彻落实《财政部关于全面推进管理会计体系建设的指导意见》,公司组织全体中层管理人员进行管理会计知识培训。培训完成后,为了加强管理会计职业道德建设,更好地落实管理会计各种工具和方法的应用,促进管理会计各项工作顺利开展,公司专门为会计人员举行一次务虚会,请大家谈谈对管理会计建设及管理会计职业道德的认识。现就主要观点摘录如下:

(1) 关于管理会计职业道德与会计职业道德关系的问题。甲认为,国家已经颁布的会计职业道德既适用于会计人员,也适用于注册会计师,更适用于管理会计人员。也就是说,会计职业道德包括了管理会计职业道德,没有必要再另设一套规则。

(2) 关于管理会计职业道德规范的问题。乙认为,管理会计主要为企业、事业单位内部的管理服务,不存在、也没有必要遵守诚实守信原则。

(3) 关于管理会计职业技能的问题。丙认为,管理会计师要有观点,并且敢于坚持正确的观点,至少是自己认为正确的观点。

(4) 关于管理会计职业道德廉洁自律的问题。丁认为管理会计人员只要不行贿、不利用职务之便谋取私利就行了。

(5) 关于管理会计职业道德教育建设组织和实施的问题。戊认为管理会计职业道德建设组织目前处于无人监管状态,其实施非常难。

要求:从管理会计建设或管理会计职业道德建设角度,分别分析判断这五个人的观点是否正确?并简要说明正确或错误的理由。

二、预算编制与计算题

力胜企业生产销售 A 产品,为编制 2024 年度预算,该企业预算编制部门收集的有关资料如下:

1. 预计 2024 年销售 A 产品 10 200 件,第 1—4 季度分别为 2 000 件、2 250 件、3 000 件、2 950 件。销售单价为 500 元。收款条件为当季现金收入占销售额的 60%,余款在后两个季度分别收到 30% 和 10%,不考虑坏账对应收账款的影响。2017 年第 3、4 季度的销售额分别为 1 400 000 元和 1 350 000 元。

2. 经测算,预计在每季度末保有产品库存量为下一季度销售量的 20%(延续 2023 年度的政策)。预计 2025 年第一季度销售量为 1 900 件。

3. 假定生产 A 产品只耗用一种材料，预计 2024 年年末材料库存量为 1 600 千克，每一季度的期末材料库存量为下一季度的生产耗用量的 10%。产品的材料消耗定额为 3 千克/件，材料单价为 50 元/千克。材料采购货款当季付现 70%，余款下一季度付清。2023 年年末材料库存量为 1 400 千克，2023 年年末"应付账款"余额为 80 000 元。

4. 直接人工小时工资率为 15 元，单位产品工时定额为 4 小时。

5. 变动制造费用与人工工时密切相关。变动制造费用分配率为 10 元/小时，其中：间接材料为 2 元/小时，间接人工 1 元/小时，水电费为 3 元/小时，变动维修费为 1.5 元/小时，其他变动制造费用为 2.5 元/小时。假定固定制造费用各季均衡，全年预计为 600 000 元，其中：人员工资 200 000 元，折旧费 140 000 元，维修费 60 000 元，保险费 80 000 元，其他费用 120 000 元。预计所有费用均需当季支付。

6. 采用变动成本法，变动制造费用定额为 4 小时/件。

7. 预计单位变动销售费用为 15 元；预计固定销售及管理费用为每季 106 000 元（其中含每季折旧费 12 500 元）。

8. 2023 年产品单位成本为 260 元。库存商品发出采用先进先出法核算。

9. 2023 年年末现金余额为 125 000 元，每季季末最低现金余额为 300 000～400 000 元。预计 4 月全款购置一套价值 500 000 元的设备，10 月初将进行长期股权投资 900 000 元。企业现有未到期长期借款 500 000 元，年利率 8%，每年年末付息。另获得银行 3 月期贷款授信额度 600 000 元，年利率为 10%，每季季初借入，下季季初还本付息，预计第 2 季度贷款 120 000 元、第 4 季度贷款 400 000 元。预计每季缴纳所得税 80 000 元（假定不考虑其他税费）。

10. 力胜企业 2023 年度资产负债表（简表）如附表 1 所示。

附表 1　　　　　　　　　资产负债表（简表）

单位：力胜　　　　　　　2023 年 12 月 31 日　　　　　　　单位：元

资　产	金　额	负债和所有者权益	金　额
流动资产		负债	
货币资金	125 000	应付账款	80 000
应收账款	680 000	长期借款	500 000
原材料	70 000	负债小计	580 000
库存商品	104 000		
流动资产小计	979 000	所有者权益	
非流动资产		实收资本	1 000 000
固定资产	717 000	留存收益	116 000
非流动资产合计	717 000	所有者权益小计	1 116 000
资产合计	1 696 000	负债和所有者权益合计	1 696 000

要求：根据以上资料编制力胜企业 2024 年各项预算。

三、计算分析题

(一) 案例 1

某粮食贸易公司经营小麦、大豆、玉米等三种主要农作物。有关资料如下：

2024 年有关经营情况及损益明细资料如附表 2 所示。

附表 2

品 种	数量/万吨	销售收入/万元	销售成本/万元	分配费用/万元	利润/万元
小 麦	46	110 400	110 289.47	124	−13.47
大 豆	34	71 400	71 361.47	46.9	−8.37
玉 米	20	36 000	35 983.96	34	−17.96
合 计	100	217 800	217 634.9	204.9	−39.8

公司全年发生间接费用 204.9 万元,其中:工资费用 160 万元,仓库维修费 18.9 万元、粮食集并费用(包括包装费、装卸费和运输费等)11.5 万元、粮食保管费 6.5 万元,基本管理费用(包括办公费、水电费等)8 万元。

根据上表计算结果显示,小麦、大豆、玉米等三种主要农作物全面亏损。

为了准确分析经营情况,准确找出经营中存在的问题和缺陷,企业财务部门改用作业成本法重新计算 2024 年小麦、大豆、玉米等三种主要农作物的盈利情况。具体程序如下:

(1) 划分作业。粮食贸易公司业务流程,一般划分为订单作业、购销作业、结算作业、调运作业、维修作业和通风作业六个作业。

(2) 确定资源费用分配方式:

① 工资费和管理费以人数为资源动因计算,与作业相关的人数 25 人,其中订单作业 5 人、购销作业 10 人、通风作业 3 人、调运作业 4 人、结算作业 3 人。

② 粮食集并费直接追溯至调运作业。

③ 保管费直接追溯至通风作业。

④ 维修费直接追溯至维修作业。

(3) 确定作业动因。

① 订单作业、购销作业和结算作业以销售合同签订的份数为作业动因计算,其中小麦签订 480 份,大豆签订 320 份,玉米签订 200 份。

② 调运作业和维修作业均以经营量为作业动因计算。

③ 通风作业以机械通风次数为作业动因,本年机械通风 100 次,小麦、大豆、玉米分别通风 50 次、30 次和 20 次。

要求:

1. 将资源费用分配至作业中心,并填写附表 3。

附表 3　　　　　　　　　　　资源费用分配至作业中心计算表

资　源	动　因	作业成本库						
		总成本	订单作业	购销作业	通风作业	调运作业	结算作业	维修作业
工资费	人　数							
维修费	经营量							
集并费	经营量							
保管费	通风次数							
管理费	人　数							
合　计								

2. 计算作业成本分配率，请填写附表 4（分配率保留两位小数）。

附表 4　　　　　　　　　　　作业成本分配率计算表

作业项目	作业成本动因	成本总额	成本动因数量	作业成本分配率
订单作业	订单数量			
购销作业	订单数量			
通风作业	通风次数			
调运作业	经营量/万吨			
结算作业	订单数量			
维修作业	经营量/万吨			
合　计				

3. 把作业成本分配至各种商品，请填写附表 5。

附表 5　　　　　　　　　　作业成本分配至各种商品计算表

产品名称	作业成本	作业成本分配率	作业动因消耗量	作业成本/万元
小　麦	订单作业			
	购销作业			
	通风作业			
	调运作业			
	结算作业			
	维修作业			
	小　计			

续　表

产品名称	作业成本	作业成本 分配率	作业动 因消耗量	作业成本 /万元
大豆	订单作业			
	购销作业			
	通风作业			
	调运作业			
	结算作业			
	维修作业			
	小　计			
玉　米	订单作业			
	购销作业			
	通风作业			
	调运作业			
	结算作业			
	维修作业			
	小　计			

4. 计算每种商品的盈利情况,并填写附表 6。

附表 6　　　　　　每种商品盈利情况计算表

品　种	数量/万吨	销售收入/万元	销售成本/万元	分配费用/万元	利润/万元
小　麦					
大　豆					
玉　米					
合　计					

(二) 案例 2

1. 方圆公司根据直接材料、直接人工和制造费用的标准成本,编制出甲产品的标准成本卡,如附表 7 所示。

附表 7　　　　　　　　标准成本卡

甲产品标准成本卡			
项　目	数量标准	价格标准/元	标准成本/元
直接材料	3 吨	40	120
直接人工	36 工时	5	180
变动制造费用	36 工时	5	180

2. 方圆公司设计生产能力：总工时为 18 000 工时，月计划生产 500 件。

3. 甲产品本月实际产量为 400 件。

4. 其实际单位成本如附表 8 所示。

附表 8　　　　　　　　甲产品实际单位成本计算单

成本项目	耗用数量	实际价格/元	实际成本/元
直接材料	2.5 吨	42	105
直接人工	40 工时	6	240
变动制造费用	40 工时	4	160

5. 固定制造费用的标准成本和实际成本资料如附表 9 所示。

附表 9　　　　　　固定制造费用的标准成本和实际成本表

项　　目	固定制造费用标准成本/元	固定制造费用实际成本/元
车间管理人员工资	7 800	10 080
车间厂房租金	5 600	5 600
车间折旧费	7 400	7 120
车间其他费用	2 000	2 000
固定制造费用合计	22 800	24 800

要求：计算各成本差异，并填写标准成本差异分析附表 10 和附表 11。

附表 10　　　　　　材料成本和人工成本差异分析

直接材料成本差异分析		直接人工成本差异分析	
直接材料实际成本		直接人工实际成本	
直接材料标准成本		直接人工标准成本	
直接材料成本差异		直接人工成本差异	
直接材料数量差异		直接人工效率差异	
直接材料价格差异		直接人工工资率差异	

附表 11　　　　　　　制造费用成本差异分析

变动性制造费用成本差异分析		固定性制造费用成本差异分析	
变动制造费用实际成本		固定制造费用实际成本	
变动制造费用标准成本		固定制造费用标准成本	
变动制造费用成本差异		固定制造费用成本差异	
变动制造费用数量差异		固定制造费用标准分配率	
变动制造费用价格差异			

(三)案例 3

1. 方正公司过去 3 年的产销业务量资料如附表 12 所示。

附表 12 方正公司有关产销量资料

项 目		第 1 年	第 2 年	第 3 年
产销量与 存货量/件	期初存货量	0	0	2 000
	本年生产量	8 000	8 000	8 000
	本年销售量	8 000	6 000	10 000
	期末存货量	0	2 000	0

假定:
(1) 每年的产量即当年投产且全部完工的产量(即无期初、期末在产品)。
(2) 每年的销售量中不存在销售退回、折让和折扣问题。
(3) 各期成本水平(单位变动成本和固定成本总额)、售价水平不变。
(4) 存货计价采用先进先出法。

2. 方正公司成本及售价资料如下:

单位售价	20 元/件

生产成本:

单位变动生产成本	10 元/件
每期固定生产成本	20 000 元

销售及管理费用:

单位变动性非生产成本	0.6 元/件
每期固定性非生产成本	8 200 元

要求:

1. 根据以上资料和附表 13、14 的数据,求出完全成本法和变动成本法下的单位产品成本。

附表 13 产品单位成本计算表

产品单位成本	
完全成本法	变动成本法
12.5	10

附表 14 评分权重

产品单位成本	
完全成本法	变动成本法
1	1

2. 在附表 15 中分别按完全成本法和变动成本法计算出近 3 年的营业利润。

附表 15　　　　　　　按完全成本法和变动成本法计算营业利润

项　　目	第 1 年	第 2 年	第 3 年	合　计
（按完全成本法编制）				
销售收入				
销售成本：				
期初存货				
本期生产成本				
可供销售的产品成本				
减：期末存货				
销货成本总额				
销售毛利				
减：销售及管理费用				
营业利润				
（按变动成本法编制）				
销售收入				
变动成本				
变动生产成本				
变动非生产成本				
变动成本合计				
边际贡献				
减：固定成本				
固定生产成本				
固定非生产成本				
固定成本合计				
营业利润				

附录 2 系数表

附表 16

复利终值系数表

期数	1%	2%	3%	4%	5%	6%	7%	8%	9%	10%	11%	12%	13%	14%	15%
1	1.01	1.02	1.03	1.04	1.05	1.06	1.07	1.08	1.09	1.1	1.11	1.12	1.13	1.14	1.15
2	1.020 1	1.040 4	1.060 9	1.081 6	1.102 5	1.123 6	1.144 9	1.166 4	1.188 1	1.21	1.232 1	1.254 4	1.276 9	1.299 6	1.322 5
3	1.030 3	1.061 2	1.092 7	1.124 9	1.157 6	1.191	1.225	1.259 7	1.295	1.331	1.367 6	1.404 9	1.442 9	1.481 5	1.520 9
4	1.040 6	1.082 4	1.125 5	1.169 9	1.215 5	1.262 5	1.310 8	1.360 5	1.411 6	1.464 1	1.518 1	1.573 5	1.630 5	1.689	1.749
5	1.051	1.104 1	1.159 3	1.216 7	1.276 3	1.338 2	1.402 6	1.469 3	1.538 6	1.610 5	1.685 1	1.762 3	1.842 4	1.925 4	2.011 4
6	1.061 5	1.126 2	1.194 1	1.265 3	1.340 1	1.418 5	1.500 7	1.586 9	1.677 1	1.771 6	1.870 4	1.973 8	2.082	2.195	2.313 1
7	1.072 1	1.148 7	1.229 9	1.315 9	1.407 1	1.503 6	1.605 8	1.713 8	1.828	1.948 7	2.076 2	2.210 7	2.352 6	2.502 3	2.66
8	1.082 9	1.171 7	1.266 8	1.368 6	1.477 5	1.593 8	1.718 2	1.850 9	1.992 6	2.143 6	2.304 5	2.476	2.658 4	2.852 6	3.059
9	1.093 7	1.195 1	1.304 8	1.423 3	1.551 3	1.689 5	1.838 5	1.999	2.171 9	2.357 9	2.558	2.773 1	3.004	3.251 9	3.517 9
10	1.104 6	1.219	1.343 9	1.480 2	1.628 9	1.790 8	1.967 2	2.158 9	2.367 4	2.593 7	2.839 4	3.105 8	3.394 6	3.707 2	4.045 6
11	1.115 7	1.243 4	1.384 2	1.539 5	1.710 3	1.898 3	2.104 9	2.331 6	2.580 4	2.853 1	3.151 8	3.478 6	3.835 9	4.226 2	4.652 4
12	1.126 8	1.268 2	1.425 8	1.601	1.795 9	2.012 2	2.252 2	2.518 2	2.812 7	3.138 4	3.498 5	3.896	4.334 5	4.817 9	5.350 3
13	1.138 1	1.293 6	1.468 5	1.665 1	1.885 6	2.132 9	2.409 8	2.719 6	3.065 8	3.452 3	3.883 3	4.363 5	4.898	5.492 4	6.152 8
14	1.149 5	1.319 5	1.512 6	1.731 7	1.979 9	2.260 9	2.578 5	2.937 2	3.341 7	3.797 5	4.310 4	4.887 1	5.534 8	6.261 3	7.075 7
15	1.161	1.345 9	1.558	1.800 9	2.078 9	2.396 6	2.759	3.172 2	3.642 5	4.177 2	4.784 6	5.473 6	6.254 3	7.137 9	8.137 1

续 表

期数	1%	2%	3%	4%	5%	6%	7%	8%	9%	10%	11%	12%	13%	14%	15%
16	1.172 6	1.372 8	1.604 7	1.873	2.182 9	2.540 4	2.952 2	3.425 9	3.970 3	4.595	5.310 9	6.130 4	7.067 3	8.137 2	9.357 6
17	1.184 3	1.400 2	1.652 8	1.947 9	2.292	2.692 8	3.158 8	3.7	4.327 6	5.054 5	5.895 1	6.866	7.986 1	9.276 5	10.761 3
18	1.196 1	1.428 2	1.702 4	2.025 8	2.406 6	2.854 3	3.379 9	3.996	4.717 1	5.559 9	6.543 6	7.69	9.024 3	10.575 2	12.375 5
19	1.208 1	1.456 8	1.753 5	2.106 8	2.527	3.025 6	3.616 5	4.315 7	5.141 7	6.115 9	7.263 3	8.612 8	10.197 4	12.055 7	14.231 8
20	1.220 2	1.485 9	1.806 1	2.191 1	2.653 3	3.207	3.869 7	4.661	5.604 4	6.727 5	8.062 3	9.646 3	11.523 1	13.743 5	16.366 5
21	1.232 4	1.515 7	1.860 3	2.278 8	2.786	3.399 6	4.140 6	5.033 8	6.108 8	7.400 2	8.949 2	10.803 8	13.021 1	15.667 6	18.821 5
22	1.244 7	1.546	1.916 1	2.369 9	2.925 3	3.603 5	4.430 4	5.436 5	6.658 6	8.140 3	9.933 6	12.100 3	14.713 8	17.861	21.644 7
23	1.257 2	1.576 9	1.973 6	2.464 7	3.071 5	3.819 7	4.740 5	5.871 5	7.257 9	8.954 3	11.026 3	13.552 3	16.626 6	20.361 6	24.891 5
24	1.269 7	1.608 4	2.032 8	2.563 3	3.225 1	4.048 9	5.072 4	6.341 2	7.911 1	9.849 7	12.239 2	15.178 6	18.788 1	23.212 2	28.625 2
25	1.282 4	1.640 6	2.093 8	2.665 8	3.386 4	4.291 9	5.427 4	6.848 5	8.623 1	10.834 7	13.585 5	17.000 1	21.230 5	26.461 9	32.919
26	1.295 3	1.673 4	2.156 6	2.772 5	3.555 7	4.549 4	5.807 4	7.396 4	9.399 2	11.918 2	15.079 9	19.040 1	23.990 5	30.166 6	37.856 8
27	1.308 2	1.706 9	2.221 3	2.883 4	3.733 5	4.822 3	6.213 9	7.988 1	10.245 1	13.11	16.738 7	21.324 9	27.109 3	34.389 4	43.535 3
28	1.321 3	1.741	2.287 9	2.998 7	3.920 1	5.111 7	6.648 8	8.627 1	11.167 1	14.421	18.579 9	23.883 9	30.633 5	39.204 5	50.065 6
29	1.334 5	1.775 8	2.356 6	3.118 7	4.116 1	5.418 4	7.114 3	9.317 3	12.172 2	15.863 1	20.623 7	26.749 9	34.615 8	44.693 1	57.575 5
30	1.347 8	1.811 4	2.427 3	3.243 4	4.321 9	5.743 5	7.612 3	10.062 7	13.267 7	17.449 4	22.892 3	29.959 9	39.115 9	50.950 2	66.211 8

期数	16%	17%	18%	19%	20%	21%	22%	23%	24%	25%	26%	27%	28%	29%	30%
1	1.16	1.17	1.18	1.19	1.2	1.21	1.22	1.23	1.24	1.25	1.26	1.27	1.28	1.29	1.3
2	1.345 6	1.368 9	1.392 4	1.416 1	1.44	1.464 1	1.488 4	1.512 9	1.537 6	1.562 5	1.587 6	1.612 9	1.638 4	1.664 1	1.69
3	1.560 9	1.601 6	1.643	1.685 2	1.728	1.771 6	1.815 8	1.860 9	1.906 6	1.953 1	2.000 4	2.048 4	2.097 2	2.146 7	2.197
4	1.810 6	1.873 9	1.938 8	2.005 3	2.073 6	2.143 6	2.215 3	2.288 9	2.364 2	2.441 4	2.520 5	2.601 4	2.684 4	2.769 2	2.856 1
5	2.100 3	2.192 4	2.287 8	2.386 4	2.488 3	2.593 7	2.702 7	2.815 3	2.931 6	3.051 8	3.175 8	3.303 8	3.436	3.572 3	3.712 9

续　表

期数	16%	17%	18%	19%	20%	21%	22%	23%	24%	25%	26%	27%	28%	29%	30%
6	2.436 4	2.565 2	2.699 6	2.839 8	2.986	3.138 4	3.297 3	3.462 8	3.635 2	3.814 7	4.001 5	4.195 9	4.398	4.608 3	4.826 8
7	2.826 2	3.001 2	3.185 5	3.379 3	3.583 2	3.797 5	4.022 7	4.259 3	4.507 7	4.768 4	5.041 9	5.328 8	5.629 5	5.944 7	6.274 9
8	3.278 4	3.511 5	3.758 9	4.021 4	4.299 8	4.595	4.907 7	5.238 9	5.589 5	5.960 5	6.352 8	6.767 5	7.205 8	7.668 6	8.157 3
9	3.803	4.108 4	4.435 5	4.785 4	5.159 8	5.559 9	5.987 4	6.443 9	6.931	7.450 6	8.004 5	8.594 8	9.223 4	9.892 5	10.604 5
10	4.411 4	4.806 8	5.233 8	5.694 7	6.191 7	6.727 5	7.304 6	7.925 9	8.594	9.313 2	10.085 7	10.915 3	11.805 9	12.761 4	13.785 8
11	5.117 3	5.624	6.175 9	6.776 7	7.430 1	8.140 3	8.911 7	9.748 9	10.657	11.641 5	12.708	13.862 5	15.111 6	16.462 2	17.921 6
12	5.936	6.580 1	7.287 6	8.064 2	8.916 1	9.849 7	10.872 2	11.991 2	13.214 8	14.551 9	16.012	17.605 3	19.342 8	21.236 2	23.298 1
13	6.885 8	7.698 7	8.599 4	9.596 4	10.699 3	11.918 2	13.264 1	14.749 1	16.386 3	18.189 9	20.175 2	22.358 8	24.758 8	27.394 7	30.287 5
14	7.987 5	9.007 5	10.147 2	11.419 8	12.839 2	14.421	16.182 2	18.141 4	20.319 1	22.737 4	25.420 7	28.395 7	31.691 3	35.339 1	39.373 8
15	9.265 5	10.538 7	11.973 7	13.589 5	15.407	17.449 4	19.742 3	22.314	25.195 6	28.421 7	32.030 1	36.062 5	40.564 8	45.587 5	51.185 9
16	10.748	12.330 3	14.129	16.171 5	18.488 4	21.113 8	24.085 6	27.446 2	31.242 6	35.527 1	40.357 9	45.799 4	51.923	58.807 9	66.541 7
17	12.467 7	14.426 5	16.672 2	19.244 1	22.186 1	25.547 7	29.384 4	33.758 8	38.740 8	44.408 9	50.851	58.165 2	66.461 4	75.862 1	86.504 2
18	14.462 5	16.879	19.673 3	22.900 5	26.623 3	30.912 7	35.849	41.523 3	48.038 6	55.511 2	64.072 2	73.869 8	85.070 6	97.862 2	112.455 4
19	16.776 5	19.748 4	23.214 4	27.251 6	31.948	37.404 3	43.735 8	51.073 7	59.567 9	69.388 9	80.731	93.814 7	108.890 4	126.242 2	146.192
20	19.460 8	23.105 6	27.393	32.429 4	38.337 6	45.259 3	53.357 6	62.820 6	73.864 1	86.736 2	101.721 1	119.144 6	139.379 7	162.852 4	190.049 6
21	22.574 5	27.033 6	32.323 8	38.591	46.005 1	54.763 7	65.096 3	77.269 4	91.591 5	108.420 2	128.168 5	151.313 7	178.406	210.079 6	247.064 5
22	26.186 4	31.629 3	38.142 1	45.923 3	55.206 1	66.264 1	79.417 5	95.041 3	113.573 5	135.525 3	161.492 4	192.168 3	228.359 6	271.002 7	321.183 9
23	30.376 2	37.006 2	45.007 6	54.648 7	66.247 4	80.179 5	96.889 4	116.900 8	140.831 2	169.406 6	203.480 4	244.053 6	292.300 3	349.593 5	417.539 1
24	35.236 4	43.297 3	53.109	65.032	79.496 8	97.017 2	118.205	143.788	174.630 6	211.758 2	256.385 3	309.948 3	374.144 4	450.975 6	542.800 8
25	40.874 2	50.657 8	62.668 6	77.388 1	95.396 2	117.390 9	144.210 1	176.859 3	216.542	264.697 8	323.045 4	393.634 4	478.904 9	581.758 5	705.641
26	47.414 1	59.269 7	73.949	92.091 8	114.475 5	142.042 9	175.936 4	217.536 9	268.512 1	330.872 2	407.037 3	499.915 7	612.998 2	750.468 5	917.333 3

续 表

期数	16%	17%	18%	19%	20%	21%	22%	23%	24%	25%	26%	27%	28%	29%	30%
27	55.000 4	69.345 5	87.259 8	109.589 3	137.370 6	171.871 9	214.642 4	267.570 4	332.955	413.590 3	512.867	634.892 9	784.637 7	968.104 4	1 192.533 3
28	63.800 4	81.134 2	102.966 6	130.411 2	164.844 7	207.965 1	261.863 7	329.111 5	412.864 2	516.987 9	646.212 4	806.314	1 004.336 3	1 248.854 6	1 550.293 3
29	74.008 5	94.927 1	121.500 5	155.189 3	197.813 6	251.637 7	319.473 7	404.807 2	511.951 6	646.234 9	814.227 6	1 024.018 7	1 285.550 4	1 611.022 5	2 015.381 3
30	85.849 9	111.064 7	143.370 6	184.675 3	237.376 3	304.481 6	389.757 9	497.912 9	634.819 9	807.793 6	1 025.926 7	1 300.503 8	1 645.504 6	2 078.219	2 619.995 6

复利现值系数表

附表 17

期数	1%	2%	3%	4%	5%	6%	7%	8%	9%	10%	11%	12%	13%	14%	15%
1	0.990 1	0.980 4	0.970 9	0.961 5	0.952 4	0.943 4	0.934 6	0.925 9	0.917 4	0.909 1	0.900 9	0.892 9	0.885	0.877 2	0.869 6
2	0.980 3	0.961 2	0.942 6	0.924 6	0.907	0.89	0.873 4	0.857 3	0.841 7	0.826 4	0.811 6	0.797 2	0.783 1	0.769 5	0.756 1
3	0.970 6	0.942 3	0.915 1	0.889	0.863 8	0.839 6	0.816 3	0.793 8	0.772 2	0.751 3	0.731 2	0.711 8	0.693 1	0.675	0.657 5
4	0.961	0.923 8	0.888 5	0.854 8	0.822 7	0.792 1	0.762 9	0.735	0.708 4	0.683	0.658 7	0.635 5	0.613 3	0.592 1	0.571 8
5	0.951 5	0.905 7	0.862 6	0.821 9	0.783 5	0.747 3	0.713	0.680 6	0.649 9	0.620 9	0.593 5	0.567 4	0.542 8	0.519 4	0.497 2
6	0.942	0.888	0.837 5	0.790 3	0.746 2	0.705	0.666 3	0.630 2	0.596 3	0.564 5	0.534 6	0.506 6	0.480 3	0.455 6	0.432 3
7	0.932 7	0.870 6	0.813 1	0.759 9	0.710 7	0.665 1	0.622 7	0.583 5	0.547	0.513 2	0.481 7	0.452 3	0.425 1	0.399 6	0.375 9
8	0.923 5	0.853 5	0.789 4	0.730 7	0.676 8	0.627 4	0.582	0.540 3	0.501 9	0.466 5	0.433 9	0.403 9	0.376 2	0.350 6	0.326 9
9	0.914 3	0.836 8	0.766 4	0.702 6	0.644 6	0.591 9	0.543 9	0.500 2	0.460 4	0.424 1	0.390 9	0.360 6	0.332 9	0.307 5	0.284 3
10	0.905 3	0.820 3	0.744 1	0.675 6	0.613 9	0.558 4	0.508 3	0.463 2	0.422 4	0.385 5	0.352 2	0.322	0.294 6	0.269 7	0.247 2
11	0.896 3	0.804 3	0.722 4	0.649 6	0.584 7	0.526 8	0.475 1	0.428 9	0.387 5	0.350 5	0.317 3	0.287 5	0.260 7	0.236 6	0.214 9
12	0.887 4	0.788 5	0.701 4	0.624 6	0.556 8	0.497	0.444	0.397 1	0.355 5	0.318 6	0.285 8	0.256 7	0.230 7	0.207 6	0.186 9
13	0.878 7	0.773	0.681	0.600 6	0.530 3	0.468 8	0.415	0.367 7	0.326 2	0.289 7	0.257 5	0.229 2	0.204 2	0.182 1	0.162 5
14	0.87	0.757 9	0.661 1	0.577 5	0.505 1	0.442 3	0.387 8	0.340 5	0.299 2	0.263 3	0.232	0.204 6	0.180 7	0.159 7	0.141 3

续 表

期数	1%	2%	3%	4%	5%	6%	7%	8%	9%	10%	11%	12%	13%	14%	15%
15	0.8613	0.743	0.6419	0.5553	0.481	0.4173	0.3624	0.3152	0.2745	0.2394	0.209	0.1827	0.1599	0.1401	0.1229
16	0.8528	0.7284	0.6232	0.5339	0.4581	0.3936	0.3387	0.2919	0.2519	0.2176	0.1883	0.1631	0.1415	0.1229	0.1069
17	0.8444	0.7142	0.605	0.5134	0.4363	0.3714	0.3166	0.2703	0.2311	0.1978	0.1696	0.1456	0.1252	0.1078	0.0929
18	0.836	0.7002	0.5874	0.4936	0.4155	0.3503	0.2959	0.2502	0.212	0.1799	0.1528	0.13	0.1108	0.0946	0.0808
19	0.8277	0.6864	0.5703	0.4746	0.3957	0.3305	0.2765	0.2317	0.1945	0.1635	0.1377	0.1161	0.0981	0.0829	0.0703
20	0.8195	0.673	0.5537	0.4564	0.3769	0.3118	0.2584	0.2145	0.1784	0.1486	0.124	0.1037	0.0868	0.0728	0.0611
21	0.8114	0.6598	0.5375	0.4388	0.3589	0.2942	0.2415	0.1987	0.1637	0.1351	0.1117	0.0926	0.0768	0.0638	0.0531
22	0.8034	0.6468	0.5219	0.422	0.3418	0.2775	0.2257	0.1839	0.1502	0.1228	0.1007	0.0826	0.068	0.056	0.0462
23	0.7954	0.6342	0.5067	0.4057	0.3256	0.2618	0.2109	0.1703	0.1378	0.1117	0.0907	0.0738	0.0601	0.0491	0.0402
24	0.7876	0.6217	0.4919	0.3901	0.3101	0.247	0.1971	0.1577	0.1264	0.1015	0.0817	0.0659	0.0532	0.0431	0.0349
25	0.7798	0.6095	0.4776	0.3751	0.2953	0.233	0.1842	0.146	0.116	0.0923	0.0736	0.0588	0.047	0.0378	0.0304
26	0.772	0.5976	0.4637	0.3607	0.2812	0.2198	0.1722	0.1352	0.1064	0.0839	0.0663	0.0525	0.0417	0.0331	0.0264
27	0.7644	0.5859	0.45	0.3468	0.2678	0.2074	0.1609	0.125	0.0976	0.0763	0.0597	0.0469	0.0369	0.0291	0.023
28	0.7568	0.5744	0.4371	0.3335	0.2551	0.1956	0.1504	0.1159	0.0895	0.0693	0.0538	0.0419	0.0326	0.0255	0.02
29	0.7493	0.5631	0.4243	0.3207	0.2429	0.1846	0.1406	0.1073	0.0822	0.063	0.0485	0.0374	0.0289	0.0224	0.0174
30	0.7419	0.5521	0.412	0.3083	0.2314	0.1741	0.1314	0.0994	0.0754	0.0573	0.0437	0.0334	0.0256	0.0196	0.0151

期数	16%	17%	18%	19%	20%	21%	22%	23%	24%	25%	26%	27%	28%	29%	30%
1	0.8621	0.8547	0.8475	0.8403	0.8333	0.8264	0.8197	0.813	0.8065	0.8	0.7937	0.7874	0.7813	0.7752	0.7692
2	0.7432	0.7305	0.7182	0.7062	0.6944	0.683	0.6719	0.661	0.6504	0.64	0.6299	0.62	0.6104	0.6009	0.5917
3	0.6407	0.6244	0.6086	0.5934	0.5787	0.5645	0.5507	0.5374	0.5245	0.512	0.4999	0.4882	0.4768	0.4658	0.4552
4	0.5523	0.5337	0.5158	0.4987	0.4823	0.4665	0.4514	0.4369	0.423	0.4096	0.3968	0.3844	0.3725	0.3611	0.3501

续 表

期数	16%	17%	18%	19%	20%	21%	22%	23%	24%	25%	26%	27%	28%	29%	30%
5	0.476 1	0.456 1	0.437 1	0.419	0.401 9	0.385 5	0.37	0.355 2	0.341 1	0.327 7	0.314 9	0.302 7	0.291	0.279 9	0.269 3
6	0.410 4	0.389 8	0.370 4	0.352 1	0.334 9	0.318 6	0.303 3	0.288 8	0.275 1	0.262 1	0.249 9	0.238 3	0.227 4	0.217	0.207 2
7	0.353 8	0.333 2	0.313 9	0.295 9	0.279 1	0.263 3	0.248 6	0.234 8	0.221 8	0.209 7	0.198 3	0.187 7	0.177 6	0.168 2	0.159 4
8	0.305	0.284 8	0.266	0.248 7	0.232 6	0.217 6	0.203 8	0.190 9	0.178 9	0.167 8	0.157 4	0.147 8	0.138 8	0.130 4	0.122 6
9	0.263	0.243 4	0.225 5	0.209	0.193 8	0.179 9	0.167	0.155 2	0.144 3	0.134 2	0.124 9	0.116 4	0.108 4	0.101 1	0.094 3
10	0.226 7	0.208	0.191 1	0.175 6	0.161 5	0.148 6	0.136 9	0.126 2	0.116 4	0.107 4	0.099 2	0.091 6	0.084 7	0.078 4	0.072 5
11	0.195 4	0.177 8	0.161 9	0.147 6	0.134 6	0.122 8	0.112 2	0.102 6	0.093 8	0.085 9	0.078 7	0.072	0.066 2	0.060 7	0.055 8
12	0.168 5	0.152	0.137 2	0.124	0.112 2	0.101 5	0.092	0.083 4	0.075 7	0.068 7	0.062 5	0.056 8	0.051 7	0.047 1	0.042 9
13	0.145 2	0.129 9	0.116 3	0.104 2	0.093 5	0.083 9	0.075 4	0.067 8	0.061	0.055	0.049 6	0.044 7	0.040 4	0.036 5	0.033
14	0.125 2	0.111	0.098 5	0.087 6	0.077 9	0.069 3	0.061 8	0.055 1	0.049 2	0.044	0.039 3	0.035 2	0.031 6	0.028 3	0.025 4
15	0.107 9	0.094 9	0.083 5	0.073 6	0.064 9	0.057 3	0.050 7	0.044 8	0.039 7	0.035 2	0.031 2	0.027 7	0.024 7	0.021 9	0.019 5
16	0.093	0.081 1	0.070 8	0.061 8	0.054 1	0.047 4	0.041 5	0.036 4	0.032	0.028 1	0.024 8	0.021 8	0.019 3	0.017	0.015
17	0.080 2	0.069 3	0.06	0.052	0.045 1	0.039 1	0.034	0.029 6	0.025 8	0.022 5	0.019 7	0.017 2	0.015	0.013 2	0.011 6
18	0.069 1	0.059 2	0.050 8	0.043 7	0.037 6	0.032 3	0.027 9	0.024 1	0.020 8	0.018	0.015 6	0.013 5	0.011 8	0.010 2	0.008 9
19	0.059 6	0.050 6	0.043 1	0.036 7	0.031 3	0.026 7	0.022 9	0.019 6	0.016 8	0.014 4	0.012 4	0.010 7	0.009 2	0.007 9	0.006 8
20	0.051 4	0.043 3	0.036 5	0.030 8	0.026 1	0.022 1	0.018 7	0.015 9	0.013 5	0.011 5	0.009 8	0.008 4	0.007 2	0.006 1	0.005 3
21	0.044 3	0.037	0.030 9	0.025 9	0.021 7	0.018 3	0.015 4	0.012 9	0.010 9	0.009 2	0.007 8	0.006 6	0.005 6	0.004 8	0.004
22	0.038 2	0.031 6	0.026 2	0.021 8	0.018 1	0.015 1	0.012 6	0.010 5	0.008 8	0.007 4	0.006 2	0.005 2	0.004 4	0.003 7	0.003 1
23	0.032 9	0.027	0.022 2	0.018 3	0.015	0.012 5	0.010 3	0.008 6	0.007	0.005 9	0.004 9	0.004 1	0.003 4	0.002 9	0.002 4
24	0.028 4	0.023 1	0.018 8	0.015 4	0.012 6	0.010 3	0.008 5	0.007	0.005 7	0.004 7	0.003 9	0.003 2	0.002 7	0.002 2	0.001 8
25	0.024 5	0.019 7	0.016	0.012 9	0.010 5	0.008 5	0.006 9	0.005 7	0.004 6	0.003 8	0.003 1	0.002 5	0.002 1	0.001 7	0.001 4

续　表

期数	16%	17%	18%	19%	20%	21%	22%	23%	24%	25%	26%	27%	28%	29%	30%
26	0.021 1	0.016 9	0.013 5	0.010 9	0.008 7	0.007	0.005 7	0.004 6	0.003 7	0.003	0.002 5	0.002	0.001 6	0.001 3	0.001 1
27	0.018 2	0.014 4	0.011 5	0.009 1	0.007 3	0.005 8	0.004 7	0.003 7	0.003	0.002 4	0.001 9	0.001 6	0.001 3	0.001	0.000 8
28	0.015 7	0.012 3	0.009 7	0.007 7	0.006 1	0.004 8	0.003 8	0.003	0.002 4	0.001 9	0.001 5	0.001 2	0.001	0.000 8	0.000 6
29	0.013 5	0.010 5	0.008 2	0.006 4	0.005 1	0.004	0.003 1	0.002 5	0.002	0.001 5	0.001 2	0.001	0.000 8	0.000 6	0.000 5
30	0.011 6	0.009	0.007	0.005 4	0.004 2	0.003 3	0.002 6	0.002	0.001 6	0.001 2	0.001	0.000 8	0.000 6	0.000 5	0.000 4

年金终值系数表

附表 18

期数	1%	2%	3%	4%	5%	6%	7%	8%	9%	10%	11%	12%	13%	14%	15%
1	1	1	1	1	1	1	1	1	1	1	1	1	1	1	1
2	2.01	2.02	2.03	2.04	2.05	2.06	2.07	2.08	2.09	2.1	2.11	2.12	2.13	2.14	2.15
3	3.030 1	3.060	3.090 9	3.121 6	3.152 5	3.183 6	3.214 9	3.246 4	3.278 1	3.31	3.342 1	3.374 4	3.406 9	3.439 6	3.472 5
4	4.060 4	4.121 6	4.183 6	4.246 5	4.310 1	4.374 6	4.439 9	4.506 1	4.573 1	4.641	4.709 7	4.779 3	4.849 8	4.921 1	4.993 4
5	5.101	5.204	5.309 1	5.416 3	5.525 6	5.637 1	5.750 7	5.866 6	5.984 7	6.105 1	6.227 8	6.352 8	6.480 3	6.610 1	6.742 4
6	6.152	6.308 1	6.468 4	6.633	6.801 9	6.975 3	7.153 3	7.335 9	7.523 3	7.715 6	7.912 9	8.115 2	8.322 7	8.535 5	8.753 7
7	7.213 5	7.434 3	7.662 5	7.898 3	8.142	8.393 8	8.654	8.922 8	9.200 4	9.487 2	9.783 3	10.089	10.404 7	10.730 5	11.066 8
8	8.285 7	8.583	8.892 3	9.214 2	9.549 1	9.897 5	10.259 8	10.636 6	11.028 5	11.435 9	11.859 4	12.299 7	12.757 3	13.232 8	13.726 8
9	9.368 5	9.754 6	10.159 1	10.582 8	11.026 6	11.491 3	11.978	12.487	13.021	13.579 5	14.164	14.775 7	15.415 7	16.085 3	16.785 8
10	10.462 2	10.949 7	11.463 9	12.006 1	12.577 9	13.180 8	13.816 4	14.486 6	15.192 9	15.937 4	16.722	17.548 7	18.419 7	19.337 3	20.303 7
11	11.566 8	12.168 7	12.807 8	13.486 4	14.206 8	14.971 6	15.783 6	16.645 5	17.560 3	18.531 2	19.561 4	20.654 6	21.814 3	23.044 5	24.349 3
12	12.682 5	13.412 1	14.192	15.025 8	15.917 1	16.869 9	17.888 5	18.977 1	20.140 7	21.384 3	22.713 2	24.133 1	25.650 2	27.270 7	29.001 7
13	13.809 3	14.680 3	15.617 8	16.626 8	17.713	18.882 1	20.140 6	21.495 3	22.953 4	24.522 7	26.211 6	28.029 1	29.984 1	32.088 7	34.351 9

续表

期数	1%	2%	3%	4%	5%	6%	7%	8%	9%	10%	11%	12%	13%	14%	15%
14	14.947 4	15.973 9	17.086 3	18.291 9	19.598 6	21.015	22.550 5	24.214 9	26.019 2	27.975	30.094 9	32.392 6	34.882 7	37.581 1	40.504 7
15	16.096 9	17.293 4	18.598 9	20.023 6	21.578 6	23.276	25.129	27.152 1	29.360 9	31.772 5	34.405 4	37.279 7	40.417 5	43.842 4	47.580 4
16	17.257 9	18.639 3	20.156 9	21.824 5	23.657 5	25.672 5	27.888 1	30.324 3	33.003 4	35.949 7	39.189 9	42.753 3	46.671 7	50.980 4	55.717 5
17	18.430 4	20.012 1	21.761 6	23.697 5	25.840 4	28.212 9	30.840 2	33.750 2	36.973 7	40.544 7	44.500 8	48.883 7	53.739 1	59.117 6	65.075 1
18	19.614 7	21.412 3	23.414 4	25.645 4	28.132 4	30.905 7	33.999	37.450 2	41.301 3	45.599 2	50.395 9	55.749 7	61.725 1	68.394 1	75.836 4
19	20.810 9	22.840 6	25.116 9	27.671 2	30.539	33.76	37.379	41.446 3	46.018 5	51.159 1	56.939 5	63.439 7	70.749 4	78.969 2	88.211 8
20	22.019	24.297 4	26.870 4	29.778 1	33.066	36.785 6	40.995 5	45.762	51.160 1	57.275	64.202 8	72.052 4	80.946 8	91.024 9	102.443 6
21	23.239 2	25.783 3	28.676 5	31.969 2	35.719 3	39.992 7	44.865 2	50.422 9	56.764 5	64.002 5	72.265 1	81.698 7	92.469 9	104.768 4	118.810 1
22	24.471 6	27.299	30.536 8	34.248	38.505 2	43.392 3	49.005 7	55.456 8	62.873 3	71.402 7	81.214 3	92.502 6	105.491	120.436	137.631 6
23	25.716 3	28.845	32.452 9	36.617 9	41.430 5	46.995 8	53.436 1	60.893 3	69.531 9	79.543	91.147 9	104.602 9	120.204 8	138.297	159.276 4
24	26.973 5	30.421 9	34.426 5	39.082 6	44.502	50.815 6	58.176 7	66.764 8	76.789 8	88.497 3	102.174 2	118.155 2	136.831 5	158.658 6	184.167 8
25	28.243 2	32.030 3	36.459 3	41.645 9	47.727 1	54.864 5	63.249	73.105 9	84.700 9	98.347 1	114.413 3	133.333 9	155.619 6	181.870 8	212.793
26	29.525 6	33.670 9	38.553	44.311 7	51.113 5	59.156 4	68.676 5	79.954 4	93.324	109.181 8	127.998 8	150.333 9	176.850 1	208.332 7	245.712
27	30.820 9	35.344 3	40.709 6	47.084 2	54.669 1	63.705 8	74.483 8	87.350 8	102.723 1	121.099 9	143.078 6	169.374	200.840 6	238.499 3	283.568 8
28	32.129 1	37.051 2	42.930 9	49.967 6	58.402 6	68.528 1	80.697 7	95.338 8	112.968 2	134.209 9	159.817 3	190.698 9	227.949 9	272.889 2	327.104 1
29	33.450 4	38.792 2	45.218 9	52.966 3	62.322 7	73.639 8	87.346 5	103.965 9	124.135 4	148.630 9	178.397 2	214.582 8	258.583 4	312.093 7	377.169 7
30	34.784 9	40.568 1	47.575 4	56.084 9	66.438 8	79.058 2	94.460 8	113.283 2	136.307 5	164.494	199.020 9	241.332 7	293.199 2	356.786 8	434.745 1

期数	16%	17%	18%	19%	20%	21%	22%	23%	24%	25%	26%	27%	28%	29%	30%
1	1	1	1	1	1	1	1	1	1	1	1	1	1	1	1
2	2.16	2.17	2.18	2.19	2.2	2.21	2.22	2.23	2.24	2.25	2.26	2.27	2.28	2.29	2.3
3	3.505 6	3.538 9	3.572 4	3.606 1	3.64	3.674 1	3.708 4	3.742 9	3.777 6	3.812 5	3.847 6	3.882 9	3.918 4	3.954 1	3.99

续　表

期数	16%	17%	18%	19%	20%	21%	22%	23%	24%	25%	26%	27%	28%	29%	30%
4	5.066 5	5.140 5	5.215 4	5.291 3	5.368	5.445 7	5.524 2	5.603 8	5.684 2	5.765 6	5.848	5.931 3	6.015 6	6.100 8	6.187
5	6.877 1	7.014 4	7.154 2	7.296 6	7.441 6	7.589 2	7.739 6	7.892 6	8.048 4	8.207	8.368 4	8.532 7	8.699 8	8.87	9.043 1
6	8.977 5	9.206 8	9.442	9.683	9.929 9	10.183	10.442 3	10.707 9	10.980 1	11.258 8	11.544 2	11.836 6	12.135 9	12.442 3	12.756
7	11.413 9	11.772	12.141 5	12.522 7	12.915 9	13.321 4	13.739 6	14.170 8	14.615 3	15.073 5	15.545 8	16.032 4	16.533 9	17.050 6	17.582 8
8	14.240 1	14.773 3	15.327	15.902	16.499 1	17.118 9	17.762 3	18.43	19.122 9	19.841 9	20.587 6	21.361 2	22.163 4	22.995 3	23.857 7
9	17.518 5	18.284 7	19.085 9	19.923 4	20.798 9	21.713 9	22.67	23.669	24.712 5	25.802 3	26.940 4	28.128 7	29.369 2	30.663 9	32.015
10	21.321 5	22.393 1	23.521 3	24.708 9	25.958 7	27.273 8	28.657 4	30.112 8	31.643 4	33.252 9	34.944 9	36.723 5	38.592 6	40.556 4	42.619 5
11	25.732 9	27.199 9	28.755 1	30.403 5	32.150 4	34.001 3	35.962	38.038 8	40.237 9	42.566 1	45.030 6	47.638 8	50.398 5	53.317 8	56.405 3
12	30.850 2	32.823 9	34.931 1	37.180 2	39.580 5	42.141 6	44.873 7	47.787 7	50.895	54.207 7	57.738 6	61.501 3	65.51	69.78	74.327
13	36.786 2	39.404	42.218 7	45.244 5	48.496 6	51.991 3	55.745 9	59.778 8	64.109 7	68.759 6	73.750 6	79.106 6	84.852 9	91.016 1	97.625
14	43.672	47.102 7	50.818	54.840 9	59.195 9	63.909 5	69.01	74.528	80.496 1	86.949 5	93.925 8	101.465 4	109.611 7	118.410 8	127.912 5
15	51.659 5	56.110 1	60.965 2	66.260 7	72.035 1	78.330 5	85.192 2	92.669 4	100.815 1	109.686 8	119.346 5	129.861 1	141.302 9	153.75	167.286 3
16	60.925	66.648 8	72.939	79.850 2	87.442 1	95.779 9	104.934 5	114.983 4	126.010 8	138.108 5	151.376 6	165.923 6	181.867 7	199.337 4	218.472 2
17	71.673	78.979 2	87.068	96.021 8	105.930 6	116.893 7	129.020 1	142.429 5	157.253 4	173.635 7	191.734 5	211.723	233.790 7	258.145 3	285.013 9
18	84.140 7	93.405 6	103.740 3	115.265 9	128.116 7	142.441 3	158.404 5	176.188 3	195.994 2	218.044 6	242.585 5	269.888 2	300.252 1	334.007 4	371.518
19	98.603 2	110.284 5	123.413 5	138.166 4	154.74	173.354	194.253 5	217.711 6	244.032 8	273.555 8	306.657 7	343.758	385.322 7	431.869 6	483.973 4
20	115.379 7	130.032 9	146.628	165.418	186.688	210.758 4	237.989 3	268.785 3	303.600 6	342.944 7	387.388 7	437.572 6	494.213 1	558.111 8	630.165 5
21	134.840 5	153.138 5	174.021	197.847 4	225.025 6	256.017 6	291.346 9	331.605 9	377.464 8	429.680 9	489.109 8	556.717 3	633.592 7	720.964 2	820.215 1
22	157.415	180.172 1	206.344 8	236.438 5	271.030 7	310.781 3	356.443 2	408.875 3	469.056 3	538.101 1	617.278 3	708.030 9	811.998 7	931.043 8	1 067.279 6
23	183.601 4	211.801 3	244.486 8	282.361 8	326.236 9	377.045 4	435.860 7	503.916 6	582.629 8	673.626 4	778.770 7	900.199 3	1 040.358 3	1 202.046 5	1 388.463 5
24	213.977 6	248.807 6	289.494 5	337.010 5	392.484 2	457.224 9	532.750 1	620.817 4	723.461	843.032 9	982.251 1	1 144.253 1	1 332.658 6	1 551.64	1 806.002 6

续　表

期数	16%	17%	18%	19%	20%	21%	22%	23%	24%	25%	26%	27%	28%	29%	30%
25	249.214	292.104 9	342.603 5	402.042 5	471.981 1	554.242 2	650.955 1	764.605 4	898.091 6	1 054.791 2	1 238.636 3	1 454.201 4	1 706.803 1	2 002.615 6	2 348.803 3
26	290.088 3	342.762 7	405.272 1	479.430 6	567.377 3	671.633	795.165 3	941.464 7	1 114.633 6	1 319.489	1 561.681 8	1 847.835 8	2 185.707 9	2 584.374 1	3 054.444 3
27	337.502 4	402.032 3	479.221 1	571.522 4	681.852 8	813.675 9	971.101 6	1 159.001 6	1 383.145 7	1 650.361 2	1 968.719 1	2 347.751 5	2 798.706 1	3 334.842 6	3 971.777 6
28	392.502 8	471.377 8	566.480 9	681.111 6	819.223 3	985.547 9	1 185.744	1 426.571 9	1 716.100 7	2 063.951 5	2 481.586	2 982.644 4	3 583.343 8	4 302.947	5 164.310 9
29	456.303 2	552.512 1	669.447 5	811.522 8	984.068	1 193.512 9	1 447.607 7	1 755.683 5	2 128.964 8	2 580.939 4	3 127.798 4	3 788.958 3	4 587.680 1	5 551.801 6	6 714.604 2
30	530.311 7	647.439 1	790.948	966.712 2	1 181.881 6	1 445.150 7	1 767.081 3	2 160.490 7	2 640.916 4	3 227.174 3	3 942.026	4 812.977 1	5 873.230 6	7 162.824 1	8 729.985 5

附表 19　年金现值系数表

期数	1%	2%	3%	4%	5%	6%	7%	8%	9%	10%	11%	12%	13%	14%	15%
1	0.990 1	0.980 4	0.970 9	0.961 5	0.952 4	0.943 4	0.934 6	0.925 9	0.917 4	0.909 1	0.900 9	0.892 9	0.885	0.877 2	0.869 6
2	1.970 4	1.941 6	1.913 5	1.886 1	1.859 4	1.833 4	1.808	1.783 3	1.759 1	1.735 5	1.712 5	1.690 1	1.668 1	1.646 7	1.625 7
3	2.941	2.883 9	2.828 6	2.775 1	2.723 2	2.673	2.624 3	2.577 1	2.531 3	2.486 9	2.443 7	2.401 8	2.361 2	2.321 6	2.283 2
4	3.902	3.807 7	3.717 1	3.629 9	3.546	3.465	3.387 2	3.312 1	3.239 7	3.169 9	3.102 4	3.037 3	2.974 5	2.913 7	2.855
5	4.853 4	4.713 5	4.579 7	4.451 8	4.329 5	4.212 4	4.100 2	3.992 7	3.889 7	3.790 8	3.695 9	3.604 8	3.517 2	3.433 1	3.352 2
6	5.795 5	5.601 4	5.417 2	5.242 1	5.075 7	4.917 3	4.766 5	4.622 9	4.485 9	4.355 3	4.230 5	4.111 4	3.997 5	3.888 7	3.784 5
7	6.728 2	6.472	6.230 3	6.002 1	5.786 4	5.582 4	5.389 3	5.206 4	5.033	4.868 4	4.712 2	4.563 8	4.422 6	4.288 3	4.160 4
8	7.651 7	7.325 5	7.019 7	6.732 7	6.463 2	6.209 8	5.971 3	5.746 6	5.534 8	5.334 9	5.146 1	4.967 6	4.798 8	4.638 9	4.487 3
9	8.566	8.162 2	7.786 1	7.435 3	7.107 8	6.801 7	6.515 2	6.246 9	5.995	5.759	5.537	5.328 2	5.131 7	4.946 4	4.771 6
10	9.471 3	8.982 6	8.530 2	8.110 9	7.721 7	7.360 1	7.023 6	6.710 1	6.417 7	6.144 6	5.889 2	5.650 2	5.426 2	5.216 1	5.018 8
11	10.367 6	9.786 8	9.252 6	8.760 5	8.306 4	7.886 9	7.498 7	7.139	6.805 2	6.495 1	6.206 5	5.937 7	5.686 9	5.452 7	5.233 7
12	11.255 1	10.575 3	9.954	9.385 1	8.863 3	8.383 8	7.942 7	7.536 1	7.160 7	6.813 7	6.492 4	6.194 4	5.917 6	5.660 3	5.420 6

续　表

期数	1%	2%	3%	4%	5%	6%	7%	8%	9%	10%	11%	12%	13%	14%	15%
13	12.133 7	11.348 4	10.635	9.985 6	9.393 6	8.852 7	8.357 7	7.903 8	7.486 9	7.103 4	6.749 9	6.423 5	6.121 8	5.842 4	5.583 1
14	13.003 7	12.106 2	11.296 1	10.563 1	9.898 6	9.295	8.745 5	8.244 2	7.786 2	7.366 7	6.981 9	6.628 2	6.302 5	6.002 1	5.724 5
15	13.865 1	12.849 3	11.937 9	11.118 4	10.379 7	9.712 2	9.107 9	8.559 5	8.060 7	7.606 1	7.190 9	6.810 9	6.462 4	6.142 2	5.847 4
16	14.717 9	13.577 7	12.561 1	11.652 3	10.837 8	10.105 9	9.446 6	8.851 4	8.312 6	7.823 7	7.379 2	6.974	6.603 9	6.265 1	5.954 2
17	15.562 3	14.291 9	13.166 1	12.165 7	11.274 1	10.477 3	9.763 2	9.121 6	8.543 6	8.021 6	7.548 8	7.119 6	6.729 1	6.372 9	6.047 2
18	16.398 3	14.992	13.753 5	12.659 3	11.689 6	10.827 6	10.059 1	9.371 9	8.755 6	8.201 4	7.701 6	7.249 7	6.839 9	6.467 4	6.128
19	17.226	15.678 5	14.323 8	13.133 9	12.085 3	11.158 1	10.335 6	9.603 6	8.950 1	8.364 9	7.839 3	7.365 8	6.938	6.550 4	6.198 2
20	18.045 6	16.351 4	14.877 5	13.590 3	12.462 2	11.469 9	10.594	9.818 1	9.128 5	8.513 6	7.963 3	7.469 4	7.024 8	6.623 1	6.259 3
21	18.857	17.011 2	15.415	14.029 2	12.821 2	11.764 1	10.835 5	10.016 8	9.292 2	8.648 7	8.075 1	7.562	7.101 6	6.687	6.312 5
22	19.660 4	17.658	15.936 9	14.451 1	13.163	12.041 6	11.061 2	10.200 7	9.442 4	8.771 5	8.175 7	7.644 6	7.169 5	6.742 9	6.358 7
23	20.455 8	18.292 2	16.443 6	14.856 8	13.488 6	12.303 4	11.272 2	10.371 1	9.580 2	8.883 2	8.266 4	7.718 4	7.229 7	6.792 1	6.398 8
24	21.243 4	18.913 9	16.935 5	15.247	13.798 6	12.550 4	11.469 3	10.528 8	9.706 6	8.984 7	8.348 1	7.784 3	7.282 9	6.835 1	6.433 8
25	22.023 2	19.523 5	17.413 1	15.622 1	14.093 9	12.783 4	11.653 6	10.674 8	9.822 6	9.077	8.421 7	7.843 1	7.33	6.872 9	6.464 1
26	22.795 2	20.121	17.876 8	15.982 8	14.375 2	13.003 2	11.825 8	10.81	9.929	9.160 9	8.488 1	7.895 7	7.371 7	6.906 1	6.490 6
27	23.559 6	20.706 9	18.327	16.329 6	14.643	13.210 5	11.986 7	10.935 2	10.026 6	9.237 2	8.547 8	7.942 6	7.408 6	6.935 2	6.513 5
28	24.316 4	21.281 3	18.764 1	16.663 1	14.898 1	13.406 2	12.137 1	11.051 1	10.116 1	9.306 6	8.601 6	7.984 4	7.441 2	6.960 7	6.533 5
29	25.065 8	21.844 4	19.188 5	16.983 7	15.141 1	13.590 7	12.277 7	11.158 4	10.198 3	9.369 6	8.650 1	8.021 8	7.470 1	6.983	6.550 9
30	25.807 7	22.396 5	19.600 4	17.292	15.372 5	13.764 8	12.409	11.257 8	10.273 7	9.426 9	8.693 8	8.055 2	7.495 7	7.002 7	6.566

期数	16%	17%	18%	19%	20%	21%	22%	23%	24%	25%	26%	27%	28%	29%	30%
1	0.862 1	0.854 7	0.847 5	0.840 3	0.833 3	0.826 4	0.819 7	0.813	0.806 5	0.8	0.793 7	0.787 4	0.781 3	0.775 2	0.769 2
2	1.605 2	1.585 2	1.565 6	1.546 5	1.527 8	1.509 5	1.491 5	1.474	1.456 8	1.44	1.423 5	1.407 4	1.391 2	1.376 1	1.360 9

续 表

期数	16%	17%	18%	19%	20%	21%	22%	23%	24%	25%	26%	27%	28%	29%	30%
3	2.245 9	2.209 6	2.174 3	2.139 9	2.106 5	2.073 9	2.042 2	2.011 4	1.981 3	1.952	1.923 4	1.895 6	1.868 4	1.842	1.816 1
4	2.798 2	2.743 2	2.690 1	2.638 6	2.588 7	2.540 4	2.493 6	2.448 3	2.404 3	2.361 6	2.320 2	2.28	2.241	2.203 1	2.166 2
5	3.274 3	3.199 3	3.127 2	3.057 6	2.990 6	2.926	2.863 6	2.803 5	2.745 4	2.689 3	2.635 1	2.582 7	2.532	2.483	2.435 6
6	3.684 7	3.589 2	3.497 6	3.409 8	3.325 5	3.244 6	3.166 9	3.092 3	3.020 5	2.951 4	2.885	2.821	2.759 4	2.7	2.642 7
7	4.038 6	3.922 4	3.811 5	3.705 7	3.604 6	3.507 9	3.415 5	3.327	3.242 3	3.161 1	3.083 3	3.008 7	2.937	2.868 2	2.802 1
8	4.343 6	4.207 2	4.077 6	3.954 4	3.837 2	3.725 6	3.619 3	3.517 9	3.421 2	3.328 9	3.240 7	3.156 4	3.075 8	2.998 6	2.924 7
9	4.606 5	4.450 6	4.303	4.163 3	4.031	3.905 4	3.786 3	3.673 1	3.565 5	3.463 1	3.365 7	3.272 8	3.184 2	3.099 7	3.019
10	4.833 2	4.658 6	4.494 1	4.338 9	4.192 5	4.054 1	3.923 2	3.799 3	3.681 9	3.570 5	3.464 8	3.364 4	3.268 9	3.178 1	3.091 5
11	5.028 6	4.836 4	4.656	4.486 5	4.327 1	4.176 9	4.035 4	3.901 8	3.775 7	3.656 4	3.543 5	3.436 5	3.335 1	3.238 8	3.147 3
12	5.197 1	4.988 4	4.793 2	4.610 5	4.439 2	4.278 4	4.127 4	3.985 2	3.851 4	3.725 1	3.605 9	3.493 3	3.386 8	3.285 9	3.190 3
13	5.342 3	5.118 3	4.909 5	4.714 7	4.532 7	4.362 4	4.202 8	4.053	3.912 4	3.780 1	3.655 5	3.538 1	3.427 2	3.322 4	3.223 3
14	5.467 5	5.229 3	5.008 1	4.802 3	4.610 6	4.431 7	4.264 6	4.108 2	3.961 6	3.824	3.694 9	3.573 3	3.458 7	3.350 7	3.248 7
15	5.575 5	5.324 2	5.091 6	4.875 9	4.675 5	4.489	4.315 2	4.153	4.001 3	3.859 3	3.726 1	3.601	3.483 4	3.372 6	3.268 2
16	5.668 5	5.405 3	5.162 4	4.937 7	4.729 6	4.536 4	4.356 7	4.189 4	4.033 3	3.887 4	3.750 9	3.622 8	3.502 6	3.389 6	3.283 2
17	5.748 7	5.474 6	5.222 3	4.989 7	4.774 6	4.575 5	4.390 8	4.219	4.059 1	3.909 9	3.770 5	3.64	3.517 7	3.402 8	3.294 8
18	5.817 8	5.533 9	5.273 2	5.033 3	4.812 2	4.607 9	4.418 7	4.243 1	4.079 9	3.927 9	3.786 1	3.653 6	3.529 4	3.413	3.303 7
19	5.877 5	5.584 5	5.316 2	5.07	4.843 5	4.634 6	4.441 5	4.262 7	4.096 7	3.942 4	3.798 5	3.664 2	3.538 6	3.421	3.310 5
20	5.928 8	5.627 8	5.352 7	5.100 9	4.869 6	4.656 7	4.460 3	4.278 6	4.110 3	3.953 9	3.808 3	3.672 6	3.545 8	3.427 1	3.315 8
21	5.973	5.664 8	5.383 7	5.126 8	4.891 3	4.675	4.475 6	4.291 6	4.121 2	3.963 1	3.816 1	3.679 2	3.551 4	3.431 9	3.319 8
22	6.011 3	5.696 4	5.409 9	5.148 6	4.909 4	4.69	4.488 2	4.302 1	4.13	3.970 5	3.822 3	3.684 4	3.555 8	3.435 6	3.323
23	6.044 2	5.723 4	5.432 1	5.166 8	4.924 5	4.702 5	4.498 5	4.310 6	4.137 1	3.976 4	3.827 3	3.688 5	3.559 2	3.438 4	3.325 4

期数	16%	17%	18%	19%	20%	21%	22%	23%	24%	25%	26%	27%	28%	29%	30%
24	6.072 6	5.746 5	5.450 9	5.182 2	4.937 1	4.712 8	4.507	4.317 6	4.142 8	3.981 1	3.831 2	3.691 8	3.561 9	3.440 6	3.327 2
25	6.097 1	5.766 2	5.466 9	5.195 1	4.947 6	4.721 3	4.513 9	4.323 2	4.147 4	3.984 9	3.834 2	3.694 3	3.564	3.442 3	3.328 6
26	6.118 2	5.783 1	5.480 4	5.206	4.956 3	4.728 4	4.519 6	4.327 8	4.151 1	3.987 9	3.836 7	3.696 3	3.565 6	3.443 7	3.329 7
27	6.136 4	5.797 5	5.491 9	5.215 1	4.963 6	4.734 2	4.524 3	4.331 6	4.154 2	3.990 3	3.838 7	3.697 9	3.566 9	3.444 7	3.330 5
28	6.152	5.809 9	5.501 6	5.222 8	4.969 7	4.739	4.528 1	4.334 6	4.156 6	3.992 3	3.840 2	3.699 1	3.567 9	3.445 5	3.331 2
29	6.165 6	5.820 4	5.509 8	5.229 2	4.974 7	4.743	4.531 2	4.337 1	4.158 5	3.993 8	3.841 4	3.700 1	3.568 7	3.446 1	3.331 7
30	6.177 2	5.829 4	5.516 8	5.234 7	4.978 9	4.746 3	4.533 8	4.339 1	4.160 1	3.995	3.842 4	3.700 9	3.569 3	3.446 6	3.332 1

主要参考文献

[1] 刘金星.管理会计[M].大连：东北财经大学出版社,2018.

[2] 刘金星.管理会计：实训与案例[M].大连：东北财经大学出版社,2018.

[3] 刘金星.管理会计实务[M].北京：高等教育出版社,2014.

[4] 刘金星.管理会计[M].北京：中国人民大学出版社,2014.

[5] 刘金星.管理会计实训[M].北京：中国人民大学出版社,2015.

[6] 刘金星.管理会计[M].北京：科学技术文献出版社,2015.

[7] 刘金星.管理会计[M].2 版.上海：上海财经大学出版社,2013.

[8] 刘金星,郑美娜.管理会计[M].济南：山东人民出版社,2009.

[9] 张静,杨冰,刘金星.管理会计[M].北京：北京大学出版社,2008.

[10] 薛祖云.会计信息系统[M].厦门：厦门大学出版社,2003.

[11] 余绪缨.管理会计[M].2 版.沈阳：辽宁人民出版社,2004.

[12] 吴大军,牛彦秀.管理会计[M].4 版.大连：东北财经大学出版社,2017.

[13] 孙茂竹,文光伟,杨万贵.管理会计学[M].7 版.北京：中国人民大学出版社,2016.

[14] 于增彪.管理会计研究[M].北京：中国金融出版社,2007.

[15] 余恕莲.管理会计[M].北京：对外经济贸易大学出版社,2004.

[16] 周阅,丁增稳.管理会计实务[M].北京：高等教育出版社,2018.

[17] 余绪缨,蔡淑娥.管理会计[M].北京：中国财政经济出版社,1999.

[18] 潘飞.管理会计[M].北京：清华大学出版社,2007.

[19] 李天民.现代管理会计学[M].上海：立信会计出版社,1996.

[20] 周亚力.管理会计：理论·方法·案例[M].上海：立信会计出版社,2006.

[21] 国际管理会计师协会,国际财务管理师资格考试指导教材编写组.管理会计案例教程[M].北京：经济科学出版社,2004.

[22] 加里森,诺琳,布鲁尔.管理会计[M].罗飞,陈辉,温倩,译.2017.

[23] 阿特金森,卡普兰,玛苏姆拉,等.管理会计[M].5 版.刘曙光,等,译.北京：清华大学出版社,2009.

[24] 齐默尔曼.决策与控制会计[M].邱寒,等,译.大连：东北财经大学出版社,2000.

[25] 德瓦尔.绩效管理魔力：世界知名企业如何创造可持续价值[M].汪开虎,译.上海：上海交通大学出版社,2002.

[26] 德鲁克,等.公司绩效测评[M].北京：中国人民大学出版社,1999.

[27] 阿什沃思.整合绩效管理[M].李克成,译.北京：电子工业出版社,2002.

感谢您使用本书。为方便教学，我社为教师提供资源下载、样书申请等服务，如贵校已选用本书，您只要关注微信公众号"高职财经教学研究"，或加入下列教师交流QQ群即可免费获得相关服务。

"高职财经教学研究"公众号

资源下载： 点击"**教学服务**"—"**资源下载**"，或直接在浏览器中输入网址（http://101.35.126.6/），
注册登录后可搜索相应的资源并下载。（建议用电脑浏览器操作）

样书申请： 点击"**教学服务**"—"**样书申请**"，填写相关信息即可申请样书。

试卷下载： 点击"**教学服务**"—"**试卷下载**"，填写相关信息即可下载试卷。

样章下载： 点击"**教材样章**"，即可下载在供教材的前言、目录和样章。

师资培训： 点击"**师资培训**"，获取最新会议信息、直播回放和往期师资培训视频。

🎯 联系方式

会计QQ3群：473802328　　　会计QQ2群：370279388　　　会计QQ1群：554729666

（以上3个会计QQ群，加入任何一个即可获取教学服务，请勿重复加入）

联系电话：（021）56961310　　电子邮箱：3076198581@qq.com

🎯 在线试题库及组卷系统

我们研发有10余门课程试题库："基础会计""财务会计""成本计算与管理""财务管理""管理会计""税务会计""税法""审计基础与实务"等，平均每个题库近3000题，知识点全覆盖，题型丰富，可自动组卷与批改。如贵校选用了高教社沪版相关课程教材，我们可免费提供给教师每个题库生成的各6套试卷及答案（Word格式难中易三档，索取方式见上述"试卷下载"），教师也可与我们联系咨询更多试题库详情。